Karsten Klopfer

Akquisitionsbedingte Wertänderung von Akquisitionssubjekten

GABLER EDITION WISSENSCHAFT

Karsten Klopfer

Akquisitionsbedingte Wertänderung von Akquisitionssubjekten

Ein synergie- und übernahmeprämiebasiertes Modell

Mit einem Geleitwort von Univ.-Prof. Dr. Walter Schertler

GABLER EDITION WISSENSCHAFT

Bibliografische Information der Deutschen Nationalbibliothek
Die Deutsche Nationalbibliothek verzeichnet diese Publikation in der
Deutschen Nationalbibliografie; detaillierte bibliografische Daten sind im Internet über
<http://dnb.d-nb.de> abrufbar.

Dissertation Universität Trier, 2008

1. Auflage 2008

Lektorat: Frauke Schindler / Jutta Hinrichsen

Gabler ist Teil der Fachverlagsgruppe Springer Science+Business Media.
www.gabler.de

Umschlaggestaltung: Regine Zimmer, Dipl.-Designerin, Frankfurt/Main
Gedruckt auf säurefreiem und chlorfrei gebleichtem Papier

ISBN 978-3-8349-1088-2

magistris meis

Geleitwort

Die vorliegende Forschungsarbeit greift ein zentrales Anliegen des strategischen Managements auf: Wachstumsstrategien über Akquisitionen. Die Globalisierung erfordert eine weltweite Zusammenarbeit und eine große Breite verschiedenster Konstellationen für strategische Allianzen einerseits, anderseits müssen Skalenvorteile durch Konzentration innerhalb von Industrien gesucht und genutzt werden. Ob diese Vorteile allerdings eintreten, ist eine der bedeutsamsten Fragen der Akquisitionsforschung: Wertschaffende Akquisitionen stehen wertvernichtenden gegenüber, wobei die meisten Forschungsergebnisse darauf hinweisen, dass Akquisitionen wertvernichtend sind.

Karsten Klopfer nimmt sich dieser Problematik an und stellt ein Modell zur akquisitionsbedingten Wertänderung von Akquisitionssubjekten vor. Das Eigentum an strategischen Ressourcen stellt er dabei in den Mittelpunkt seiner Analyse und definiert so die Höhe einer rational gerechtfertigten Übernahmeprämie. Er differenziert diese von einer irrational gewährten Übernahmeprämie, welche letztlich zu den häufig beobachteten akquisitionsbedingten Wertverlusten von Akquisitionssubjekten führt.

In den durchgeführten Studien wird das Schritt für Schritt formelgeführt entwickelte Modell überzeugend empirisch bestätigt, indem Akquisitionen des Zeitraums September 2001 bis Dezember 2003 untersucht werden. Es wird eine Beziehung zwischen relativer Übernahmeprämie und akquisitionsbedingter marktbereinigter relativer Wertänderung des Akquisitionssubjekts mit hohem Bestimmtheitsmaß abgeleitet. Mithilfe der gewonnenen Ergebnisse lässt sich erklären, wo bei Unternehmensakquisitionen die kritische Höhe der Übernahmeprämie anzusiedeln ist, ab der nämlich nicht mehr mit einer Wertsteigerung des Akquisitionssubjekts gerechnet werden kann. Diese kritische Höhe der Übernahmeprämie liegt bei 1,7 % des Werts des Akquisitionssubjekts. Der Autor beweist schließlich die Hypothese seines Modells sehr überzeugend, dass die relative Übernahmeprämie einen hoch signifikant negativen Einfluss ($t = -5,333$) auf die akquisitionsbedingte relative Wertsteigerung des Akquisitionssubjekts besitzt.

Über einen Zeitraumvergleich gelingt es Karsten Klopfer, eine noch tiefere Beweisführung der Gültigkeit und Relevanz seines Modells zu erreichen, indem er die empirisch gefundenen Ergebnisse seiner Studie auf aktuelle Akquisitionen des Zeitraums Juli 2006 bis Juli 2007 anwendet. Es werden 38 Unternehmen mit dem Modell konfrontiert, die Entwicklung der Wertänderung analysiert und auf Grundlage des vorgestellten Modells beurteilt. Unternehmen für Unternehmen werden so die Analyseergebnisse auf ihren prognostischen Wert hin geprüft und das Modell somit auch zukunftsgerichtet reflektiert. Dabei gelingt es dem Autor in hervorragender Weise, sein Modell zu bestätigen.

Karsten Klopfer beweist in dieser sehr bemerkenswerten Arbeit großes Formalisierungsgeschick, begründet konsequent seinen Forschungsprozess und macht formal die Ergebnisfindung nachvollziehbar. Seine Ausführungen belegt der Verfasser sorgfältig mit Literaturhinweisen, wodurch er eine intensive Auseinandersetzung mit der Materie sowie sein tiefgehendes Verständnis des aktuellen Forschungsstandes beweist. Karsten Klopfer entwickelt einen geschlossenen und empirisch univariat begründeten Erklärungsansatz für den Misserfolg von Unternehmensakquisitionen. Er kann mit seinen Forschungsergebnissen einen wesentlichen und überaus interessanten Beitrag zur Akquisitionsforschung leisten.

Ich wünsche der innovativen Dissertationsschrift eine gute Aufnahme in Theorie und Praxis und die ihr gebührende Beachtung. Karsten Klopfer wünsche ich eine weiterhin gedeihliche persönliche und berufliche Entwicklung.

Univ.-Prof. Dr. Walter Schertler

Vorwort

Ziel der Abhandlung ist es, den im Zusammenhang mit Unternehmensakquisitionen häufig zu beobachtenden akquisitionsbedingten Wertverlust von Akquisitionssubjekten zu erklären und im Rahmen einer empirischen Untersuchung zu prognostizieren. Als wertbeeinflussende Faktoren wurden die Nettosynergie und die Übernahmeprämie ermittelt. Es konnte empirisch gezeigt werden, dass die Nettosynergie für die Eigentümer des Akquisitionssubjekts begrenzt ist und irrational überhöhte Übernahmeprämien bezahlt werden, wodurch der Wertverlust von Akquisitionssubjekten erklärt werden konnte. Es wurde empirisch eine Beziehung abgeleitet, durch die eine Vorhersage der relativen Wertänderung des Akquisitionssubjekts aus der Höhe der bezahlten relativen Übernahmeprämie möglich wird. Gegenüber einer häufig angewandten Handelsstrategie, Akquisitionssubjekte bei Akquisitionsankündigung leerzuverkaufen, konnten durch die Anwendung des Modells erhebliche Performancesteigerungen auch bei unbekannten Akquisitionen erzielt werden.

Die Arbeit wurde im Wintersemester 2007/2008 vom Fachbererich IV – Betriebswirtschaftslehre – der Universität Trier als Dissertation angenommen. Ich möchte nun nicht in eine Aufzählung von Menschen einsteigen, die mich unterstützt haben, mich motiviert haben, für mich da waren. Wer mir ein kritischer Diskussionspartner war und meine Neugier weckte, wer auf meine Fähigkeiten vertraute und mich Verantwortung übernehmen ließ, wessen Intuition mir zu den richtigen Entscheidungen verhalf, wer mich an das Gute erinnern und das Schlechte vergessen ließ, wem ich neue Ideen und das Verstehen des bisher Unverstandenen verdanke, wer große Visionen hatte und mit mir kleine Schritte in die richtige Richtung ging, wer mich ermunterte, über mich und andere nachzudenken – sie alle hatten wesentlichen Anteil am Gelingen dieses Projekts. Danke!

Ich würde mich freuen, wenn die Arbeit dazu beiträgt, die Zahl erfolgloser Akquisitionen zu verringern.

Karsten Klopfer

Inhaltsverzeichnis

Abbildungsverzeichnis

Tabellenverzeichnis

Formelverzeichnis

Abkürzungsverzeichnis

a	Regressionskoeffizient (Steigung)
a^*	Schätzer für den Regressionskoeffizienten a der Grundgesamtheit
α	Signifikanzniveau, Irrtumswahrscheinlichkeit
Abs.	Absatz
AK	Akquisitionskandidat
al.	alii (andere)
Am.	American
a. M.	am Main
AMEX	American Stock Exchange (eine Wertpapierbörse in New York)
AO	Abgabenordnung
AV	Anlagevermögen
b	Regressionskoeffizient (Absolutglied)
b^*	Schätzer für den Regressionskoeffizienten b der Grundgesamtheit
BAWe	Bundesaufsichtsamt für den Wertpapierhandel (heute aufgegangen in der Bundesanstalt für Finanzdienstleistungsaufsicht (BaFin))
BGB	Bürgerliches Gesetzbuch
$BRWÄ_{S,2}$	marktbereinigte relative Wertänderung des Akquisitionssubjekts vom Schlusskurs des Tags vor Akquisitionsankündigung zum Schlusskurs des Tags nach Akquisitionsankündigung
BWL	Betriebswirtschaftslehre
bzw.	beziehungsweise
CAPM	Capital Asset Pricing Model (Preismodell für Kapitalgüter)
CBOT	Chicago Board of Trade (Terminbörse in Chicago)
CEO	Chief Executive Officer (alleiniger Geschäftsführer bzw. Vorstandsvorsitzender)
Co.	Compagnie
Comm.	Communications
Corp.	Corporation (Kapitalgesellschaft)

c_{WACC}	Weighted Average Cost of Capital (gewichteter Kapitalkostensatz)
DCF	Discounted (Free) Cash Flow (diskontierter (freier) Cashflow)
d. h.	das heißt
durchschn.	durchschnittliche
EBIT	Earnings Before Interest and Tax (operatives Ergebnis vor Zinsen und Steuern)
EDV	Elektronische Datenverarbeitung
EK	Eigenkapital
etc.	et cetera (und so weiter)
f.	folgende
ff.	fortfolgende
Fin.	Financial
FK	Fremdkapital
Fn.	Fußnote
FS	Festschrift
FTC	Federal Trade Commission (Bundeshandelskommission)
GE	General Electric
Grp.	Group
GuV	Gewinn- und Verlustrechnung
H_0	Nullhypothese
H_1	Alternativhypothese
HGB	Handelsgesetzbuch
Hldgs.	Holdings
HR	Human Resources (Humanressourcen)
hrsg.	herausgegeben
i	interdependent
I	Investitionen

i. d. R.	in der Regel
IEEE	Institute of Electrical and Electronics Engineers (ein weltweiter Berufsverband von Ingenieuren)
i .e. S.	im engeren Sinn
Inc.	Incorporated (Aktiengesellschaft)
Ind.	Independent
Int'l.	International
IO	Industrielle Organisation
irrat.	irrationaler Teil (der Übernahmeprämie)
IS	Investitions-Synergien
IT	Informationstechnologie
i. w. S.	im weiteren Sinn
Jr.	Junior
k	kritisch
K	Kosten, Zahl der Koeffizienten
k. A.	keine Angaben
Kap.	Kapitel
Kaufpr.	Kaufpreis
Konf.	Konfidenz
KS	Kostensynergien
M&A	Mergers & Acquisitions (Fusionen und Übernahmen)
Med.	Medical
Mio.	Million(en)
Mtg.	Mortgage
n	nach
NASDAQ	National Association of Securities Dealers Automated Quotations (eine amerikanische elektronische Börse)
NOPAT	Net Operating Profit After Taxes (nachsteuerlicher operativer Gewinn vor Zinsen (EBIT – Steuern))

Nr.	Nummer
NYSE	New York Stock Exchange (Wertpapierbörse an der Wall Street in New York)
O	Akquisitionsobjekt
Ph. D.	Philosophiae Doctor (Doktor der Wissenschaften)
Prod.	Production
R	Korrelationskoeffizient
R^2	Bestimmtheitsmaß
rat.	rationaler Teil (der Übernahmeprämie)
rel.	relativ
ROE	Return on Equity (Eigenkapitalrendite)
$RWÄ_{S\&P\ 500,2}$	relative Wertänderung des S&P 500-Aktienindexes vom Schlusskurs des Tags vor Akquisitionsankündigung zum Schlusskurs des Tags nach Akquisitionsankündigung
S	Akquisitionssubjekt
S.	Seite
SDC	Securities Data Corporation
SEP	strategische Erfolgsposition
SK	Schlusskurs
Sp.	Spalte
S&P 500	Standard & Poor's 500 (Aktienindex, der die Aktien der 500 größten börsennotierten US-amerikanischen Unternehmen umfasst)
Srvcs.	Services
t	Students t-verteilte Testgröße
T	Zahl der Stichprobenelemente
Tech.	Technologies
Tobin's Q	Tobin's Quotient (Marktwert/Buchwert-Verhältnis)
u	unabhängig

U	Umsatz
u. a.	unter anderem
$URWÄ_{S\&P\ 500,2}$	unbereinigte relative Wertänderung des S&P 500-Aktienindexes vom Schlusskurs des Tags vor Akquisitionsankündigung zum Schlusskurs des Tags nach Akquisitionsankündigung
US	Umsatzsynergien
US (U. S.)	United States (Vereinigte Staaten)
USA	United States of America (Vereinigte Staaten von Amerika)
UV	Umlaufvermögen
UwM	Unternehmenswertorientiertes Management
v	vor
v.	von
v. a.	vor allem
vgl.	vergleiche
vs.	versus (gegen)
VWL	Volkswirtschaftslehre
z	z-verteilte Testgröße
z. B.	zum Beispiel
zit.	zitiert

1 Grundlagen

1.1 Einführung in die Thematik, Ziele und Aufbau der Arbeit

Im Rahmen einer vielbeachteten Untersuchung der akquisitionsbedingten Wertänderung von Akquisitionssubjekten gelangte Mark Sirower zum Ergebnis hoher Misserfolgsraten: Bei etwa 66 % der Akquisitionen sank der Wert des Akquisitionssubjekts nach Bekanntgabe der Akquisition marktbereinigt bei der Betrachtung des Ankündigungseffekts.[1]

Auch Eccles, Lanes und Wilson gelangten in Ihrer Untersuchung zum Ergebnis, dass Unternehmensakquisitionen in der Regel keinen Wert schaffen und der Kapitalmarkt bereits zum Zeitpunkt der Akquisitionsankündigung in der Lage ist, Wertänderungen korrekt zu antizipieren.[2]

Ashkenas, DeMonaco und Francis betonen schließlich, dass Unternehmensakquisitionen häufig nicht die ursprünglich erhofften Wertsteigerungen erzielen, obwohl die Akquisitionen zunächst strategisch und finanziell sinnvoll erschienen.[3]

Diese drei jüngeren Untersuchungen spiegeln eine allgemeine Beobachtung wider, die von zahlreichen empirischen Studien belegt wird: die bei vielen Unternehmensakquisitionen ausbleibende Wertsteigerung des Akquisitionssubjekts.

Die Regelmäßigkeit einer akquisitionsbedingten Wertvernichtung bei Akquisitionssubjekten führte zum Teil zur Meinung, dass sie als unumgängliche Tatsache zu akzeptieren sei.[4] Besser sollte sich aber unmittelbar die Frage anschließen, ob es Faktoren gibt, die den Akquisitionserfolg determinieren. Empirische Studien, die sich dieser Frage annahmen, kamen aber oftmals zu keinem statistisch signifikanten Ergebnis, wenn Zusammenhänge zwischen der akquisitionsbedingten Unternehmenswertänderung und bestimmten Faktoren ermittelt werden sollten. Viscio et al. haben 117 Unternehmensakquisitionen zwischen Januar 1994 und Juli 1996 untersucht, um mögliche Korrelationen zwischen der Höhe der Übernahmeprämie, den Größenverhältnissen von Akquisitionssubjekt und Akquisitionsobjekt oder der Industrieverwandtschaft einerseits und dem Akquisitionserfolg andererseits zu ermitteln. Sie mussten aber feststellen, dass keiner dieser Faktoren statistisch signifikant zur Vorhersage des Akquisitionserfolgs geeignet war.[5]

Es finden sich zahlreiche Beiträge zur Bedeutung der Integration, also der Herstellung nutzbringender Verbindungen zwischen Akquisitionsobjekt und Akquisitions-

[1] Vgl. Sirower, Synergieeffekt, 2001, S. 180.

[2] Vgl. Eccles/Lanes/Wilson, Akquisitionen, in Harvard Business Manager 22, 2000, S. 81 ff.

[3] Vgl. Ashkenas/DeMonaco/Francis, GE Capital, in: Harvard Business Review 76 (1), 1998, S. 165 ff.

[4] Vgl. Sirower, No-win Deal, in: Morgore & Acquisitions 32 (4), 1998, S. 23 ff. (24).

[5] Vgl. Viscio/Harbison/Asin/Vitaro, Integration, in: Strategy & Business 17, 1999, S. 26 ff. (27).

subjekt, für den Akquisitionserfolg.[6] Die Integration wurde in den letzten Jahren immer häufiger als erfolgskritisch angesehen.[7] Es kam zu statistischen Untersuchungen mit einer Gegenüberstellung von integrationsrelevanten Begriffspaaren (z. B. horizontale und vertikale Integration oder Skaleneffekte und Reichweiteneffekte), woraus wiederum Voraussagen zum Akquisitionserfolg ermöglicht werden sollten.[8] Rühli und Sachs kritisierten diesen Ansatz als reduktionistisch, weil er die vernetzte Interaktion in einer Integration nicht berücksichtigen könne.[9] Statistisch hoch signifikant nachweisbare „Erfolgsfaktoren"[10] waren dabei auch nicht zu ermitteln.

Auch die vorliegende Arbeit wendet sich dem Problem der akquisitionsbedingten Wertänderung von Akquisitionssubjekten zu und sucht nach einem Ansatz, diese Wertänderung erklären und vorhersagen zu können.

Ziel der Arbeit ist es daher, ein Modell zur akquisitionsbedingten Wertänderung von Akquisitionssubjekten zu entwickeln und empirisch zu untersuchen.

Im ersten Kapitel werden die relevanten Begriffe erläutert und weitere Grundlagen für das Verständnis des Themas der Untersuchung gelegt. Im zweiten Kapitel wird ein Modell zur Erklärung der akquisitionsbedingten Wertänderung von Akquisitionssubjekten entwickelt, welches in einer mathematischen Beziehung verdichtet wird. Im dritten Kapitel wird dieses Modell empirisch überprüft. Im vierten Kapitel werden die Ergebnisse der empirischen Studie auf aktuelle Akquisitionen angewendet.

Abbildung 1 gibt einen Überblick über den Aufbau der Arbeit.

---

[6] Vgl. Buono/Bowditch/Lewis, Cultures, in: Human Relations 38 (5), 1985, S. 477 ff.; vgl. Datta, Organizational Fit, in: Strategic Management Journal 12 (4), 1991, S. 281 ff.; vgl. Grüter, Bausteine, 1991, S. 82; vgl. Kirchner, Konzern, 1991, S. 253 ff.; vgl. Marks, Merging, in: Mergers and Acquisitions 17 (2), 1982, S. 38 ff.; vgl. Nahavandi/Malekzadeh, Acculturation, in: Academy of Management Review 13 (1), 1988, S. 79 ff.; vgl. Ottersbach/Kolbe, Integrationsrisiken, in: Betriebswirtschaftliche Forschung und Praxis 42 (2), 1990, S. 140 ff.; vgl. Reineke, Akkulturation, 1989, S. 212; vgl. Reißner, Synergiemanagement, 1992, S. 2; vgl. Scheiter, Integration, 1989. S. 43-50; vgl. MacTaggart/Kontes/Mankins, Value Imperative, 1994, Kap. 1.

[7] Vgl. Gaughan, Mergers, 2002; vgl. Clemente/Greenspan, Winning, 1998; vgl. Hooke, Mergers, 1996; vgl. Marren, Mergers, 1992; vgl. Reed/Lajoux, Art, 1999; vgl. Wasserstein, Big Deal, 1998; vgl. Cartwright/Cooper, Integrating, 2004; vgl. Feldman/Spratt, Accelerating, 1999; vgl. Marks/Mirvis, Acquisitions, 1997; vgl. Mirvis/Marks, Managing, 1992; vgl. Pritchett/Robinson/Clarkson, After the Merger, 1997; vgl. Rankine, Chances, 1997; vgl. Baroncelli, Failure, in: Long Range Planning 31 (3), 1998, S. 377 ff.; vgl. Tetenbaum, Beating, in: Organizational Dynamics 28 (2), 1999, S. 22 ff. (22).

[8] Vgl. Bachmann, Synergie- und Nutzungspotenziale, 2001, S. 6-8.

[9] Vgl. Rühli/Sachs: Kernkompetenzen, in: Hinterhuber/Friedrich/Matzler/Pechlaner, Diversifizierte Unternehmung, 2000, S. 127 ff. (139).

[10] Vgl. Bark, Integrationscontrolling, 2002.

Abbildung 1: Aufbau der Arbeit

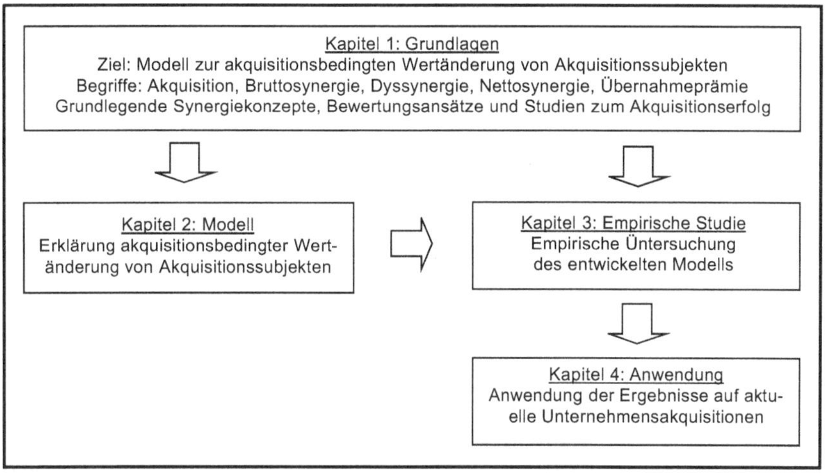

Quelle: Eigene Erstellung

1.2 Definition des Akquisitionsbegriffs

Zur Behandlung des vorliegenden Themas ist eine Definition und Abgrenzung des Akquisitionsbegriffs besonders auch wegen der Uneinheitlichkeit der Begriffsverwendung im Schrifttum notwendig.[11]

Eine Akquisition ist gekennzeichnet durch:[12]

- den Erwerb von Eigentumsrechten
- durch ein Unternehmen – in dieser Arbeit wird der Begriff des Akquisitionssubjekts verwendet
- an einem anderen Unternehmen oder an abgrenzbaren und in sich geschlossenen Teileinheiten im Sinne von Betrieben eines anderen Unternehmens (gemäß § 613 a BGB) – in dieser Arbeit wird der Begriff des Akquisitionsobjekts verwendet
- mittels einer mehrheitlichen Übertragung der Gesellschaftsanteile oder des gesamten oder wesentlicher Teile des Vermögens des Akquisitionsobjekts auf das Akquisitionssubjekt,
- wobei die Möglichkeit einer beherrschenden Einflussnahme des Akquisitionssub-

[11] Vgl. Bark, Integrationscontrolling, 2002, S. 13 ff.; vgl. Picot, Unternehmenskauf, 2004, S. 22 f.
[12] Vgl. Gerpott, Erfolg, 1993, S. 18 ff.

jekts auf das Akquisitionsobjekt gegeben sein muss,

- ohne dass ein vor der Transaktion rechtlich selbstständiges Akquisitionsobjekt seine Rechtspersönlichkeit mit dem Erwerb verlieren muss.

Diese sechs wesentlichen Definitionselemente werden nachfolgend erläutert.

Erwerb von Eigentumsrechten

Bei einer Akquisition gehen Eigentumsrechte von einem Verkäufer auf einen Käufer über und der Verkäufer erhält eine Gegenleistung.[13] Keine Akquisitionen sind damit Erbschaften oder Schenkungen von Unternehmen, weil in diesen Fällen das Element der Gegenleistung fehlt. Einige Studien weisen darauf hin, dass die Art der Gegenleistung, auf welche Weise also die Zahlung des Kaufpreises erfolgt, durch Anteile am Akquisitionssubjekt, Barmittel oder Sachgüter, für den Akquisitionserfolg relevant sein können. Sie gelangen aber zu widersprüchlichen Ergebnissen (vgl. Tabelle 4).

Akquisitionssubjekt

Man kann ein Unternehmen als Produktionsfaktorkombination auffassen,[14] als lebendiges produktives soziales System[15], als Wertschöpfungselement, in dem Menschen mit Sachmitteln arbeitsteilig Aufgaben zur Erreichung ökonomischer Ziele bewältigen. Ein Akquisitionssubjekt ist dadurch gekennzeichnet, dass es durch die Akquisition nicht nur ein kurzfristig spekulatives Engagement, sondern eine mit Integrationsaufgaben verknüpfte, langfristig ausgerichtete Bindung anstrebt.

Akquisitionsobjekt

Akquisitionsobjekt ist ein ganzes Unternehmen oder wenigstens ein ganzer Betrieb als abgrenzbarer Teil eines Unternehmens, welches oder welcher in das Akquisitionssubjekt integrierbar ist. Es fallen reine Finanzanlagen ohne Anspruch auf unternehmerische Führung aus der Definition heraus, da in diesen Fällen in der Regel keine Integration stattfindet.

Übertragung

Der Erwerb kann als Share Deal oder als Asset Deal erfolgen. Beim Share Deal erfolgt die Unternehmensakquisition durch die mehrheitliche Übernahme von Gesellschaftsanteilen.[16] Es liegt ein Rechtskauf gemäß § 433 Abs. 1 Satz 2 BGB vor und Kaufgegenstand ist die gesellschaftsrechtliche Beteiligung. Die Identität des über-

---

[13] Vgl. Pausenberger, Akquisitionsplanung, in: Szyperski, Handwörterbuch der Planung, 1989, Sp. 18 ff. (18); vgl. Gerpott, Erfolg, 1993, S. 22.

[14] Vgl. Pausenberger, Akquisitionsplanung, in: Szyperski, Handwörterbuch der Planung, 1989, Sp. 18 ff. (18); vgl. Süverkrüp, Wissenstransfer, 1992, S. 4.

[15] Vgl. Bressmer/Moser/Sertl, Vorbereitung, 1989, S. 18.

[16] Vgl. Picot, Unternehmenskauf, 2004, S. 33 f.

nommenen Unternehmens kann beim Share Deal erhalten bleiben und die Bilanzierung des Kapitalanteilserwerbs wird im Anlagevermögen unter der Position Finanzanlagen unter Beteiligungen vorgenommen (vgl. § 271 Abs. 1 HGB).

Handelt es sich beim Akquisitionsobjekt nicht um ein Unternehmen mit vollständiger Rechtssubjektivität, sondern z. B. um eine BGB-Gesellschaft, so ist die Übernahme der einzelnen Vermögensbestandteile die Grundlage der Unternehmensakquisition, ein Asset Deal.[17] Bei dieser Transaktion findet die Übertragung aller für die Erfüllung der wirtschaftlichen Zweckbestimmung des Akquisitionsobjekts notwendigen Vermögensbestandteile inklusive bestehender Arbeitsverhältnisse (§ 613 a BGB) statt. Es liegt ein Sachkauf nach § 433 Abs. 1 Satz 1 BGB vor. Die erworbenen Aktiva und Passiva werden in der Bilanz des Akquisitionssubjekts bilanziert.

Dabei muss das Akquisitionssubjekt mehr als 50 % des Akquisitionsobjekts übernehmen.[18] Im Rahmen der empirischen Studie werden nur 100 %-Akquisitionen betrachtet, die in einem Schritt erfolgen. Diese Einschränkung erfolgt, da bei Teilakquisitionen die Gefahr besteht, dass Synergien nicht einer bestimmten Teilakquisition zugeordnet werden können (vgl. Kapitel 3.1).

Beherrschende Einflussnahme

Voraussetzung für die Integration ist der Erhalt der Kontrollmacht über das Akquisitionsobjekt, welche durch die Akquisition erhalten werden soll.[19] Dabei vergegenwärtige man sich, dass die gezahlte Übernahmeprämie üblicherweise gerade als der Zuschlag aufgefasst wird, den ein kaufendes Unternehmen bereit ist, über die Marktkapitalisierung für das Akquisitionsobjekt zu bezahlen, um Kontrolle über dieses ausüben zu können und die angestrebten finanziellen Vorteile (Synergien) durch Integration erzielen zu können.

Rechtspersönlichkeit

Der Verlust der Rechtspersönlichkeit des Akquisitionsobjekts ist nicht erforderlich. Schließen sich Unternehmen nicht nur zu einer wirtschaftlichen, sondern auch rechtlichen Einheit zusammen, spricht man von einer Fusion,[20] welche aber als Sonderfall nicht ausdrücklich unterschieden werden soll.

---

[17] Vgl. Semler, Unternehmens- und Beteiligungskaufvertrag, in: Hölters, Handbuch, 2005, S. 649 ff. (654).

[18] Vgl. Lubatkin/Shrieves, Reconciliation, in: Academy of Management Review 11 (3), 1986, S. 497 ff. (503); vgl. Chakrabarti, Factors, in: IEEE Transactions on Engineering Management, 1990, S. 259 ff. (262); vgl. Süverkrüp, Wissenstransfer, 1992, S. 4 und S. 63.

[19] Vgl. Schertler, Alternativen, in: Wurl, Beteiligungscontrolling, 2003, S. 35 ff. (38)

[20] Vgl. Wöhe/Döring, Einführung, 2005, S. 302.

1.3 Überblick über den Akquisitionsprozess

1.3.1 Phaseneinteilung

Bei der Betrachtung der Phasen des Akquisitionsprozesses sind in der Literatur unterschiedliche Einteilungen zu finden: So unterscheiden Jansen[21] drei, Coenenberg/Sautter[22] vier, Bark[23] fünf, Gomez/Weber[24] sechs und Blex/Marchal[25] neun Phasen des Akquisitionsprozesses. Einige Autoren zählen die Integrationsphase nicht mehr zum Akquisitionsprozess.[26]

Vorzugswürdig ist mit Bark, den Akquisitionsprozess in fünf überschneidungsfreie Phasen zu untergliedern:[27] Festlegung der Akquisitionsstrategie, Kandidatenauswahl, Due Diligence und vorvertragliche Phase, Vertragsphase, Integrationsphase (vgl. Abbildung 2).

Abbildung 2: Phasen des Akquisitionsprozesses

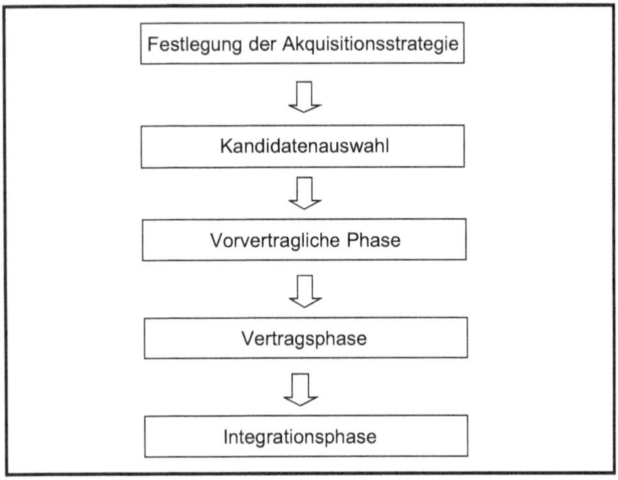

Quelle: Eigene Erstellung

---

[21] Vgl. Jansen, Mergers & Acquisitions, 2001, S. 164.

[22] Vgl. Coenenberg/Sautter, Bewertung, in: Die Betriebswirtschaft 48 (6), 1988, S. 691 ff. (695).

[23] Vgl. Bark, Integrationscontrolling, 2002, S. 24-35.

[24] Vgl. Gomez, Wertsteigerung, in: Die Unternehmung 43 (6), 1989, S. 441 ff. (451); vgl. Gomez/Weber, Akquisitionsstrategie, 1989, S. 16.

[25] Vgl. Blex/Marchal, Risiken, in: Betriebswirtschaftliche Forschung und Praxis 42 (2), 1990, S. 85 ff. (86 f.).

[26] Vgl. Blex/Marchal (1990), Risiken, in: Betriebswirtschaftliche Forschung und Praxis 42 (2), 1990, S. 85 ff. (101).

[27] Vgl. Bark, Integrationscontrolling, 2002, S. 24-35.

1.3.2 Festlegung der Wachstumsstrategie

Zunächst ist aus der Vision des Unternehmens eine Strategie für einzelne Geschäftsfelder bzw. für das gesamte Unternehmen abzuleiten, um strategische Erfolgspositionen aufzubauen.[28] Wachstumsstrategien können dabei in die beiden Hauptgruppen internes und externes Wachstum aufgeteilt werden. Sich für eine der beiden Wachstumsstrategien zu entscheiden, kann aus unterschiedlichen Gründen geschehen, welche nachfolgend dargestellt sind.[29]

Gründe für internes Wachstum

Gründe für internes Wachstum können sein:

- der Wunsch nach der Entwicklung aus eigener Kraft und der damit einhergehenden besseren Anpassung des Neuen an das Alte, z. B. hinsichtlich der Organisation und des Personals,
- die Verminderung von Risiken, welche aus einem Vertragsschluss resultieren können,
- die Angst vor Integrationsproblemen, die bei internem Wachstum in vermindertem Maße entstehen können,
- eine allgemeine Angst vor Akquisitionen wegen empirisch belegter hoher Misserfolgsraten.

Gründe für externes Wachstum

Gründe für externes Wachstum können sein:

- die Überzeugung, dass strategische Ziele einfacher, schneller oder in größerem Umfang erreicht werden können als durch internes Wachstum,
- die Überwindung von Markteintrittsbarrieren und die vermutete einfachere oder schnellere Erhöhung der Marktmacht,
- die Verminderung des Innovationsrisikos durch Akquisition vorhandener Produkterfolge und keine Notwendigkeit der Suche von qualifiziertem Personal für die Eigenentwicklung bei gleichzeitiger Eliminierung des Technologievorsprungs des Akquisitionsobjekts (Wettbewerbsdämpfung),
- die Realisierung von Synergiepotenzialen.

---

28 Vgl. Pümpin, Strategische Erfolgspositionen, 1986.

29 Vgl. Jansen, Mergers & Acquisitions, 2001, S. 106.

1.3.3 Kandidatenauswahl

Hat man sich für eine Strategie externen Wachstums entschieden, erfolgt die Kandidatenauswahl. Die Auswahl des besten Akquisitionsobjekts ist für den Akquisitionserfolg ebenso relevant[30] wie schwierig[31]. In der Akquisitionspraxis üblich ist die Fit-Analyse (vgl. Abbildung 3),[32] welche mit der Erstellung einer sogenannten Long List beginnt, die alle möglichen Akquisitionskandidaten umfasst.

Abbildung 3: Struktur einer Fit-Analyse zur Kandidatenauswahl

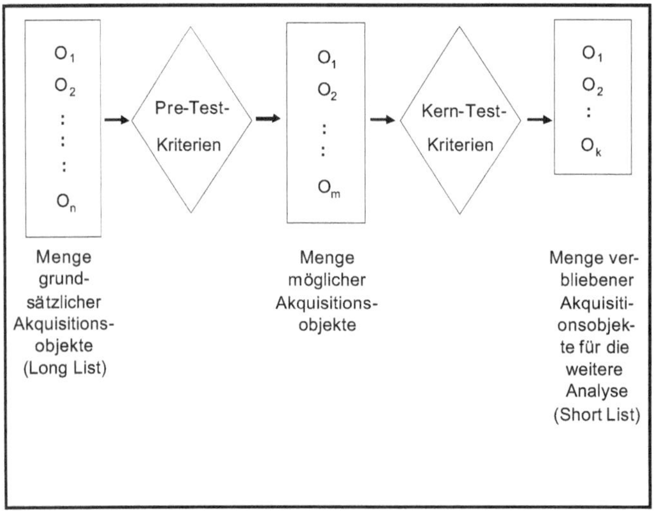

Quelle: In Anlehnung an: Bark, Integrationscontrolling, 2002, S. 28

Aus dieser Long List werden durch Pre-Test-Kriterien (beispielsweise Anforderungen an das Akquisitionsobjekt hinsichtlich Mindestumsatz, Marktpositionierung oder kartellrechtlicher Auswirkungen eines Zusammenschlusses) untaugliche Kandidaten eliminiert. Auf diese verringerte Menge möglicher Akquisitionskandidaten werden Kern-Test-Kriterien (beispielsweise die erwarteten Marktanteile, Wachstumsraten, Gewinnspannen der strategischen Geschäftsfelder, Eigenkapitalrenditen oder Verschuldungsgrade) angewandt. Nach dem Abschluss der Fit-Analyse verbleibt im Idealfall eine überschaubare Anzahl geeigneter Akquisitionskandidaten als Short List für die Kontaktaufnahme. Zeigt sich nach der Kontaktaufnahme, dass die potenziellen Akquisitionsobjekte nicht bereit sind, in die Akquisition einzuwilligen oder ergeben sich

[30] Vgl. Jung, Erfolgsfaktoren, 1993, S. 162.

[31] Vgl. Lubatkin, Mergers, in: Academy of Management Review 8 (2), 1983, S. 218 ff. (221).

[32] Vgl. Goldstein, Guide, 1983, S. 23 ff.

andere unlösbare Probleme, ist eine Rückkopplung in der Fit-Analyse zur Kandidatenauswahl möglich, um den Kreis der potenziellen Akquisitionskandidaten wieder zu erweitern. Danach wird eine neue Short List mit weiteren potenziellen Akquisitionskandidaten erzeugt.

1.3.4 Vorvertragliche Phase

In der vorvertraglichen Phase finden die Due Diligence-Untersuchungen statt. Due Diligence[33] meint das sorgfältige Durchleuchten eines Akquisitionskandidaten mit dem Ziel der Beschaffung und Beurteilung relevanter Informationen und darauf aufbauend die Unternehmensbewertung. Außerdem wird darunter die Einschätzung der erforderlichen Garantien aus den identifizierten Risikopositionen gefasst.[34] Man kann Due Diligence-Untersuchungen in folgenden Bereichen unterscheiden:

- finanzwirtschaftliche Aspekte (Financial Due Diligence),
- marktbezogene Aspekte (Commercial Due Diligence)[35],
- rechtliche Aspekte (Legal Due Diligence)[36],
- steuerliche Aspekte (Tax Due Diligence)[37],
- mitarbeiterbezogene Aspekte (Human Resource Due Diligence),
- technikbezogene Aspekte (Technical Due Diligence),
- umweltbezogene Aspekte (Environmental Due Diligence)[38].

Die Due Diligence-Prüfung findet in der Regel durch Einsichtnahme des potenziellen Käufers von im Data Room bereitgestellten betriebsinternen Daten statt. Weitere Bestandteile der vorvertraglichen Phase sind:

Confidentiality Agreement und Statements of Non-Disclosure

Potenzieller Verkäufer und Käufer verpflichten sich im Confidentiality Agreement bzw. in den Statements of Non-Disclosure vertraglich zur Diskretion bezüglich der Verkauf- und der Kaufabsicht, um mögliche negative Auswirkungen auf Beziehungen zu Eigentümern, Lieferanten, Kunden, Fremdkapitalgebern und anderen Stakeholdern zu vermeiden.

---

33 Vgl. Berens/Strauch, Herkunft, in: Berens/Brauner/Strauch, Due Diligence, 2005, S. 3 ff.
34 Vgl. Nagel, Auktion, in: Transaktion & Finanzierung 9, 2000, S. 76 f. (76).
35 Vgl. Leoprechting, Due Diligence, in: Transaktion & Finanzierung, 2000, S. 78 f. (78).
36 Vgl. Kirchner, Rechtliche Due Diligence, in: Konferenz, 1998, S. 1 ff. (15-17).
37 Vgl. Jamin, Tax Due Diligence, in: Konferenz, 1998, S. 1 ff. (30-31).
38 Vgl. König/Fink, Umwelt-Due-Diligence, in: M&A Review 11 (6), 2000, S. 220 ff. (220-224).

Letter of Intent

Der Letter of Intent (häufig werden die Bezeichnungen Absichtserklärung, Memorandum of Understanding, Agreement in Principle oder Memorandum of Intent synonym gebraucht[39]) hält die Verhandlungsergebnisse in schriftlicher Form fest, nachdem eine grundsätzliche Einigung der beiden Parteien erzielt worden ist.[40] Dieser Letter of Intent ist – anders als ein Vorvertrag – kein rechtlich bindendes Dokument, doch können aus ihm Sorgfaltspflichten mit rechtlichen Konsequenzen abgeleitet werden.[41]

1.3.5 Vertragsphase

Die Vertragsphase schließt die Transaktion ab und setzt sich aus folgenden Komponenten zusammen:[42]

Vorvertrag

Der Vorvertrag verpflichtet dazu, den Hauptvertrag abzuschließen, der noch nicht vereinbart wird, weil bestimmte Punkte noch als klärungsbedürftig angesehen werden.[43] Der Vorvertrag ist juristisch bindend und daher bei späterem Nichtabschluss des Hauptvertrags mit Schadensersatzansprüchen verbunden, wenn sich aus dem Vorvertrag alle relevanten Vertragselemente erschließen lassen.

Kaufvertrag

Der Abschluss des Kaufvertrags (Signing) verpflichtet den Verkäufer zur Übertragung von Beteiligungen (Share Deal) oder Vermögensgegenständen (Asset Deal) und verpflichtet den Käufer zur Zahlung des Kaufpreises. Häufig enthält der Kaufvertrag Garantien, um erwartete Risiken auf die jeweiligen Vertragspartner zu verteilen. Auch Rücktrittsvereinbarungen und eine Einigung über die Übernahme der Kosten der Vertragserstellung können enthalten sein.[44]

Closing

Das Closing ist der Vollzugsstichtag des Kaufvertrags. An diesem Tag geht die unternehmerische Verantwortung vom Verkäufer auf den Käufer über. Der Terminus

---

[39] Vgl. Berens/Mertes/Strauch, Unternehmensakquisitionen, in: Berens/Brauner/Strauch, Due Diligence, 2005, S. 25 ff. (56, Fn. 186).

[40] Vgl. Funk, Unternehmensbewertung, in: Schmalenbachs Zeitschrift für betriebswirtschaftliche Forschung 47 (5), 1995, S. 491 ff. (500).

[41] Vgl. Semler, Unternehmens- und Beteiligungskaufvertrag, in: Hölters, Handbuch, 2005, S. 649 ff. (662 f.); vgl. Picot, Unternehmenskauf, 2004, S. 37 f.

[42] Vgl. Bark, Integrationscontrolling, 2002, S. 21 f.

[43] Vgl. Picot, Unternehmenskauf, 2004, S. 58.

[44] Vgl. Jung, Praxis, 1993, S. 360-376; vgl. Rädler/Pöllath, Handbuch, 1982, S. 261-262.

Closing bezeichnet des Weiteren die an diesem Stichtag vorzunehmenden Rechtshandlungen, nämlich die Übertragung (Eigentumswechsel), die Übergabe (Besitzwechsel) und die Kaufpreiszahlung.[45] Beim Asset Deal werden also an diesem Tag die Vermögenswerte dinglich übertragen.[46]

1.3.6 Integrationsphase

Das erfolgreiche Vorgehen in der Integrationsphase, in der die Zusammenführung von Wertaktivitäten der Unternehmen erfolgt,[47] ist in der Regel Voraussetzung für den Erfolg der gesamten Transaktion.[48] Diese Phase ist in der Praxis oft von zahlreichen Schwierigkeiten, Erwartungen und Vorbehalten begleitet.[49] In der Integrationsphase finden die für den Akquisitionserfolg relevanten Synergierealisierungen statt (vgl. zum Synergiebegriff Kapitel 1.4).

Der Begriff „Integration" stammt vom lateinischen Begriff „integratio" ab, der mit „Wiederherstellung eines Ganzen" übersetzt werden kann. In der betriebswirtschaftlichen Literatur finden sich zahlreiche Definitionen des Begriffs der Integration.[50]

Diese Definitionen können nach den Kriterien

- Träger der Integration (wer integriert?),
- Objekt der Integration (was wird integriert?),
- Ziel der Integration (wozu wird integriert?),
- Integrationsmaßnahmen (wie wird integriert?) und
- Integrationsverständnis (was bedeutet Integration?)

klassifiziert werden.[51] Tabelle 1 fasst diese Herangehensweise zusammen.

Keine der untersuchten Definitionen kann überzeugen. Zum einen fehlen teilweise relevante Definitionselemente, etwa Aussagen hinsichtlich der Trägerschaft, des Objekts, des Ziels oder der Maßnahmen der Integration bei Chakrabarti[52] oder Trägerschaft und Maßnahmen der Integration bei Scheiter[53]. Zum anderen wird der Integra-

---

[45] Vgl. Holzapfel/Pöllath, Unternehmenskauf, 2005, S. 34 f.

[46] Vgl. Beisel/Klumpp/Theysohn-Wadle, Unternehmenskauf, 2006, S. 184 f.

[47] Vgl. Schertler, Alternativen, in: Wurl, Beteiligungscontrolling, 2003, S. 35 ff. (49).

[48] Vgl. Houlder, Secret, in: Financial Times, May 26, 1997, S. 14; vgl. Gomez/Weber, Akquisitionsstrategie, 1989, S. 72.

[49] Vgl. Haspeslagh/Jemison, Postmerger Integration, 1991, in: M&A Europe, 1991, S. 47 ff. (57).

[50] Vgl. Gerpott, Erfolg, 1993, S. 116.

[51] Vgl. Bark, Integrationscontrolling, 2002, S. 36.

[52] Vgl. Chakrabarti, Factors, in: IEEE Transactions on Engineering Management, 1990, S. 259 ff. (263).

[53] Vgl. Scheiter, Integration, 1989, S. 7.

tionsbegriff zu stark eingeschränkt, etwa bei der Definition von Haspeslagh/Jemison, die als Objekt der Integration lediglich strategische Fähigkeiten (Know-how) umfasst.[54] Zum Teil sind die Definitionen nicht ausreichend präzise formuliert, etwa bei Hase,[55] der als Integrationsobjekt Aktivitäten des Akquisitionsobjekts und Koordination von Handlungen und Entscheidungen versteht.

Tabelle 1: Definitionselemente des Integrationsbegriffs

Quelle	Definitionselemente des Integrationsbegriffs				
	Träger der Integration	Objekt der Integration	Ziel der Integration	Integrationsmaßnahmen	Integrationsverständnis
Scheiter (1989)[56]	-	Systeme, Strukturen, Ressourcen und Kulturen	wirtschaftliche Zielsetzungen	-	Prozess der Zusammenführung
Chakrabarti (1990)[57]	-	-	-	-	Zustandsbeschreibung
Haspeslagh/ Jemison (1991)[58]	-	strategische Fähigkeiten (Know-how)	-	Interaktion zwischen Individuen zweier Organisationen	interaktiver Prozess
Hase (2002)[59]	Management des Akquisitionssubjekts	Aktivitäten des Akquisitionsobjekts, Entscheidungs- und Handlungskoordination	Umsetzung möglicher ökonomischer Vorteile von Akquisitionen in tatsächliche Vorteile	strategische, strukturelle, personelle und kulturelle Integrationsmaßnahmen	eigenständiger Prozess der Zusammenarbeit

Quelle: In Anlehnung an: Bark, Integrationscontrolling, 2002, S. 36

Eine Definition, die alle Definitionselemente berücksichtigt und auch von der Vorstellung eines eingreifenden Gestaltens in den Akquisitionsprozess im Sinne eines Integrations-Managements getragen ist (Integrationsverständnis), wurde hingegen

54 Vgl. Haspeslagh/Jemison, Managing, 1991, S. 106.

55 Vgl. Hase, Integration, 2002, S. 19.

56 Scheiter, Integration, 1989, S. 7: „Der [...] Integrationsbegriff [...] bedeutet die Zusammenführung und Verschmelzung von Systemen, Strukturen, Ressourcen und Kulturen zweier Unternehmungen zur Erreichung einer wirtschaftlichen Zielsetzung."

57 Chakrabarti, Factors, in: IEEE Transactions on Engineering Management, 1990, S. 259 ff. (263): „Integration is defined as the quality of the state of collaboration between the organizational units."

58 Haspeslagh/Jemison, Managing, 1991, S. 106: „Integration is an interactive, gradual process in which individuals from organizations learn to work together and cooperate in the transfer of strategic capabilities."

59 Hase, Integration, 2002, S. 19: „Integration ist ein hauptsächlich vom Management des akquirierenden Unternehmens [...] geplanter Gestaltungsvorgang der Zusammenarbeit, Integration umfasst die vollständige oder die partielle Eingliederung des akquirierten Unternehmens durch strategische, strukturelle, personelle und kulturelle Integrationsmaßnahmen, Integration bedeutet Zusammenfassung von akquirierten Unternehmensaktivitäten (Integration i. e. S.) und Koordination von Handlungen und Entscheidungen (Integration i. w. S.), Integration ist ein eigenständiger Prozess, in dem mögliche ökonomische Vorteile von Akquisitionen in tatsächliche Vorteile nach dem formalen Vollzug der Unternehmensübernahme umgesetzt werden sollen."

von Gerpott formuliert.[60] Integration wird definiert als:

- hauptsächlich vom erwerbenden Unternehmen initiierte Maßnahmen (Träger),
- die primär auf die Beeinflussung der Interaktionen zielen (Maßnahmen),
- Die zwischen Mitarbeitern und anderen Ressourcen des akquirierenden und des akquirierten Unternehmens stattfinden (Objekt),
- um für die Erhaltung und Übertragung von Fähigkeiten erforderliche Informationsaustausch-, Kooperations- und Lernprozesse zu fördern und eine Ausdehnung der Nutzung der Ressourcen zu ermöglichen (Ziel).

Nach diesem Verständnis ist Integration der Prozess der Ausdehnung der Nutzung von Ressourcen der zuvor selbstständigen Akquisitionspartner auf das andere Unternehmen. Dies geschieht z. B. im Rahmen der Zusammenlegung von Wertschöpfungsstufen (Leistungszentralisierung) oder der Finanzmittelbeschaffung bzw. einer neu ermöglichten Wertschöpfungsstufe (Leistungserweiterung) (vgl. Kapitel 1.4.1). Unter Ressourcen eines Unternehmens werden dabei alle Mittel verstanden, die für das Unternehmen deshalb einen Wert besitzen, weil es im Rahmen seiner Existenz auf diese Mittel zurückgreifen und einen finanziellen Nutzen daraus ziehen kann.

1.4 Synergie

1.4.1 Kritische Würdigung des Synergieverständnisses in der betriebswirtschaftlichen Literatur

Der Begriff „Synergie"[61] leitet sich von dem griechischen Wort „synergismós" ab, was mit „Zusammenarbeit" übersetzt werden kann. Man versteht darunter den Effekt, dass aus der Kombination („Integration") einzelner Teile eine Wirkung resultieren kann, die größer ist als die Summe der Einzelwirkungen der Teile.[62] Vereinfachend wird dies durch die mathematisch unkorrekte Formel „2 + 2 = 5" ausgedrückt.[63]

Das in der Literatur vereinzelt angetroffene Begriffsverständnis, nach dem unter Synergien sämtliche Quellen für Änderungen des Gesamtwerts von Akquisitionssubjekt und Akquisitionsobjekt verstanden[64] werden, kann vorab ausgeschieden werden. Denn es steht im Widerspruch zur Vorstellung, dass die Wertänderungen ihren Ur-

[60] Vgl. Gerpott, Erfolg, 1993, S. 120.

[61] Vgl. Rodermann, Synergieplanung, in: Schertler, Management, 1995, S. 251 ff. (258 f.).

[62] Vgl. Ansoff, Corporate Strategy, 1965, S. 79; vgl. Kitching, Mergers Miscarry, in: Harvard Business Review 45 (6), 1967, S. 84 ff.

[63] Vgl. Mintzberg, Power, 1983, S. 151.

[64] Vgl. Bühner, Management-Wert-Konzept, 1990, S. 6-16; vgl. Küting, Verbundeffekte, in: Betriebswirtschaftliche Forschung und Praxis 33 (2), 1981, S. 175 ff. (175-177); vgl. Seth, Value Creation, in: Strategic Management Journal 11 (2), 1990, S. 99 ff. (107); vgl. Vizjak, Wachstumspotentiale, 1990, S. 82.

sprung im Zusammenwirken haben. Es geht also nur um Wertänderungen, die von keinem der beiden Unternehmen alleine realisiert bzw. erwartet werden.

Darüber hinaus existiert in der Literatur eine stark unterschiedliche Begriffsweite, die in Tabelle 2 dargestellt wird.

Tabelle 2: Quellen der Wertänderung und Art des Leistungsprozesses zur Differenzierung des Synergiebegriffs

Quellen der Wertänderung / Art des Leistungsprozesses	Erlössteigerungen und/oder Kostensenkungen	nur Kostensenkungen
gleichartige und/oder verschiedenartige Leistungen, d. h. Leistungszentralisierung und/oder Leistungserweiterung	Synergiebegriff a Ansoff,[65] Jemison,[66] Porter,[67] Coenenberg/Sautter,[68] Lubatkin[69]	Synergiebegriff b Jensen/Ruback,[70] Roll[71]
ausschließlich verschiedenartige Leistungen, d. h. nur Leistungserweiterung	Synergiebegriff c Haspeslagh/Jemison,[72] Welge[73]	Synergiebegriff d Bühner/Weinberger,[74] Ropella[75]

Quelle: In Anlehnung an: Gerpott, Erfolg, 1993, S. 80

Da die Synergieerzielung in der Regel mit dem betrieblichen Leistungserstellungsprozess verknüpft ist, verwenden viele Autoren die Begriffe Erlös und Kosten anstatt der Begriffe Ertrag und Aufwand im Zusammenhang mit Synergieeffekten. Dennoch wird im Hinblick auf die Bedeutung von Synergieeffekten für das externe Rechnungswesen den Begriffen Ertrag und Aufwand bei der Formulierung eines eigenen Modells der akquisitionsbedingten Wertänderung von Akquisitionssubjekten teilweise der Vorzug gegeben. Grundkosten entsprechen dann z. B. Aufwand, Zusatzkosten Ertrag.[76]

Die in der Tabelle 2 vorgenommene Differenzierung erfolgt nach

- den Entstehungsorten (Quellen) der Wertänderung, die entweder in Erlössteige-

[65] Vgl. Ansoff, Corporate Strategy, 1965, S. 77-86.

[66] Vgl. Jemison, Value Creation, in: Libecap, Corporate Reorganization, 1988, S. 191 ff. (206).

[67] Vgl. Porter, Diversifikation, in: Harvard Business Manager 9 (4), 1987, S. 30 ff. (33).

[68] Vgl. Coenenberg/Sautter, Bewertung, in: Die Betriebswirtschaft 48 (6), 1988, S. 691 ff. (694).

[69] Vgl. Lubatkin, Mergers, in: Academy of Management Review 8 (2), 1983, S. 218 ff. (218 f.).

[70] Vgl. Jensen/Ruback, Corporate Control, in: Journal of Financial Economics 11 (1-4), 1983, S. 5 ff.

[71] Vgl. Roll, Takeover Activity, in: Coffee/Lowenstein/Rose-Ackerman, Knights, 1988, S. 241 ff. (245).

[72] Vgl. Haspeslagh/Jemison, Managing, 1991, S. 28.

[73] Vgl. Welge, Synergie, in: Grochla/Wittmann, Handwörterbuch, 1976, Sp. 3800 ff. (3802).

[74] Vgl. Bühner/Weinberger, Cash-Flow, in: Betriebswirtschaftliche Forschung und Praxis 43 (3), 1991, S. 187 ff. (198).

[75] Vgl. Ropella, Synergie, 1989, S. 224 f.

[76] Vgl. Wöhe/Döring, Einführung, 2005, S. 819.

rungen und/oder Kostensenkungen oder nur in Kostensenkungen gesehen werden,

- der Art des Leistungsprozesses. Dabei werden entweder gleichartige Leistungen (Leistungszentralisierung) und/oder verschiedenartige Leistungen (Leistungserweiterung) berücksichtigt oder ausschließlich verschiedenartige Leistungen.

Nach diesem Verständnis werden bei der Leistungszentralisierung vor der Akquisition getrennt erbrachte gleichartige Leistungen z. B. an einem Ort zusammenfasst, um Vorteile aufgrund von verbesserter Kapazitätsausnutzung, Lerneffekten bei Mitarbeitern bzw. Erfahrungskurveneffekten beim Einsatz von Produktionsmitteln und aus der akquisitionsbedingt gestiegenen Unternehmensgröße (Marktmacht gegenüber Lieferanten und Kunden) zu erzielen. Diese können zu einer Degression der Stückkosten führen (v. a. Economies of Scale)[77] oder, z. B. über die Erhöhung des Kundennutzens vermittelt, erlössteigernd sein. Bei der Leistungserweiterung werden beim Akquisitionssubjekt und/oder Akquisitionsobjekt zu bereits vor der Akquisition durchgeführten Aktivitäten zusätzliche Aufgaben übernommen, die aber im Rahmen der Erstellung verschiedener Leistungen anfallen. Das Ziel ist die Erreichung einer Degression im Bereich der Gemeinkosten (v. a. Economies of Scope) oder ebenfalls eine Erlössteigerung.[78]

Der Synergiebegriff c versteht als synergierelevante Art des Leistungsprozesses nur die Leistungserweiterung, während Effekte der Leistungszentralisierung ausgeschlossen sind, was zu restriktiv ist und daher abgelehnt werden muss.

Von den Synergiebegriffen b und d werden ausschließlich Kostensenkungen als Synergien erfasst, wohingegen Effekte, die aus Erlössteigerungen resultieren, nicht erfasst werden. Dieses Synergieverständnis ist zu restriktiv, da relevante Quellen von Wertänderungen unberücksichtigt bleiben.

In der vorliegenden Arbeit wird deshalb der Synergiebegriff a zugrunde gelegt. Synergierelevante Leistungsprozesse sind also die Leistungszentralisierung und Leistungserweiterung und es werden sowohl Kosten- als auch Erlöswirkungen erfasst. Im folgenden Kapitel 1.4.2 sollen weitere Differenzierungen vorgenommen werden, um den Einfluss der Synergie auf die Unternehmenswertänderung zu erfassen.

1.4.2 Bruttosynergie – Dyssynergie – Nettosynergie

Bruttosynergien können wie folgt definiert werden: Bruttosynergien sind auf Unternehmensebene wertmäßig positive Folgen der Integration von Ressourcen. Dieser höhere Wert kann z. B. aus einer Leistungssteigerung resultieren, in der GuV Er-

---

[77] Vgl. Gerpott, Erfolg, 1993, S. 79.

[78] Vgl. Gerpott, Erfolg, 1993, S. 81.

tragsbruttosynergien, oder einer Senkung der Grundkosten, in der GuV Aufwandsbruttosynergien.

Dyssynergie wird in der Literatur auch als negative Synergie[79] oder als Anergie[80] bezeichnet. Dyssynergien können wie folgt definiert werden: Dyssynergien sind auf Unternehmensebene wertmäßig negative Folgen der Integration von Ressourcen. Dieser niedrigere Wert kann z. B. aus einer Leistungsminderung resultieren, in der GuV Ertragsdyssynergien, oder einer Erhöhung der Grundkosten, in der GuV Aufwandsdyssynergien.

Nettosynergien ergeben sich als Differenz aus Bruttosynergien und Dyssynergien. Wird nicht unterschieden, ob es sich um Nettosynergien handelt, die letztlich den Eigentümern des Akquisitionssubjekts oder des Akquisitionsobjekts zugutekommen, wird von Gesamtnettosynergien gesprochen. Aufgrund der Themenstellung dieser Arbeit interessiert der Blickwinkel des Akquisitionssubjekts, dessen akquisitionsbedingte Wertänderung untersucht werden soll. Es wird daher im Speziellen die Nettosynergie für die Eigentümer des Akquisitionssubjekts betrachtet.

1.5 Übernahmeprämie und Akquisitionsnebenkosten

Voraussetzung für die Nettosynergieerzielung des Akquisitionssubjekts ist der Erhalt der Kontrollmacht des Akquisitionssubjekts über das Akquisitionsobjekt.[81] Nach vorherrschendem Verständnis ist die Übernahmeprämie gerade der Zuschlag, den ein Akquisitionssubjekt bereit ist, über die Marktkapitalisierung für das Akquisitionsobjekt zu bezahlen, um Kontrolle über dieses ausüben zu können und die angestrebten Nettosynergien erzielen zu können. Man kann also festhalten, dass eine Übernahmeprämie einen Indikator für erwartete Nettosynergien darstellt, denn die zukünftigen Wachstumsaussichten des Akquisitionsobjekts sind bereits im Marktpreis enthalten.[82] In der Regel wird zunächst die Gesamtnettosynergie geschätzt und dann ein Teil davon als Übernahmeprämie bezahlt (vgl. Kapitel 2.7.3).

Auch die Akquisitionsnebenkosten werden aufgrund der Nettosynergieprognose hingenommen. Denn sie würden nicht anfallen, wenn der Erwerber nicht Kontrolle über das Akquisitionsobjekt ausüben wollte. Er hätte dann z. B. eine bestimmte Menge an Aktien ohne Unterstützung durch Investmentbanken über den Börsenhandel erwerben können.

Als wesentliche Nebenkosten einer Akquisition führt Rätsch folgende Kategorien an:

---

[79] Vgl. Allen, Relationships, in: Lorsch/Lawrence, Studies, 1970, S. 16 ff. (32); vgl. Hovers, Wachstum, 1973, S. 76; vgl Salter/Weinhold, Diversification, in: Harvard Business Review 56 (4), 1978, S. 166 ff. (170).

[80] Vgl. Linn/Rozeff, Anergy, in: Advances in Financial Planning and Forecasting 1 (1), 1985, S. 265 ff.

[81] Vgl. Schertler, Alternativen, in: Wurl, Beteiligungscontrolling, 2003, S. 35 ff. (38).

[82] Vgl. Sirower, Synergieeffekt, 2001, S. 48 ff.

für Haupt- bzw. Gesellschafterversammlungen, Notar und Eintragung, Aktientausch, Prüfung für Verschmelzungs- und Umwandlungslizenzen sowie Gutachter für die Ermittlung von Umtauschverhältnissen oder Abfindungsbeträgen.[83] Allgemein sind die Kosten der Due Diligence hier zu nennen, insbesondere auch die Honorare von Investmentbanken, welche einen erheblichen Teil der Akquisitionsnebenkosten ausmachen.

1.6 Wesentliche Synergiekonzepte in der betriebswirtschaftlichen Literatur

1.6.1 Begründung der Auswahl der dargestellten Konzepte

Aufgrund der Bedeutung der Nettosynergieerzielung für die akquisitionsbedingte Wertänderung des Akquisitionssubjekts werden im Folgenden die Grundlagen der wichtigsten Synergiekonzepte dargestellt.

In der Betriebswirtschaftslehre verwendete 1965 als Erster Igor Ansoff den Synergiebegriff in seinem Buch „Corporate Strategy"[84]. Ansoffs Synergiekonzept prägte die Synergiediskussion in den folgenden Jahren. Erst 1985 erfuhr sein Synergiekonzept eine wesentliche Erweiterung durch die Thematisierung in Michael Porters Buch „Competitive Advantage"[85]. Ansoff und Porter sind die beiden wichtigsten Wegbereiter des Synergiegedankens in der Betriebswirtschaftslehre. Unzählige Nachahmer haben ihre Kernaussagen zur Synergie aufgegriffen, ohne einen wesentlich eigenen Beitrag zu leisten. Dies rechtfertigt es, sich im Folgenden auf die Darstellung dieser beiden Synergiekonzepte zu beschränken.

1.6.2 Das Synergiekonzept von Ansoff

1.6.2.1 Darstellung des Konzepts

In Ansoffs Synergiekonzept[86] wurde erstmals beschrieben, dass der Wert einer gemeinsamen Ressourcennutzung höher sein kann als bei unabhängigem Ressourceneinsatz.[87] In Ansoffs Konzept zur Unternehmensstrategie geht es im Wesentlichen um das Treffen der Entscheidung, auf welchen Absatzmärkten ein Unternehmen konkurrieren soll. Dazu entwickelt er ein strategisches Stärken-Schwächen-Profil.[88] Weil das Treffen von Absatzentscheidungen als eine Teilmenge von Wachstumsstrategien interpretiert werden kann,[89] wird deutlich, dass Ansoff Synergien in

[83] Vgl. Rätsch, Fusion, in: Büschgen, Handwörterbuch, 1988, Sp. 665 ff. (671).

[84] Vgl. Ansoff, Corporate Strategy, 1965.

[85] Vgl. Porter, Wettbewerbsvorteile, 2002.

[86] Vgl. Bachmann, Synergie- und Nutzungspotenziale, 2001, S. 27-99.

[87] Vgl. Ansoff, Synergy, in: Campbell/Sommers Luchs, Strategic Synergy, 1998, S. 22 ff.

[88] Vgl. Staudt, Program, in: Harvard Business Review 32 (6), 1954, S. 121 ff.

[89] Vgl. Schertler, Unternehmensorganisation, 1998, S. 210.

engem Zusammenhang mit Unternehmenswachstum betrachtet.[90] Synergie ist dabei für Ansoff ein einzelnes Kriterium, gemäß dem diese Entscheidungen getroffen werden können.[91] Synergie entsteht dadurch, dass ein Unternehmen zu bestehenden Absatzmärkten neue hinzufügt.[92] Ansoff beschreibt Synergie als Unterschied zwischen unabhängiger (u) und interdependenter (i) Nutzung von Unternehmensressourcen als Ungleichung (Formel 1):

Formel 1: Synergie nach Ansoff I

$$(\text{operative Kapitalrendite}_i) > (\text{operative Kapitalrendite}_u)$$
$$\text{mit } i = \text{interdependent}, u = \text{unabhängig}$$

Quelle: In Anlehnung an: Ansoff, Synergy, in: Campbell/Sommers Luchs, Strategic Synergy, 1998, S. 22 ff. (24)

Ansoff nennt insgesamt vier mögliche Synergieeffekte, die sich nach dem Bereich unterscheiden, in dem Synergien entstehen. Er beschreibt Synergie also primär über ihre Wirkung: Verkaufs-Synergie (Umsatzsteigerung), Produktions-Synergie (Kostenreduzierung), Investitions-Synergie (verringerter Kapitaleinsatz) und Management-Synergie.

Die beschriebene Ungleichung (Formel 1) kann also durch Umsatzsteigerung und/oder Senkung der operativen Kosten bzw. des Kapitals, das in operative Aktivitäten investiert wird, bedingt sein (vgl. Formel 2).

Formel 2: Operative Kapitalrendite nach Ansoff

$$(\text{operative Kapitalrendite}) = (U - K)/I \text{ mit } U = \text{Umsatz}, K = \text{Kosten und } I = \text{Investitionen}$$

Quelle: In Anlehnung an: Ansoff, Synergy, in: Campbell/Sommers Luchs, Strategic Synergy, 1998, S. 22 ff. (23)

Management-Synergien werden in der Formel nicht explizit erfasst. Weil aber neue Ressourcenkombinationen in der Regel aber auch neue Führungskompetenzen erfordern, spielen Management-Synergien bei der Synergierealisierung eine wichtige Rolle. Management-Synergien können auf alle drei Variablen Auswirkungen haben, also sowohl umsatzfördernde als auch kostensenkende Auswirkungen haben oder die erforderliche Kapitalbindung reduzieren.

Bei Anwendung von Formel 2 auf Formel 1 wird Formel 3 erhalten.

[90] Vgl. Rodermann, Synergieplanung, in: Schertler, Management, 1995, S. 251 ff. (266).
[91] Vgl. Rodermann, Synergiemanagement, 1999, S. 39.
[92] Vgl. Rodermann, Synergiemanagement, 1999, S. 40.

Formel 3: Synergie nach Ansoff II

$(US_i - KS_i)/I_i > (US_u - KS_u)/IS_u$ mit US = Umsatzsynergien, KS = Kostensynergien, IS = Investitions-Synergien, i = interdependent, u = unabhängig

Quelle: In Anlehnung an: Ansoff, Synergy, in: Campbell/Sommers Luchs, Strategic Synergy, 1998, S. 22 ff. (23 f.)

Unter Verkaufs-Synergie versteht Ansoff die Möglichkeit, zusätzliche Produkte über gemeinsame Vertriebskanäle, gemeinsame Lagerhaltung oder gemeinsame Verkaufsverwaltung zu vertreiben. Durch Produktions-Synergien können Produktionsmittel besser ausgenutzt werden; dazu gehören seiner Ansicht nach auch die Möglichkeit zum Einkauf größerer Mengen mit entsprechenden Kostenvorteilen. Investitions-Synergien können aus der gemeinsamen Verwendung von Fabrikationsstätten, Rohmaterialbeständen, bereits vorliegenden Forschungsergebnissen und Entwicklungseinrichtungen resultieren. Management-Synergien erwachsen der Überzeugung, dass Problemlösungsfähigkeiten des Managements auf ähnliche Problemstellungen in neuen Absatzmärkten übertragen werden können.[93]

In der zeitlichen Dimension unterscheidet er zwischen Synergien in der Anfangsphase von Synergien in der Durchführungsphase. Während letztere Synergien ständig möglich sind, sind erstere zeitlich begrenzt.

Die Synergiewirkungen (erlös-, kosten-, und investitionsrelevante Effekte) können dann, wie in Abbildung 4 veranschaulicht ist, differenziert untersucht werden.

Abbildung 4: Analyse der Synergien nach Ansoff

funktionaler Bereich / zeitliches Auftreten	Vekauf	Prodution	Investiionen	Management
Anfangsphase				
Durchführungsphase				

Quelle: Eigene Erstellung

Ansoff betont, dass Ähnlichkeit (Relatedness) der beiden an der Akquisition betei-

[93] Vgl. Rodermann, Synergiemanagement, 1999, S. 41.

ligten Unternehmen die Wahrscheinlichkeit für positive Synergie erhöht.[94]

1.6.2.2 Kommentierung hinsichtlich der Verwendbarkeit zur Erklärung von Nettosynergie bei Unternehmensakquisitionen

Einprägsam formulierte Ansoff für Synergie das Synonym „2+2=5-Effekt".[95] Man könnte meinen, dass diese Gleichung ein automatisches Eintreten von Synergien beschreibt, die zudem immer positiv sein müssen. Ansoff weist aber darauf hin, dass aufgrund von Problemen bei der Umsetzung auch negative Synergien möglich sind, wenngleich er sie kaum weiter untersucht, z. B. die Herkunft und Ursache von Dyssynergien.[96] Ansoffs Modell ermöglicht daher auch keine zuverlässige Ermittlung der Unternehmenswertänderung durch Nettosynergie.

An Ansoffs Synergieverständnis ist ferner problematisch, dass er seine Betrachtungen über Synergie auf Unternehmen beschränkt, die in verschiedenen Absatzmärkten tätig sind, wobei neue Absatzmärkte zu bereits vorhandenen hinzukommen müssen bzw. neue Produkte entwickelt werden müssen.[97] Die Einschränkung ist etwas willkürlich und soll in dieser Arbeit fallen gelassen werden. Denn es ist nicht einsichtig, warum nicht auch dann Nettosynergien erzielt werden können, wenn die Unternehmen vor Akquisition in den gleichen Absatzmärkten und mit gleichen Produkten operieren, etwa indem Economies of Scale ausgenutzt werden.

Ansoff erkennt als Voraussetzung für Synergieentstehung die gemeinsame Nutzung von Ressourcen,[98] die durch die Zusammenlegung funktionaler Bereiche entsteht. Problematisch ist aber an Ansoffs Synergiekonzept, dass die verwendete funktionale Klassifizierung nicht sich gegenseitig ausschließende Elemente enthält. Die Management-Synergien werden zusätzlich angeführt, obwohl die Verkaufs-, Produktions- und Investitions-Synergien bereits die Wirkungen von Synergiepotenzialen vollständig beschreiben sollen.

1.6.3 Das Synergiekonzept von Porter

1.6.3.1 Darstellung des Konzepts

Für Michael Porter ist die Realisierung von Synergien eine Voraussetzung zur Erzielung langfristiger Wettbewerbsvorteile.[99] Er analysiert Synergien mit dem Werkzeug der Wertschöpfungskette, durch die die Geschäftseinheiten eines Unternehmens in

[94] Vgl. Ansoff, Corporate Strategy, 1965, S. 83 ff. und S. 160, Tabelle 8.4.
[95] Vgl. Ansoff, Corporate Strategy, 1965, S. 75.
[96] Vgl. Ansoff, Corporate Strategy, 1965, S. 84.
[97] Vgl. Ansoff, Corporate Strategy, 1965, S. 76.
[98] Vgl. Welge, Synergie, in: Grochla/Wittmann, Handwörterbuch, 1976, Sp. 3800 ff. (3804).
[99] Vgl. Porter, Wettbewerbsvorteile, 2002, S. 462.

seine strategisch relevanten Teilaktivitäten zerlegt werden und für die jeweils eine eigenständige Produktionsfunktion definiert werden kann. Synergien entstehen durch materielle und immaterielle Interrelationen.[100] Der Begriff der Interrelation kann mit „wechselseitiger Beziehung“ oder mit „Verflechtung“[101] übersetzt werden. Bei Zusammenschlüssen von Unternehmen müssen die Interrelationen von Akquisitionssubjekt und Akquisitionsobjekt getrennt betrachtet verglichen werden mit den Interrelationen nach der Akquisition.

Porter unterscheidet fünf Arten materieller Interrelationen:[102] Fertigungsinterrelationen, Marktinterrelationen, Beschaffungsinterrelationen, technologische Interrelationen und Infrastrukturinterrelationen. Immaterielle Interrelationen führen nach Porter durch die Übertragung von Fertigkeiten zwischen getrennten Wertschöpfungsketten zu Wettbewerbsvorteilen.[103]

Porter untersucht die notwendige Beschaffenheit der materiellen und immateriellen Interrelationen von Ressourcen, um positive Synergien zu erzielen:

- Durch die Interrelation müssen Kostenvorteile oder Differenzierung entstehen.
- Die Interrelation darf durch einen Wettbewerber nur schwierig nachahmbar sein.
- Die Kosten der gemeinsamen Mittelverwendung und der Koordinierung müssen niedriger sein als die realisierten Vorteile.
- Die Interrelation muss sich auf eine Aktivität beziehen, mit der im Unternehmen ein signifikanter Kostenblock verbunden ist oder für die ein signifikanter Anteil des Unternehmenskapitals gebunden ist.

Der Grund für die Realisierung von Synergien entlang der Wertschöpfungskette liegt nach Porter in einer intensiveren Nutzung der Unternehmensressourcen. Jedoch führt die Ressourcenteilung zwischen unterschiedlichen Unternehmenseinheiten zu Problemen für die damit verbundenen operativen Prozesse. Porter und andere identifizieren daher vier Kostenarten als Folge der gemeinsamen Ressourcennutzung: Koordinationskosten, Kompromisskosten, Kontrollkosten und Inflexibilitätskosten.[104]

Koordinationskosten

Koordinationskosten resultieren daraus, dass bei der gemeinsamen Durchführung

---

[100] Vgl. Porter, Wettbewerbsvorteile, 2002, S. 416 ff.

[101] Vgl. Porter, Wettbewerbsvorteile, 2002, S. 405 ff.

[102] Vgl. Porter, Wettbewerbsvorteile, 2002, S. 336 ff.

[103] Vgl. Porter, Wettbewerbsvorteile, 2002, S. 350 ff.

[104] Vgl. Porter, Wettbewerbsvorteile, 2002, S. 426-432; vgl. Gerpott, Erfolg, 1993, S. 104-114; vgl. Klemm, Potentiale, 1990, S. 70-73; vgl. Sautter, Unternehmensakquisitionen, 1989, S. 236-237; vgl. Krüger, Akquisitionsprojekte, in: Zeitschrift Führung und Organisation 57 (6), 1988, S. 371 ff. (372).

von Wertaktivitäten Strukturen und Prozesse in Übereinstimmung gebracht werden müssen und eine gewinnbringende Vernetzung bzw. ein entsprechender Güter- und Informationsfluss etabliert werden soll.[105] Dies erfordert zusätzliche Abstimmungsmaßnahmen.

Beispiele für Koordinationskosten sind Kosten für die Vernetzung der IT-Systeme, Abstimmungssitzungen und Schulungsmaßnahmen für Integrationsverantwortliche.

Kompromisskosten

Die Zusammenführung von Strukturen und Prozessen hat häufig eine suboptimale Nutzung der verfügbaren Mittel für die Unternehmenseinheiten zur Konsequenz. Dadurch entstehen Mehrkosten beispielsweise durch organisatorische Ausgleichsmaßnahmen. Kompromisskosten haben ihre Ursache letztlich in der eingeschränkten Entscheidungsfreiheit von zuvor unabhängigen Unternehmen. Denn nach der Integration zweier Unternehmensbereiche müssen die Abläufe so organisiert werden, dass sie möglicherweise weder aus Sicht des einen noch des anderen optimal sind.[106]

Beispiele sind integrationsbedingte Minderauslastung vorhandener Anlagen, vorzeitige Verschrottung von Anlagen, Demotivation und höherer Krankenstand der Mitarbeiter.

Kontrollkosten

Kontrollkosten entstehen durch die sich mit zunehmender Größe und wachsender Unüberschaubarkeit ergebende Notwendigkeit, der steigenden Gefahr opportunistischen Handelns mittels stärkerer Kontrollen entgegenzuwirken. Letztlich stellen steigende Kontrollkosten Agency Costs dar.[107]

Beispiele sind Überwachung und Kontrolle des Integrationsfortschrittes sowie Bonuszahlungen an Integrationsverantwortliche.

Inflexibilitätskosten

Inflexibilitätskosten resultieren aus der Gefahr, dass bei gemeinsamer Ressourcennutzung wechselseitige Abhängigkeiten erhöht werden. Somit kann auf Wettbewerbsmaßnahmen durch einzelne Einheiten eventuell nicht mehr optimal reagiert werden. Auch können Interrelationen zum Aufbau interner Austrittsbarrieren führen, die besonders im dynamischen Wettbewerbsumfeld zu zusätzlichen Kosten der gewählten Strategie der Interrelationen führen können.

---

[105] Vgl. Tetenbaum, Beating, in: Organizational Dynamics 28 (2), 1999, S. 22 ff. (32).

[106] Vgl. Porter, Diversifikation, in: Harvard Business Manager 9 (4), 1987, S. 30 ff.

[107] Vgl. Bühner, Management-Wert-Konzept, 1990, S. 81.

Ein Beispiel ist der integrationsbedingte Verlust an Managementaufmerksamkeit auf die Entwicklung erforderlich gewordener differenzierender Strategien.

1.6.3.2 Kommentierung hinsichtlich der Verwendbarkeit zur Erklärung von Nettosynergie bei Unternehmensakquisitionen

Eine wünschenswerte Erweiterung zeigt Porters Modell gegenüber Ansoffs Modell darin, dass Synergien nicht mehr auf den Kontext von Expansionen in neue Märkte beschränkt sind. Auch ist ein Vorteil darin zu sehen, dass Voraussetzungen, Vor- und Nachteile materiell und immateriell interrelierter Ressourcennutzungen zumindest beispielhaft dargestellt werden.[108]

Porters Modell beschreibt zwar zahlreiche Orte der Synergieentstehung und nennt als Ursache von Dyssynergien Aktivitäten, die komplexer oder inflexibler werden, koordiniert und kontrolliert werden müssen. Eine einheitliche Entstehungsursache von Nettosynergien und ein Erklärungsmodell für ihre Höhe kann aber auch er nicht darlegen. Wichtig wird die Entwicklung eines Verständnisses für die Entstehung von Nettosynergien im Rahmen der Arbeit insbesondere deshalb sein, damit der Gefahr einer systematischen Überschätzung von Nettosynergien begegnet werden kann.

1.7 Unternehmensbewertung nach dem Shareholder-Value-Ansatz

1.7.1 Das ökonomisch-rationale Modell der Unternehmung und der Shareholder-Value-Ansatz

Wenn die Wertänderung von Akquisitionssubjekten untersucht werden soll, muss zunächst geklärt werden, wie der Wert bzw. eine Wertänderung von Unternehmen zu bestimmen ist. Grundlage des Wertverständnisses der vorliegenden Arbeit bildet das ökonomisch-rationale Modell der Unternehmung.

Gemäß dem ökonomisch-rationalen Modell der Unternehmung liegt ökonomisch rationales Verhalten dann vor, wenn ein Entscheidungsträger des Unternehmens die wirtschaftlichen Folgen seiner Handlungsalternativen für das Unternehmen bewusst berechnet. Dabei legt er ausdrücklich eine Zielfunktion zugrunde, auf deren Grundlage er objektiv nachvollziehbare Entscheidungen trifft, indem diejenige Handlungsalternative umgesetzt wird, die den höchsten Zielerreichungsbeitrag ermöglicht.[109] Wird eine Alternative umgesetzt, die nicht den höchsten Zielerreichungsbeitrag ermöglicht, liegt umgekehrt irrationales Verhalten vor. Mit diesem Vorgehen wird zugleich einerseits das ökonomische Prinzip sichergestellt, nach dem mit einem gegebenen Input ein höchstmöglicher Output bzw. ein bestimmter Output mit einem mög-

[108] Vgl. Bachmann, Synergie- und Nutzungspotenziale, 2001, S. 44 f

[109] Vgl. Pritchett/Robinson/Clarkson, After the Merger, 1997, S. 123-124.

lichst geringen Input anzustreben ist.[110] Andererseits wird dem Prinzip der allgemeinen Vernunft (Rationalprinzip) Rechnung getragen, denn das ökonomische Prinzip stellt die wirtschaftliche Ausprägung des Rationalprinzips dar.[111]

Ist die Zielfunktion des Unternehmens die Maximierung des Unternehmenswerts,[112] bedeutet Output im Sinne des ökonomisch-rationalen Modells die Verbesserung der Vermögensposition der Anteilseigner. Die Unternehmenstätigkeit ist langfristig[113] an der Erhöhung des Unternehmenswerts auszurichten, was dem Shareholder-Value-Ansatz entspricht.[114] Man geht dabei von der Prämisse aus, dass die Maximierung des Unternehmenswerts auch zu einer Eigenkapitalmaximierung, also einer Maximierung des Eigenkapitalgebervermögens, führt. Diese Prämisse gilt dann, wenn sich nicht eine Gruppe von Kapitalgebern auf Kosten einer anderen bereichern kann.[115]

1.7.2 Unternehmensbewertung auf Basis von Cashflows

Das wertmaximierende Verständnis der Unternehmenszielfunktion findet in Rappaports Shareholder-Value-Ansatz nach der Cashflowmethode ihren Niederschlag.[116] Daneben existieren aber noch weitere Shareholder-Value-Ansätze.[117] Im Shareholder-Value-Ansatz nach Rappaport wird der diskontierte freie Cashflow (DCF) als Wertmaßstab verwendet, durch den sämtliche Elemente, die den Wert eines Unternehmens beeinflussen, berücksichtigt werden können.[118] Dieser Ansatz fand zunächst bevorzugt in der angloamerikanischen Literatur Anhänger,[119] setzte sich aber

[110] Vgl. Wöhe/Döring, Einführung, 2005, S. 1 f.

[111] Vgl. Metz, Controlling, 2002, S. 24-39.

[112] Vgl. Sautter, Unternehmensakquisitionen, 1989, S. 60.

[113] Vgl. Copeland/Koller/Murrin, Unternehmenswert, 2002, S. 41.

[114] Vgl. Bischoff, Shareholder-Value-Konzept, 1998; vgl. Günther, Unternehmenswertorientiertes Controlling, 1997; vgl. Hardtmann, Wertsteigerungsanalyse, 1996; vgl. Herter, Unternehmenswertorientiertes Management, 1994; vgl. Klien, Wertsteigerungsanalyse, 1995; vgl. Pape, Wertorientierte Unternehmensführung, 2004; vgl. Raster, Shareholder-Value-Management, 1995; vgl. Richter, Marktwertorientiertes Steuerungs- und Monitoringsystem, 1999; vgl. Copeland/Koller/Murrin, Unternehmenswert, 2002; vgl. Lewis/Stelter/Casata/Reiter, Steigerung, 1995; vgl. Rappaport, Handbuch, 1999; vgl. Stewart, Quest, 2005.

[115] Vgl. Sautter, Unternehmensakquisitionen, 1989, S. 60.

[116] Vgl. Rappaport, Handbuch, 1999.

[117] Vgl. Copeland/Koller/Murrin, Unternehmenswert, 2002, S. 184-188; vgl. Stewart, Quest, 2005; vgl. Lewis/Stelter/Casata/Reiter, Steigerung, 1995. Für eine Gegenüberstellung unterschiedlicher Ansätze vgl. Bühner, Unternehmerische Führung, in: Bühner, Shareholder Value-Report, 1994, S. 9 ff. (35-53); vgl. Günther, Unternehmenswertorientiertes Controlling, 1997, S. 265-266; vgl. Lorson, Shareholder Value-Ansätze, in: Der Betrieb 52 (27), 1999, S. 1329 ff. (1332-1336); vgl. Pape, Wertorientierte Unternehmensführung, 2004, S. 130-143.

[118] Vgl. Bühner, Management-Wert-Konzept, 1990, S. 35; vgl. Gomez, Wertorientierte Strategieplanung, in: Der Schweizer Treuhänder 64 (11), 1990, S. 557 ff. (559 f.); vgl. Pape, Wertorientierte Unternehmensführung, 2004, S. 121-130.

[119] Vgl. Benston, Validity, in: American Economic Review 75 (1), 1985, S. 37 ff.; vgl. Higgins, Analysis, 2005; vgl. Black, Overpayment, in: Stanford Law Review 41, 1989, S. 597 ff.; vgl. Baucus/Golec/Cooper, Risk-Return, 1993, S. 387.

schließlich allgemein durch. Die Ermittlung von freien Cashflows kann einerseits bei Vorliegen einer Finanzrechnung direkt erfolgen, andererseits hilfsweise über Gewinngrößen des Jahresabschlusses, wie es in Abbildung 5 dargestellt wird.

Abbildung 5: Wertsteigerungsnetzwerk

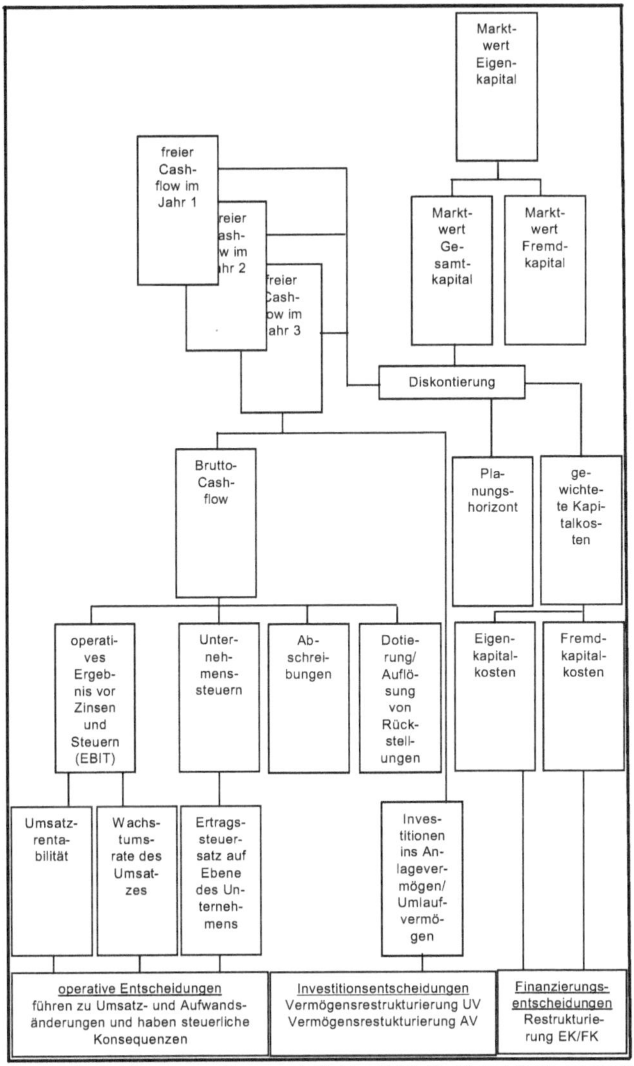

Quelle: In Anlehnung an: Rappaport, Guide, 1998, S. 56 und Bark, Integrationscontrolling, 2002, S. 234 f.

Bei indirekter Ermittlung ist der freie Cashflow derjenige aus der betrieblichen Tätigkeit des Unternehmens resultierende Einzahlungsüberschuss, der aus dem operativen Ergebnis vor Zinsen und Steuern (EBIT), nach Abzug der bezahlten Ertragssteuern (→ Net Operating Profit After Taxes NOPAT), zuzüglich unbarem Aufwand, abzüglich unbarem Ertrag (→ Bruttocashflow als Innenfinanzierungsvolumen) und der Investitionen ins Anlage- und Umlaufvermögen für die Eigen- und Fremdkapitalgeber zur Verfügung steht.[120]

Bei der Unternehmensbewertung auf der Basis von freien Cashflows werden mit dem Diskontierungssatz die zukünftigen freien Cashflows auf den Gegenwartszeitpunkt abgezinst. Durch die Ermittlung dieses Barwerts wird der Zeitwert des Geldes berücksichtigt, der darauf beruht, dass freie Cashflows in naher Zukunft aufgrund der Wiederanlagemöglichkeit einen höheren Wert besitzen als freie Cashflows in ferner Zukunft.[121]

Durch die Abzinsung können auch das Geschäftsrisiko (Wahrscheinlichkeit des operativen Scheiterns) und das Finanzierungsrisiko (Verschuldungsgrad) berücksichtigt werden.[122] Der Diskontierungssatz entspricht der Rendite, die ein Investor aus den Anlagealternativen gleicher Risikoklasse erwarten kann. Der Diskontierungssatz ergibt sich üblicherweise als Summe aus risikofreiem Zinssatz und der Risikoprämie des betrachteten Unternehmens, welche über das Capital Asset Pricing Model (CAPM)[123] ermittelt werden kann. Es werden aber auch kritische Stimmen zu diesem Modell in der Literatur gefunden.[124] Um den methodischen Schwierigkeiten des CAPM zu begegnen, können Plausibilitätsprüfungsverfahren angewendet werden.[125]

---

[120] Vgl. Sieben, Betriebswirtschaftliche Aspekte, in: FS Ahrend, 1992, S. 333 ff. (348); vgl. Bühner, Management-Wert-Konzept, 1990, S. 35-51; vgl. Bühner, Kapitalmarktorientierte Unternehmenssteuerung, in: Wirtschaftswissenschaftliches Studium 25 (7), 1996, S. 334 ff. (334-337); vgl. Copeland/Koller/Murrin, Unternehmenswert, 2002, S. 174-176, S. 195-199 und S. 537; vgl. Günther, Unternehmenswertorientiertes Controlling, 1997, S. 112-159; vgl. Klien, Wertsteigerungsanalyse, 1995, S. 32-92.

[121] Vgl. Gomez, Wertorientierte Strategieplanung, in: Der Schweizer Treuhänder 64 (11), 1990, S. 557 ff. (559); vgl. Gomez/Murarotto, Shareholder Value, in: Gerke/Steiner, Handwörterbuch, 2001, Sp. 1927 ff. (1930); vgl. Günther, Unternehmenswertorientiertes Controlling, 1997, S. 55-56; vgl. Rappaport, Handbuch, 1999, S. 21-24.

[122] Vgl. Bühner, Management-Wert-Konzept, 1990, S. 20; vgl. Gomez, Wertorientierte Strategieplanung, in: Der Schweizer Treuhänder 64 (11), 1990, S. 557 ff. (559); vgl. Günther, Unternehmenswertorientiertes Controlling, 1997, S. 55 und S. 57; vgl. Rappaport, Handbuch, 1999, S. 23.

[123] Vgl. Rappaport, Handbuch, 1999, S. 46-48.

[124] Vgl. Kasperzak, Unternehmensbewertung, in: Betriebswirtschaftliche Forschung und Praxis 52 (5), 2000, S. 466 ff. (468-475).

[125] Vgl. Günther, Unternehmenswertorientiertes Controlling, 1997, S. 173-175; vgl. Schwetzler, Stochastische Verknüpfung, in: Betriebswirtschaftliche Forschung und Praxis 52 (5), 2000, S. 478 ff. (479 f.).

Bei nicht börsennotierten Unternehmen können zur Bestimmung der Kapitalkosten auch derivative Ansätze herangezogen werden.[126]

Der gewichtete Kapitalkostensatz eines Unternehmens (c_{WACC}) ergibt sich aus den gewichteten Durchschnittskosten seines Fremd- und Eigenkapitals.[127] Bei der Prognose wird von Nominal- und nicht von Realwerten ausgegangen, denn der Diskontierungssatz berücksichtigt die erwartete Inflationsrate.[128]

Der aus der DCF-Methode ableitbare Hinweis, die Einzahlungen zu erhöhen und die Auszahlungen zu vermindern, ist ohne Identifikation der zentralen Werttreiber,[129] die den abgezinsten Cashflow beeinflussen, wenig hilfreich.[130] Der Abbildung 5 sind daher die beeinflussenden Variablen Umsatzrentabilität (EBIT / Nettoumsätze), Wachstumsrate des Umsatzes, Ertragssteuerrate, Investitionen ins Umlaufvermögen, Investitionen ins Anlagevermögen, Kapitalkosten und Planungshorizont zu entnehmen. Diese sind wiederum von operativen Entscheidungen, Investitions- und Finanzierungsentscheidungen abhängig. Durch die Operationalisierung wird strategisches und finanzielles Management verknüpft.[131] Betriebliche Entscheidungen können dadurch bezüglich ihrer Auswirkungen auf den Unternehmenswert beurteilt werden.[132]

1.7.3 Wertermittlung auf Basis von Gewinngrößen statt auf Cashflowgrößen

Gemäß den Aussagen des Preinreich-Lücke-Theorems[133] ist der Kapitalwert der operativen Residualgewinne gleich dem Kapitalwert der freien Cashflows. Operativer Residualgewinn ist der Teil des nachsteuerlichen operativen Gewinns vor Zinsen (NOPAT = EBIT – Ertragssteuern), der nicht zur Deckung der Kapitalkosten c_{WACC} * (investiertes Kapital in betriebsnotwendige Vermögensgegenstände) benötigt wird und somit im Unternehmen Wert schafft.

---

[126] Vgl. Arntz, Wertorientierte Unternehmenssteuerung, in: Zeitschrift für betriebswirtschaftliche Forschung 48 (6), 1996, S. 543 ff. (552 f.); vgl. Bühner, Unternehmerische Führung, in: Bühner, Shareholder Value-Report, 1994, S. 9 ff. (25-30); vgl. Bühner, Kapitalmarktorientierte Unternehmenssteuerung, in: Wirtschaftswissenschaftliches Studium 25 (7), 1996, S. 334 ff. (337); vgl. Herter, Unternehmenswertorientiertes Management, 1994, S. 102-115.

[127] Vgl. Arntz, Wertorientierte Unternehmenssteuerung, in: Zeitschrift für betriebswirtschaftliche Forschung 48 (6), 1996, S. 543 ff. (558-566); vgl. Bühner, Management-Wert-Konzept, 1990, S. 40-48; vgl. Copeland/ Koller/Murrin, Unternehmenswert, 2002, S. 174-177; vgl. Klien, Wertsteigerungsanalyse, 1995, S. 93-148; vgl. Rappaport, Handbuch, 1999, S. 44-43; kritisch Hering, Konzeptionen, in: Betriebswirtschaftliche Forschung und Praxis 52 (5), 2000, S. 433 ff. (445-447).

[128] Vgl. Copeland/Koller/Murrin, Unternehmenswert, 2002, S. 295-297.

[129] Vgl. Rappaport, Handbuch, 1999, S. 67-68.

[130] Vgl. Bühner, Management-Wert-Konzept, 1990, S. 53.

[131] Vgl. Gomez, Wertmanagement, 1993, S. 30.

[132] Vgl. Metz, Controlling, 2002, S. 27-30.

[133] Vgl. Lücke, Investitionsrechnung, in: Zeitschrift für handelswissenschaftliche Forschung 7, 1955, S. 310 ff.

Voraussetzung für die Gültigkeit des Preinreich-Lücke-Theorems ist, dass die Unterschiede nur auf unterschiedlicher Periodisierung der Auszahlungen bzw. Einzahlungen gegenüber Aufwendungen bzw. Erträgen beruhen. Das heißt, über den Planungszeitraum muss die Differenz von akkumuliertem NOPAT und akkumuliertem freiem Cashflow null sein, dazwischen allgemein dem jeweiligen Wert des investierten Vermögens entsprechen.[134]

Aus dem Preinreich-Lücke-Theorem kann damit abgeleitet werden, dass die Beurteilung von Wertsteigerungsbestrebungen auf Basis von Gewinngrößen und auf Basis von Cashflows zu einander entsprechenden Ergebnissen führen. Das Ziel der Wertmaximierung des Unternehmens kann somit auch in das Ziel der langfristigen Gewinnmaximierung überführt werden. Es ist daher Anhängern der Cashflow-Methode zu widersprechen, die argumentieren, dass eine Fokussierung auf Gewinne zur wertorientierten Beurteilung unternehmerischen Handelns nur als Ausgangsbasis geeignet sei, da einige zusätzliche wertbeeinflussende Parameter zu berücksichtigen seien;[135] Bühner gelangt gar zum Schluss, dass das externe Rechnungswesen versagt habe.[136] Vielmehr liegt das Problem letztlich häufig in der ungeeigneten Verwendung historischer Daten der Gewinn- und Verlustrechnung für Bewertungen, die auf Erwartungen der Zukunft basieren.[137]

1.7.4 Argumente für und gegen das Shareholder-Value-Konzept

Das Shareholder-Value-Konzept wird kontrovers diskutiert. Für das Shareholder-Value-Konzept sprechen die folgenden Argumente:

- Das Verfahren erschließt die relevanten Einflussfaktoren (zentralen Werttreiber), die maßgebliche Wirkung auf den Unternehmenswert haben. Dadurch gelingt es, die Komplexität der entscheidungsrelevanten Parameter analytisch detailliert zu untersuchen, zu reduzieren und durch mathematische Verknüpfung dieser eine quantitative Entscheidungsfundierung zu operationalisieren.[138]
- Durch die Zusammenführung von strategischem und finanziellem Management werden die übergreifende Konsistenz betrieblicher Entscheidungen und eine brei-

[134] Vgl. Zingel, IFRS, 2006, S. 99-101.

[135] Vgl. Rappaport, Handbuch, 1999, S. 15-38; vgl. Bischoff, Shareholder-Value-Konzept, 1998, S. 12-40; vgl. Bühner, Management-Wert-Konzept, 1990, S. 16-18; vgl. Bühner, Unternehmerische Führung, in: Bühner, Shareholder Value-Report, 1994, S. 9 ff. (14); vgl. Günther, Notwendigkeit, in: Höfner/Pohl, Wertsteigerungs-Management, 1994, S. 13 ff. (41-54); vgl. Günther, Unternehmenswertorientiertes Controlling, 1997, S. 50-59; vgl. Lorson, Shareholder Value-Ansätze, in: Der Betrieb 52 (27), 1999, S. 1329 ff. (1329 f.).

[136] Vgl. Bühner, Management-Wert-Konzept, 1990, S. 13.

[137] Vgl. Rappaport, Handbuch, 1999, S. 38.

[138] Vgl. Bamberger, Erfolg, 1994, S. 93.

te betriebliche Anwendbarkeit gewährleistet.[139]

- Das Verfahren ist zukunftsorientiert und befasst sich mit künftigen Ereignissen. Es trägt durch Diskontierung dem Zeitwert des Geldes Rechnung, berücksichtigt das Risiko und sichert damit die Langfristigkeit der Betrachtung.[140]
- Mittels Sensitivitätsanalysen und Szenariotechniken können alternative Szenarien hinsichtlich ihrer Auswirkungen auf den Unternehmenswert zuverlässig beurteilt werden.

Die Kritik am Shareholder-Value-Konzept bezieht sich dagegen auf Schwierigkeiten bei der Bestimmung einiger Inputgrößen. Insbesondere aufgrund der Zukunftsbezogenheit des Ansatzes entstehen Probleme hinsichtlich der Datensicherheit, Datenvollständigkeit und Datentransparenz.[141] Es stellt sich auch das Problem der Definition der Länge des Betrachtungszeitraums. Mit zunehmender Länge erhöht sich insbesondere die Unsicherheit künftiger Entwicklungen.[142] Die Verwendung des gewogenen Kapitalkostensatzes als Entscheidungsregel ist nicht unproblematisch.[143] Insbesondere kann die Verwendung eines einheitlichen Kapitalisierungszinssatzes in einem heterogenen Umfeld die Ergebnisse verzerren.[144] Auch ist das CAPM wegen seiner strikten Annahmen, der fehlenden Falsifizierbarkeit und methodischer Messprobleme nicht unumstritten.[145]

Zum Teil wird die Kritik vorgebracht, dass wichtige Werteinflussgrößen wie die Motivation von Mitarbeitern oder die Zufriedenheit von Kunden sowie die Erfüllung sozialer Verpflichtungen usw. nicht berücksichtigt würden.[146] Dem ist aber zu entgegnen, dass diese Größen zwar nicht explizit als Werttreiber identifiziert werden, diese aber wertbeeinflussend wirken und somit in ihrer wertmäßigen Konsequenz stets Einfluss finden. Die Kundenzufriedenheit beeinflusst den Umsatz und die Motivation

---

[139] Vgl. Pampel, Shareholder Value, in: Datenverarbeitung, Steuer, Wirtschaft, Recht 27 (11), 1998, S. 309 f. (309); vgl. Bamberger, Erfolg, 1994, S. 94.

[140] Vgl. Bamberger, Erfolg, 1994, S. 94.

[141] Vgl. Eberhardt, Wertorientierte Unternehmensführung, 1998, S. 140-142; vgl. Janisch, Anspruchsgruppenmanagement, 1993, S. 96-100; vgl. Lorson, Shareholder Value-Ansätze, in: Der Betrieb 52 (27), 1999, S. 1329 ff. (1336).

[142] Vgl. Nupponen, Performance, 1995.

[143] Vgl. Rubinstein, Mean-Variance Synthesis, in: Journal of Finance 28 (1), 1973, S. 167 ff. (173).

[144] Vgl. Lammerskitten/Langenbach/Wertz, Operationalisierungsprobleme, in: Zeitschrift für Planung 11 (3), 1997, S. 221 ff. (227 ff.).

[145] Vgl. Perridon/Steiner, Finanzwirtschaft, 2004, S. 286-288.

[146] Vgl. Donaldson/Preston, Stakeholder Theory, in: Academy of Management Review 20 (1), 1995, S. 65 ff. (82-85); vgl. Eberhardt, Wertorientierte Unternehmensführung, 1998, S. 142-143; vgl. Gomez, Wertmanagement, 1993, S. 102-103; vgl. Knyphausen, Strategisches Management, in: Zeitschrift für Planung 3 (4), 1992, S. 331 ff. (349), vgl. Janisch, Anspruchsgruppenmanagement, 1993, S. 100-108.

der Mitarbeiter hat über den Leistungserstellungsprozess Einfluss auf die Betriebsgewinnmarge.[147]

Insgesamt sprechen die gewichtigeren Argumente für die Anwendung des Shareholder-Value-Konzepts, zumal kein tragfähiges Gegenkonzept existiert, das die vorgebrachten Probleme löst. Viele Konzerne erkennen die Wertsteigerung des Unternehmens als oberstes Ziel an.[148] Der Trend der Wertorientierung hat seit Beginn der 90er-Jahre ständig zugenommen, nicht zuletzt durch die zunehmende Akquisitionsaktivität und die zunehmende Furcht, das Ziel einer Akquisition zu werden, wenn die Unternehmensführung keine strikte Wertorientierung betreibt. Denn die Akquisition böte dann die Möglichkeit, durch Ersetzen des Managements den Unternehmenswert zu steigern.

1.7.5 Marktwert des Eigenkapitals als Erfolgsmaßstab

In der empirischen Studie der vorliegenden Arbeit wird unter Verwendung von Kapitalmarktdaten die Wertänderung des Eigenkapitals des Akquisitionssubjekts in Abhängigkeit von der bezahlten Übernahmeprämie bestimmt. Dabei wird von der Prämisse ausgegangen, dass der Börsenwert des Eigenkapitals ein Abbild des tatsächlichen Werts des Eigenkapitals darstellt.

Der Kapitalmarkt orientiert sich an und antizipiert in seiner Bewertung Daten des Rechnungswesens (seien es nun Gewinn- oder Cashflowgrößen). An dieser Stelle muss daher der für börsennotierte Unternehmen mögliche Einwand entkräftet werden, dass eine Abbildung des Eigenkapitalwerts durch den Börsenwert aufgrund von Kapitalmarktineffizienzen und damit verbundenen verzerrten Wertwahrnehmungen nicht gerechtfertigt sei. Damit ist die Frage angesprochen, inwieweit von der Effizienz des Kapitalmarkts ausgegangen werden kann.

Ein Kapitalmarkt wird als effizient bezeichnet, wenn die Preise der gehandelten Aktiva zu jedem Zeitpunkt den sachlich rationalen Preisen entsprechen. Ein Preis ist dann rational, wenn er den geeignet diskontierten künftigen Zahlungen entspricht, die dem Eigentümer der betrachteten Aktiva zufließen.[149]

Man unterscheidet drei Stufen der Kapitalmarkteffizienz: Beim Vorliegen der schwachen Form sind nur die bereits in den Preisen der Vergangenheit enthaltenen Informationen in den Preisen eines Wertpapiers enthalten. Beim Vorliegen halbstrenger Kapitalmarkteffizienz sind alle öffentlich verfügbaren Informationen im Preis eines Wertpapiers enthalten. Die strenge Kapitalmarkteffizienz besagt, dass auch öffentlich nicht zugängliche Informationen (Insiderinformationen) im Preis eines Wertpapiers

[147] Vgl. Bamberger, Erfolg, 1994, S. 94.

[148] Vgl. Donlon/Weber, Wertorientierte Unternehmensführung, in: Controlling 8/9, 1999, S. 381 ff.

[149] Vgl. Krämer, Kapitalmarkteffizienz, in: Gerke/Steiner, Handwörterbuch, 2001, Sp. 1267 ff. (1267).

berücksichtigt sind.[150]

Die Hypothese des Vorliegens einer schwachen und einer halbstrengen Kapitalmarkteffizienz gilt als empirisch bestätigt,[151] wenngleich sie dennoch nicht von allen Autoren getragen wird.[152] Die Kapitalmarkteffizienz erlaubt es dem Kapitalmarkt, alle Einflussfaktoren auf die künftigen Gewinne bzw. Cashflows des Unternehmens korrekt, d. h. ohne Asymmetrien, zu antizipieren. Auch starke Kursänderungen sind dann kein Argument gegen einen effizienten Kapitalmarkt; es ist vielmehr davon auszugehen, dass sich stark wertbeeinflussende Faktoren verändert haben (z. B. Zinssätze, langfristige Wachstumserwartungen oder die Inflationsrate). Kurzfristige Ineffizienzen des Kapitalmarkts sind zwar nicht auszuschließen, die langfristige Entwicklung des Börsenwerts enthält aber zumindest alle öffentlich verfügbaren Informationen.[153]

Kapitalmarktbasierte Bestimmungen des Akquisitionserfolgs betrachten die marktbereinigte Veränderung der Marktkapitalisierung des Akquisitionssubjekts im Zusammenhang mit der Unternehmensakquisition. Als Vorteile der Kapitalmarktmethode gegenüber den auf Gewinnen bzw. Cashflows basierenden Methoden sind folgende Aspekte zu nennen: unmittelbare Ablesbarkeit, synthetische Erfolgsdarstellung und relative Immunität gegenüber buchhaltungs- oder rechnerisch bedingten Verzerrungen.

Kritisch ist zur Kapitalmarkt-Methode anzumerken:

- Die Marktbereinigung kann unter Bezugnahme auf sehr unterschiedliche Börsenmarktindizes erfolgen – mit entsprechenden unterschiedlichen Auswirkungen auf die marktbereinigte Wertänderung. Am häufigsten wird bei US-amerikanischen Unternehmen zur Marktbereinigung die Rendite des S&P 500-Aktienindexes verwendet, welcher auch im Rahmen der empirischen Studie in der vorliegenden Arbeit verwendet wird.
- Weiter lassen sich je nach Auswahl des betrachteten Zeitrahmens aufgrund der laufend sich ändernden Börsenkurse unterschiedliche Werte für den erwirtschafteten Erfolg ableiten. Diese Kritik kann dadurch relativiert werden, dass sich bei einem identisch gewählten Zeitfenster vergleichbare Aussagen gewinnen lassen.
- Schließlich ist es im Nachhinein manchmal nicht möglich, derartige Auswirkungen

[150] Vgl. Fama, Efficient Capital Markets, in: Journal of Finance 25 (2), 1970, S. 383 ff. (414).

[151] Vgl. Brealey/Myers, Principles, 2000, S. 358-362; vgl. Fama, Efficient Capital Markets, in: Journal of Finance 25 (2), 1970, S. 383 ff. (415); vgl. Krämer, Kapitalmarkteffizienz, in: Gerke/Steiner, Handwörterbuch, 2001, Sp. 1267 ff. (1270-1274); vgl. Pape, Wertorientierte Unternehmensführung, 2004, S. 92-94; vgl. Ross/Westerfield/Jaffe, Corporate Finance, 2004, S. 351-378.

[152] Vgl. Perridon/Steiner, Finanzwirtschaft, 2004, S. 286-288; vgl. Sautter, Unternehmensakquisitionen, 1989, S. 197-201.

[153] Vgl. Copeland/Koller/Murrin, Unternehmenswert, 2002, S. 121 f.

auf den Aktienkurs zu bereinigen, die mit der Akquisition nicht direkt zusammenhängen. Denn der Aktienkurs kann auch durch weitere Bekanntmachungen des Unternehmens oder exogene Einflüsse beeinflusst werden, die nichts mit der Akquisition zu tun haben, die aber vom Markt ebenfalls als wertbeeinflussend erachtet werden. Um diese Effekte niedrig zu halten, wird im Rahmen der Studie ein enges Zeitfenster von zwei Tagen um den Ankündigungszeitpunkt herum verwendet.

- Ein weiterer Nachteil ist, dass kapitalmarktorientierte Erfolgsindikatoren nur im Fall von börsennotierten Aktiengesellschaften anwendbar sind.

Trotz der Kritikpunkte soll dieser Methode im Rahmen der Untersuchung der Vorzug gegeben werden. Denn sie ermöglicht es, relativ unmittelbar Erkenntnisse zum Erfolg einer Akquisition zu gewinnen. Außerdem können durch geschickte Wahl der Untersuchungsbedingungen die Probleme abgeschwächt werden.

Kapitalmarktdaten zur Beurteilung der Wertänderung im Rahmen von Unternehmensakquisitionen werden auch in der Literatur als sehr hilfreicher Untersuchungsgegenstand genannt, wobei der Kapitalmarkt Wertänderungen, im Speziellen bei Unternehmensakquisitionen, in der Regel realistisch beurteilt.[154]

1.8 Überblick über Studien zum Erfolg von Unternehmensakquisitionen

1.8.1 Studien zur Höhe der akquisitionsbedingten Wertänderung von Akquisitionssubjekten und zur Wahrscheinlichkeit des Akquisitionserfolgs

Zahlreiche Studien untersuchen den Erfolg von Unternehmensakquisitionen aus Sicht des Akquisitionssubjekts,[155] wovon einige besonders einschlägige in diesem Kapitel besprochen werden sollen.

Jensen und Ruback[156] gelangten in Ihren Untersuchungen zum Ergebnis, dass die Aktionäre der Akquisitionssubjekte einen Gewinn von 0 bis 4 % erzielten. Jensen und Ruback gehen dabei von effizienten Märkten und rational denkenden Marktteilnehmern aus.[157] Die Gewinne von Aktionären des Akquisitionssubjekts werden aus den Kursreaktionen des Akquisitionssubjekts einige Tage um den Termin der Bekanntgabe der Akquisition ermittelt. Aufgrund ihrer Ergebnisse kommen die Autoren zum Schluss, dass durch Unternehmensakquisitionen aufseiten der Eigentümer der Ak-

[154] Vgl. Trautwein, Merger Motives, in: Strategic Management Journal 11 (4), 1990, S. 283 ff. (285); vgl. Sirower, Synergieeffekt, 2001, S. 180 und S. 236-239; vgl. Eccles/Lanes/Wilson, Akquisitionen, in Harvard Business Manager 22, 2000, S. 81 ff.

[155] Vgl. Sirower, Synergieeffekt, 2001, S. 205-212.

[156] Vgl. Jensen/Ruback, Corporate Control, in: Journal of Financial Economics 11 (1-4), 1983, S. 5 ff.

[157] Vgl. Muth, Optimal Properties, in: Journal of American Statistical Association 55 (290), 1960, S. 299 ff.; vgl. Muth, Price Movements, Econometrica 29 (6), 1961, S. 315 ff.

quisitionssubjekte Wert geschaffen werden könne.[158]

Diesen Ergebnissen stehen zahlreiche empirische Studien gegenüber, die zum Ergebnis gelangen, dass Aktionäre akquirierender Unternehmen in der Regel einen akquisitionsbedingten Verlust hinzunehmen haben. In Tabelle 3 sind exemplarisch empirische Studien beschrieben, die die wertvernichtenden Auswirkungen von Akquisitionen für Aktionäre von akquirierenden Unternehmen belegen.

Tabelle 3: Wertänderungen von Akquisitionssubjekten für Eigenkapitalgeber bei Akquisitionsankündigungen (empirische Untersuchungen)

Studie	Zeitraum	Zeitfenster in Tagen bezüglich der Ankündigung	durchschnittliche kumulative außerordentliche Erträge des akquirierenden Unternehmens	positive kumulative außerordentliche Erträge akquirierender Unternehmen
Asquith/Bruner/Mullins, Merger Returns, 1987	1973-1983	(-1, 0)	-0,85 % (t = -8,42)	41 % (z = -3,35)
Varaiya/Ferris, Overpaying, 1987	1974-1983	(-1, 0)	-2,15 % (z = -8,67)	k. A.
Banerjee/Owers, White Knight, 1992	1978-1987	(-1)	-3,3 % (z = -11,75)	21 % (z = -5,36)
Jennings/Mazzeo, Stock Price Movements, 1991	1979-1985	(0)	-0,8 % (z = -8,11)	37 % (z = -5,08)
Sirower, Acquisition Behavior, 1994	1979-1990	(-1, +1)	-2,3 % (t = -5,01)	35 % (z = -4,02)
Byrd/Hickman, Outside Directors, 1994	1980-1987	(-1)	-1,2 % (z = -6,78)	33 % (z = -4,14)
Morck/Shleifer/Vishny, Managerial Objectives, 1990	1980-1987	(-1, +1)	-1,78 % (t = -0,86)	37 % (z = -2,12)
Bradley/Desai/Kim, Synergistic Gains, 1988	1981-1984	(-5, +5)	-2,9 % (99 % Konf.)	35 % (z = -5,08)
Servaes, Tobin's Q, 1991	1981-1987	(0, SK)	-3,35 % (96 % Konf.)	k. A.

Quelle: In Anlehnung an: Sirower, Synergieeffekt, 2001, S. 207

[158] Vgl. Jensen/Ruback, Corporate Control, in: Journal of Financial Economics 11 (1-4), 1983, S. 5 ff.

Wird als Zeitfenster zur Beurteilung der Wertänderungen nicht wenige Tage nach der Akquisition, sondern der marktbereinigte Börsenwert Monate oder Jahre nach der Ankündigung und Durchführung der Akquisition verwendet, wird der Wertverlust akquirierender Unternehmen noch deutlicher. So kommen auch Jensen und Ruback[159] bei Untersuchung eines Zeitfensters von 240 Handelstagen, was einem Jahr entspricht, zum Ergebnis, dass Aktionäre akquirierender Unternehmen im Durchschnitt einen signifikanten Wertverlust von 5,5 % hinnehmen müssen.

Bei Verwendung eines Zeitrahmens von drei Jahren nach der Übernahme kamen Magenheim und Mueller[160] zum Ergebnis, dass der Wertverlust des akquirierenden Unternehmens zwischen -16 % und -42 % beträgt.

Bei Betrachtung eines Zeitraums von fünf Jahren kommen Agrawal, Jaffe und Mandelker zum Ergebnis, dass statistisch signifikante Verluste von mehr als 10 % (Akquisitionen zwischen 1955 und 1987) bzw. 19 % (Akquisitionen zwischen 1980 und 1987) auftraten.[161]

Auch Studien, welche auf der Grundlage von Bilanzen Performanceuntersuchungen aus einer Ex-post-Sicht durchführten, kamen zum Ergebnis, dass viele Akquisitionen keine Performance-Verbesserungen erzielen.[162] So stellten Ravenscraft und Scherer[163] durch die Verwendung von Performance-Kennzahlen von 2732 Geschäftsbereichen amerikanischer Unternehmen, die zwischen 1957 und 1977 akquiriert wurden, eine deutliche Verschlechterung der Profitabilität der akquirierten Geschäftsbereiche durch die Akquisition fest.

Mueller[164] untersuchte 209 Unternehmensakquisitionen und stellte noch durchschnittlich elf Jahre nach einer Akquisition gravierende Verluste von Marktanteilen fest. Mueller[165] fand ferner heraus, dass Unternehmen, die in den Jahren von 1950 bis 1972 keine anderen Unternehmen akquirierten, höhere Gewinne erzielten als solche, die Akquisitionen durchführten.

Gemäß einer Studie von McKinsey[166] konnten bei 116 untersuchten Akquisitionen 61 % der Akquisitionssubjekte nicht einmal die Kapitalkosten für die bei der Akquisi-

---

[159] Vgl. Jensen/Ruback, Corporate Control, in: Journal of Financial Economics 11 (1-4), 1983, S. 5 ff.

[160] Vgl. Magenheim/Mueller, Better Off, in: Coffee/Lowenstein/Rose-Ackerman, Knights, 1988, S. 171 ff.

[161] Vgl. Agrawal/Jaffe/Mandelker, Anomaly, in: Journal of Finance 47 (4), 1992, S. 1605 ff.

[162] Vgl. Caves, Mergers, in: International Journal of Industrial Organization 7 (1), 1989, S. 151 ff; vgl. Mueller, Mergers, in: Mussati, Mergers, 1995, S. 9 ff.

[163] Vgl. Ravenscraft/Scherer, Profitability, in: International Journal of Industrial Organization 7 (1), 1989, S. 101 ff.

[164] Vgl. Mueller, Market Share, in: Review of Economics and Statistics 67 (2), 1985, S. 259 ff.; vgl. Mueller, Profits, 1988.

[165] Vgl. Mueller, Profits, 1988.

[166] Vgl. Copeland/Koller/Murrin, Unternehmenswert, 2002, S. 151.

tion aufgewendeten Mittel erarbeiten.

Zusammenfassend kann festgehalten werden, dass die Mehrzahl der empirischen Studien zum Ergebnis gelangt, dass Unternehmensakquisitionen für Akquisitionssubjekte in der Regel wertvernichtend sind.[167] Aufbauend auf diese Ergebnisse gab es Bestrebungen, Faktoren zu finden, welche den Akquisitionserfolg bestimmen und damit vorhersagbar machen. Auf diese Studien soll im folgenden Kapitel eingegangen werden.

1.8.2 Ursachenforschung des Akquisitionsmisserfolgs

Rumelts Untersuchungsansatz[168] zur Frage des Zusammenhangs zwischen Diversifikationsstrategie und Performance erlangte große Bedeutung. Danach sind Diversifikationsstrategien von Unternehmen, die Gemeinsamkeiten hinsichtlich der einzelnen Divisionen aufweisen, erfolgreicher, als wenn dies nicht der Fall ist. Einige Wissenschaftler kritisierten diese Ergebnisse,[169] insbesondere für die Verwendung zur Vorhersage des Akquisitionserfolgs, da in den auf seinen Ergebnissen beruhenden Studien nicht unterschieden wird, ob die Geschäftsbereiche akquiriert oder intern entwickelt wurden.

Auch Sirower führte beachtenswerte empirische Studien zur Vorhersage des Akquisitionserfolgs durch. Er stellte dabei fest, dass die Barzahlung bei Akquisitionen gegenüber dem Aktientausch einen positiven Effekt auf die Wertsteigerung des akquirierenden Unternehmens hat.[170] Einen gering moderierenden positiven Effekt bei Akquisitionen strategischer Verwandtschaft[171] stellte er ebenso fest wie einen moderierenden negativen Effekt der relativen Größe des Akquisitionsobjekts bezogen auf das Akquisitionssubjekt.[172] Ein geschlossenes Modell zur Vorhersage des Akquisitionserfolgs konnte aber auch Sirower nicht entwickeln.

Problematisch ist insbesondere das Folgende: Die Studien, die durchgeführt wurden, um den Zusammenhang zwischen bestimmten Faktoren und dem Akquisitionserfolg darzustellen und somit Ursachen für die niedrige Erfolgsrate zu finden, gelangten zu sich widersprechenden Ergebnissen, wie im Folgenden dargestellt werden soll.

Nachfolgend findet sich als Tabelle 4 eine Übersicht über die widersprüchlichen Aus-

---

[167] Vgl. Sirower, Synergieeffekt, 2001, S. 205-211.

[168] Vgl. Rumelt, Diversification Strategy, in: Strategic Management Journal 3 (4), 1982, S. 359 ff.

[169] Vgl. Montgomery, Product-Market Diversification, in: Academy of Management Journal 28, 1985, S. 789 ff.; vgl. Nathanson, Diversity, in: Guth, Handbook, 1985, S. 1 ff.; vgl. Michel/Shaked, Business Diversification, in: Financial Management 13 (4), 1984, S. 18 ff.; vgl. Dubofsky/Varadarajan, Diversification, in: Academy of Management Journal 30 (3), 1987, S. 597 ff.; vgl. Varadarajan/ Ramanujam, Diversification, in: Academy of Management Journal 30 (2), 1987, S. 380 ff.

[170] Vgl. Sirower, Synergieeffekt, 2001, S. 259.

[171] Vgl. Sirower, Synergieeffekt, 2001, S. 256-258.

[172] Vgl. Sirower, Synergieeffekt, 2001, S. 261 f.

sagen empirischer Studien, welche die Zusammenhänge zwischen dem Erfolg von Unternehmensakquisitionen und folgenden Faktoren aufdecken sollten: verbundene gegenüber konglomeraten Akquisitionen, Zahlung des Akquisitionspreises in bar gegenüber Aktien, feindliche Übernahme gegenüber freundlicher Übernahme sowie absolute Größe/Größenverhältnis.

Tabelle 4: Akquisitionserfolgsfaktoren (empirische Evidenz)

Erfolg und ...	pro	contra	ohne Einfluss
... strategische Geschäftsaffinität	„verwandt ist besser" Chatterjee, Synergy, 1986; Lubatkin, Merger, 1987; Singh/Montgomery, Acquisition, 1987.	„konglomerat ist besser" Agrawal/Jaffe/Mandelker, Anomaly, 1992.	Seth, Value Creation, 1990.
... Zahlungsweise des Akquisitionspreises	„equity-deal ist besser" Kusewitt, Perfomance, 1985; Lang/Stulz/Walkling, Free Cash Flow, 1991; Myers/ Majluf, Investment Decisions, 1984.	„share-deal ist besser" Datta/Pinches/Narayanan, Meta-analysis, 1991; Jensen, Corporate Finance, 1986.	Modigliani/Miller, Corporation Finance, 1958; Travlos, Stock Return, 1987.
... Einvernehmlichkeit der Akquisition	„einvernehmlich ist besser" Fowler/Schmidt, Performance, 1988; Fowler/Schmidt, Determinants, 1989; Jemison/Sitkin, Acquisitions, 1986.	„feindlich ist besser" Datta, Organizational Fit, 1991.	Cannella, Departures, 1991.
... Größenverhältnis zwischen den Unternehmen	„große Unterschiede besser" Biggadike, Diversification, 1979; Copeland/Koller/Murrin, Unternehmenswert, 2002; Seth, Sources, 1990; Shelton, Business Fits, 1988.	„ähnliche Größe ist besser" Kusewitt, Performance, 1985; Scanlon/Trifts/Pettway, Relatedness, 1989.	Fowler/Schmidt, Determinants, 1989; Datta, Organizational Fit, 1991; Chatterjee/ Lubatkin/Schweiger/Weber, Differences, 1989; Hunt/Lees, Hidden Extras, 1987.
... absolute Größe des Akquisitionssubjekts	„groß ist besser" Hunt/Lees, Hidden Extras, 1987; Walsh, Turnover, 1988; Süverkrüp, Wissenstransfer, 1992.	„klein ist besser" Shrivastava, Post-merger, 1986; Chatterjee/Lubatkin/ Schweiger/Weber, Differences, 1989; Elsass/Veiga, Acculturation, 1991.	

Quelle: In Anlehnung an: Bachmann, Synergie- und Nutzungspotenziale, 2001, S. 137

Die nicht übereinstimmenden Ergebnisse können zum Teil durch subjektive Einfärbung der Parameter erklärt sein. Beispielsweise kann ein vom Akquisitionssubjekt mit dem Topmanagement des Akquisitionsobjekts einvernehmlich abgesprochenes Übernahmeangebot von Mitarbeitern des Akquisitionsobjekts durchaus als feindlich erachtet werden, wenn diese Akquisition mit Arbeitsplatzverlusten und unsicheren Zukunftsaussichten assoziiert wird.

Zum anderen sind die widersprüchlichen Ergebnisse der empirischen Studien aber auch dadurch erklärbar, dass wahrscheinlich kein empirisch eindeutig nachweisbarer Zusammenhang zwischen dem Erfolg von Unternehmensakquisitionen und der strategischen Affinität der Unternehmen, der Zahlungsweise des Kaufpreises, der Einvernehmlichkeit der Übernahme oder den Größenverhältnissen bzw. der absoluten Größe des Akquisitionssubjekts existiert.

Es muss in der Arbeit daher ein neuer Ansatz gewählt werden, der die beschriebenen Probleme berücksichtigt, insbesondere dichotome Begriffspaare als Erfolgsfaktoren vermeidet und zur Erklärung der akquisitionsbedingten Wertänderung von Akquisitionssubjekten beiträgt.

1.9 Zusammenfassung von Kapitel 1

Durch zahlreiche empirische Studien wurde belegt, dass bei vielen Unternehmensakquisitionen eine Wertsteigerung des akquirierenden Unternehmens ausbleibt. Dagegen bleiben empirische Studien oftmals vage, wenn Zusammenhänge zwischen der Unternehmenswertvernichtung durch eine Akquisition und einzelnen Faktoren ermittelt werden sollten. Die erhaltenen Ergebnisse waren entweder nicht statistisch signifikant oder bestanden nur aus Gegensatzpaaren oder waren nicht verallgemeinerbar. Sie wurden meist auch ohne Rückhalt eines theoretischen Modells untersucht. Ziel der Arbeit ist es daher, ein Modell zur Erklärung der Wertänderung (Marktwertänderung des Eigenkapitals) von Akquisitionssubjekten zu entwickeln und empirisch zu untersuchen.

Der Begriff der Akquisition wurde definiert als der Erwerb von Eigentumsrechten durch ein Unternehmen (Akquisitionssubjekt) an einem anderen Unternehmen oder an abgrenzbaren Teileinheiten (Akquisitionsobjekt) mittels einer mehrheitlichen Übertragung der Gesellschaftsanteile oder des Vermögens. Dabei muss ein vor der Transaktion rechtlich selbständiges Akquisitionsobjekt seine Rechtspersönlichkeit mit dem Erwerb nicht verlieren. Es muss aber die Möglichkeit einer beherrschenden Einflussnahme des Akquisitionssubjekts auf das Akquisitionsobjekt bestehen.

Integration wurde definiert als hauptsächlich vom erwerbenden Unternehmen initiierte Maßnahmen (Träger), die primär auf die Beeinflussung der Interaktionen zielen (Maßnahmen), die zwischen Mitarbeitern und anderen Ressourcen des akquirierenden und des akquirierten Unternehmens stattfinden (Objekt), um für die Erhaltung und Übertragung von Fähigkeiten erforderliche Informationsaustausch-, Kooperations- und Lernprozesse zu fördern und eine Ausdehnung der Nutzung der Ressourcen zu ermöglichen (Ziel). Nach diesem Verständnis ist Integration der Prozess der Ausdehnung der Nutzung von Ressourcen der zuvor selbstständigen Akquisitionspartner auf das andere Unternehmen. Dies geschieht z. B. im Rahmen der Zusammenlegung von Wertschöpfungsstufen (Leistungszentralisierung) oder der Finanzmittelbeschaffung bzw. einer neu ermöglichten Wertschöpfungsstufe (Leistungserweiterung). Unter Ressourcen eines Unternehmens werden dabei alle Mittel verstanden, die für das Unternehmen einen Wert besitzen, weil es im Rahmen seiner Existenz auf diese Mittel zurückgreifen und einen finanziellen Nutzen daraus ziehen kann.

Danach wurden die Begriffe Bruttosynergie, Dyssynergie, Nettosynergie und Übernahmeprämie eingeführt. Bruttosynergien sind auf Unternehmensebene wertmäßig positive Folgen der Integration von Ressourcen. Dieser höhere Wert kann z. B. aus einer Leistungssteigerung resultieren, in der GuV Ertragsbruttosynergien, oder einer Senkung der Grundkosten, in der GuV Aufwandsbruttosynergien. Dyssynergien sind auf Unternehmensebene wertmäßig negative Folgen der Integration von Ressourcen. Dieser niedrigere Wert kann z. B. aus einer Leistungsminderung resultieren, in der GuV Ertragsdyssynergien, oder einer Erhöhung der Grundkosten, in der GuV Aufwandsdyssynergien. Gesamtnettosynergien ergeben sich als Differenz aus Bruttosynergien und Dyssynergien. Übernahmeprämie ist nach gängigem Verständnis der Zuschlag, den die Eigentümer des Akquisitionssubjekts bereit sind, über die aktuelle Marktkapitalisierung des Akquisitionsobjekts hinaus zu bezahlen, um Nettosynergien erzielen zu können.

Sodann wurde Ansoffs und Porters Modell zur Synergie erläutert und im Hinblick auf die Verwendbarkeit zur Erklärung von Nettosynergien bei Unternehmensakquisitionen kommentiert. Ausgegangen wurde von Ansoffs Modell, welches aber aufgrund der Verwendung nicht sich gegenseitig ausschließender Strukturelemente und der unzureichenden Untersuchung von Dyssynergien kritisiert wurde. Porters Synergiemodell beschreibt zwar zahlreiche Orte der Bruttosynergieentstehung und nennt als Ursache von Dyssynergien Aktivitäten, die komplexer oder inflexibler werden, koordiniert oder kontrolliert werden müssen. Ein geschlossenes Erklärungsmodell für die Entstehung von Nettosynergien kann aber auch er nicht darlegen und es besteht die Gefahr einer systematischen Überschätzung von Nettosynergien.

Schließlich wurden Möglichkeiten zur Bestimmung der akquisitionsbedingten Wertänderung von Akquisitionssubjekten diskutiert und die Marktkapitalisierung als Abbild des tatsächlichen Eigenkapitalwerts gesehen, welche als Grundlage für eine empirische Studie dienen kann. Ein Überblick über empirische Studien zum Erfolg von Unternehmensakquisitionen schloss das Kapitel 1 ab.

2 Modell zur akquisitionsbedingten Wertänderung von Akquisitionssubjekten

2.1 Bedeutung des Kapitels

In diesem Kapitel 2 soll ein Modell zur akquisitionsbedingten Wertänderung von Akquisitionssubjekten aus Sicht der Eigenkapitalgeber entwickelt werden. Die Begriffe Wert bzw. Wertänderung von Unternehmen meinen dabei im Folgenden genauer den Marktwert bzw. die Marktwertänderung des Eigenkapitals dieser Unternehmen entsprechend Kapitel 1.7.5. Die Wertänderung des Akquisitionssubjekts kann, wie in Kapitel 2 deutlich wird, auf die Realisierung von Gesamtnettosynergien zurückgeführt werden, vermindert um die Übernahmeprämie. Nettosynergien werden betrachtet, da es zu kurz gedacht wäre, wenn von einer stets positiven Synergie ausgegangen würde, wie sie durch Bruttosynergien beschrieben wird – oder wie es Itami ausdrückt: „The goal of synergy is to get a free ride."[173]

Die akquisitionsbedingte Wertänderung des Akquisitionssubjekts wird sich also aus der Differenz mehrerer Komponenten ergeben:

- Bruttosynergien, bei Betrachtung von diskontierten Residualgewinnen Ertragssteigerungen und Aufwandssenkungen, bei Betrachtung von diskontierten freien Cashflows Einzahlungserhöhungen und Auszahlungsminderungen,
- Dyssynergien, bei Betrachtung von diskontierten Residualgewinnen Ertragssenkungen und Aufwandssteigerungen, bei Betrachtung von diskontierten freien Cashflows Einzahlungsminderungen und Auszahlungserhöhungen,
- Übernahmeprämie inklusive Akquisitionsnebenkosten.

Die Wertänderung des Akquisitionssubjekts lässt sich dann also gemäß Formel 4 ermitteln:

Formel 4: Wertänderung des Akquisitionssubjekts I

$$\text{Wertänderung}_S = \text{Gesamtnettosynergien} - \text{Übernahmeprämie}$$
$$\text{mit Gesamtnettosynergien} = \text{Bruttosynergien} - \text{Dyssynergien}$$

Quelle: Eigene Erstellung

Dabei steht S für Akquisitionssubjekt. Dyssynergien werden dabei wie auch im Fortgang der Untersuchung betragsmäßig betrachtet und sie haben daher ein positives Vorzeichen.

Die Formel 4 zur direkten Ermittlung der Wertänderung von Akquisitionssubjekten erweist sich aber in der Praxis aufgrund der vielfältigen Entstehungsmöglichkeiten und Erscheinungsformen von Bruttosynergien und Dyssynergien als schwierig zu

[173] Itami/Roehl, Assets, 1987, S. 51.

handhaben. Daher ist in Kapitel 2 ein Modell zur Bestimmung der Wertänderung von Akquisitionssubjekten zu entwickeln, welches diese Schwierigkeiten relativiert und dennoch prädiktiv ist.

2.2 Überblick über Akquisitionsmotive

Um die akquisitionsbedingte Wertänderung von Akquisitionssubjekten modellhaft zu erfassen, werden zunächst die zahlreichen in der Akquisitionsliteratur genannten Motive im Zusammenhang mit Unternehmensakquisitionen[174] strukturiert und bezüglich der Frage untersucht, ob und wie sie die Wertänderung des Akquisitionssubjekts erklären könnten. Es wird sich zeigen, dass die Eigentümer des Akquisitionssubjekts nur von Bruttosynergien eine Wertsteigerung erwarten können, die ihnen zugutekommen – und nicht etwa anderen Ressourceneigentümern (vgl. Kapitel 2.6.3) oder den Eigentümern des Akquisitionsobjekts durch eine Übernahmeprämie (vgl. Kapitel 2.6.5 und 2.7). Die zahlreichen in der Literatur genannten Motive für Unternehmensakquisitionen können in sechs Hauptgruppen zusammengefasst werden, die sich insbesondere danach unterscheiden lassen, wer Nutznießer der Akquisition auf wessen Kosten ist. Tabelle 5 zeigt diese Zusammenhänge, wobei der Buchstabe S für Akquisitionssubjekt und der Buchstabe O für Akquisitionsobjekt steht.

Tabelle 5: Akquisitionsmotive

Hauptgruppen	Synergien	Nutznießer	Geschädigte
leistungswirtschaftliche Effizienzhypothese	betriebsmittel- und werkstoffbezogene Synergien, arbeitsbezogene Synergien	Aktionäre S und O	Ressourceneigentümer, Arbeitnehmer
Hypothese der Finanzvorteile	finanzmittelbezogene Synergien	Aktionäre S und O	
Marktmacht-hypothese	marktmachtbezogene Synergien	Aktionäre S und O	Marktteilnehmer
Unterbewertungs-hypothese	keine Synergie, Widerspruch zur Hypothese der Kapitalmarkteffizienz	angeblich Aktionäre S	angeblich Aktionäre O
Managerhypothese		Manager S, Aktionäre O	Aktionäre S
Prozesshypothese		M&A-Berater, Aktionäre O	Aktionäre S

Quelle: In Anlehnung an: Rodermann, Synergiemanagement, 1999, S. 54

Aus der Tabelle kann abgeleitet werden, dass Nettosynergien die einzig möglichen Quellen von positiven Wertänderungen für Unternehmen sind, während die Mana-

[174] Vgl. Ravenscraft/Scherer, Mergers, 1987; vgl. Steiner, Mergers, 1984; vgl. Ansoff/Brandenburg/Portner/Radosevich, Acquisition Behaviour, 1971, S. 29; vgl. Grimm, Motive, 1987, S. 183-193; vgl. Gerpott, Erfolg, 1993, S. 62-65; vgl. Scheiter, Integration, 1989, S. 34 ff.

gerhypothese und die Prozesshypothese speziell negative Wertänderungen des Akquisitionssubjekts erklären können. Die durch diese Hypothesen erklärten möglichen Wertänderungen von Akquisitionssubjekten werden im Folgenden besprochen. Zunächst wird aber in Kapitel 2.3 auf die Unterbewertungshypothese eingegangen, die keine Wertänderung von Akquisitionssubjekten zu erklären vermag.

2.3 Keine Wertänderung durch Erwerb „unterbewerteter" Akquisitionsobjekte

Die Unterbewertungshypothese sieht ein Akquisitionsmotiv im Ausfindigmachen eines unterbewerteten Akquisitionsobjekts. Das Akquisitionssubjekt müsste dazu über nicht im Marktpreis enthaltene Informationen verfügen; dies würde jedoch einer strengen Effizienz des Kapitalmarkts widersprechen. Selbst wenn man realitätsnah, da empirisch belegt,[175] von einer halbstrengen Kapitalmarkteffizienz ausgeht, muss bezweifelt werden, dass ein Akquisitionssubjekt tatsächlich über Insiderinformationen das Akquisitionsobjekt betreffend verfügt.[176] Darüber hinaus erschwert die strenge Insidergesetzgebung die Nutzung derartiger Informationen erheblich und ist für den Nutzer mit dem Risiko empfindlicher Strafen verbunden.[177]

Dagegen erhält die Unterbewertungshypothese Unterstützung durch die Economic-Disturbance-Theorie,[178] gemäß der Marktunvollkommenheiten vor allem bei schnellen technologischen Veränderungen durchaus auftreten und dadurch Abweichungen vom objektiven Marktpreis vorliegen können. Auch Young und Sutcliffe kommen zum Ergebnis, dass der Kapitalmarkt nicht immer korrekt informiert ist.[179] In diesem Zusammenhang sind auch die eventuell zeitweise funktionierenden Möglichkeiten der Täuschung von Kapitalgebern zu verstehen.[180]

Dennoch muss im Ergebnis der Erwerb eines scheinbar unterbewerteten Unternehmens als spekulative Handlung bewertet werden.[181] Zwar kann eine solche Strategie von Fall zu Fall erfolgreich sein. Die Möglichkeit der nachhaltigen, systematischen Erzielung von Überrenditen wird aus den geschilderten Gründen aber abgelehnt.[182]

Einen Sonderfall der Unterbewertungshypothese stellt die Raiderhypothese dar. Das

---

[175] Vgl. Holderness/Sheehan, Raiders or Saviors, in: Journal of Financial Economics 14 (4), 1985, S. 555 ff. (559 ff.).

[176] Vgl. Sautter, Unternehmensakquisitionen, 1989, S. 131.

[177] Vgl. Dreyling/Süßmann, Insiderverdachtsfall, in: M&A Review, 1996, S. 485 ff.

[178] Vgl. Gort, Economic Disturbance Theory, in: Quarterly Journal of Economics 83 (4), 1969, S. 624 ff.

[179] Vgl. Young/Sutcliffe, Value Gaps, in: Long Range Planning 23 (4), 1990, S. 20 ff. (31).

[180] Vgl. Brealey/Myers, Principles, 2000, S. 947 f.; vgl. Ross/Westerfield/Jaffe, Corporate Finance, 2004, S. 811 f.; vgl. Sautter, Unternehmensakquisitionen, 1989, S. 181-184; vgl. Wasserstein, Big Deal, 1998, S. 64-67.

[181] Vgl. Metz, Controlling, 2002, S. 107 f.

[182] Vgl. Gerke/Bank, Finanzierung, 2003, S. 93.

Akquisitionssubjekt (Raider) setzt sich zum Ziel, versteckte Vermögenswerte, welche mittels eines Verkaufs aktiviert werden könnten, zu finden. Holderness und Shehan untersuchten als sogenannte Raider berüchtigte Unternehmen in ihrer Akquisitionstätigkeit. Sie gelangten zum Ergebnis, dass in allen 69 untersuchten Unternehmensakquisitionen die Aktionäre des Akquisitionsobjekts, welche vermeintlich ausgebeutet werden sollten, von der Akquisition profitierten.[183] Sie widerlegten damit die Raiderhypothese in Übereinstimmung mit der Hypothese der Kapitalmarkteffizienz.[184]

2.4 Einteilung und Beispiele von Bruttosynergien

2.4.1 Betriebsmittel- und werkstoffbezogene Bruttosynergien

In diesem Kapital 2.4 wird auf Bruttosynergien als Quellen möglicher akquisitionsbedingter Wertsteigerungen eingegangen. Die Nutzenausdehnung mindestens einer Ressource des einen auf das andere Unternehmen ermöglicht eine Leistungszentralisierung bzw. Leistungserweiterung durch Zusammenlegung von Wertschöpfungsstufen bzw. Schaffung neuer Wertschöpfungsstufen. Man betrachtet nacheinander diese Wertschöpfungsstufen und sämtliche einfließenden Ressourcen. Die Kosten dieser Ressourcen bzw. die erstellte Leistung (Produkte) kann sich aufgrund der Leistungszentralisierung bzw. Leistungserweiterung ändern. Diese Änderungen bezieht man auf die erstellte Leistung, wobei das Produkt wiederum eine Ressource des Unternehmens in nachgelagerten Wertschöpfungsstufen sein kann.

Im betrieblichen Leistungserstellungsprozess werden Betriebsmittel und Werkstoffe benötigt. Betriebsmittel sind z. B. Anlagen, Fuhrpark, Geschäftausstattung, Betriebsgebäude usw. Werkstoffe können in Rohstoffe (Hauptbestandteile eines Produkts), Hilfsstoffe (Nebenbestandteile eines Produkts) und Betriebsstoffe (Stoffe zum Machinenantrieb) eingeteilt werden.[185]

Bruttosynergien in diesem Bereich können z. B. durch Nutzung dieser Ressourcen im anderen Unternehmen bei nicht optimal ausgelasteten Betriebsmitteln (z. B. niedrigere Kosten bei Mitbenutzung einer Produktionsanlage, Zusammenfassung von Regionalbüros) entstehen oder durch Kostendegression bei höheren Beschaffungsvolumina von Werkstoffen.

Diese betriebsmittel- und werkstoffbezogenen Bruttosynergien sollen zusammen mit den im folgenden Kapitel beschriebenen arbeitsbezogenen Bruttosynergien beim Zugrundeliegen der leistungswirtschaftlichen Effizienzhypothese der Unternehmensakquisition (vgl. Tabelle 5) erzielt werden.

[183] Vgl. Holderness/Sheehan, Raiders or Saviors, in: Journal of Financial Economics 14 (4), 1985, S. 555 ff. (559 ff.).

[184] Vgl. Bachmann, Synergie- und Nutzungspotenziale, 2001, S. 107.

[185] Vgl. Wöhe/Döring, Einführung, 2005, S. 46

2.4.2 Arbeitsbezogene Bruttosynergien

Arbeitsbezogene Bruttosynergien entstehen z. B. durch Transfer von Wissen und Fertigkeiten zwischen Akquisitionssubjekt und Akquisitionsobjekt. Erfasst wird die Übertragung von Wissen und Fertigkeiten in ausführenden Bereichen (ausführende Arbeit) und in Bereichen der Unternehmensführung (dispositive Arbeit).

Know-how-Transfer im operativen Bereich ermöglicht z. B. ein verbessertes Verfahrens-Know-how (in Forschung und Entwicklung oder Produktion), verbessertes IT-Know-how oder ein verbessertes Bezugsquellen-Know-how.

Vor allem bei nicht optimal geführtem Akquisitionsobjekt können arbeitsbezogene Synergien im dispositiven Bereich durch den Transfer von überlegenen Führungsmethoden, Visionen und Strategien erzielt werden. Eine Steigerung der Management-Effizienz kann insbesondere dann erzielt werden, wenn beim in dieser Hinsicht überlegenen Unternehmen überschüssige Managementkapazitäten vorhanden sind. Der Know-how-Transfer im Organisationsbereich ermöglicht z. B. eine verbesserte Organisationsform.

Aus einem anderen Blickwinkel gesehen ist mit der Erzielung von Management-Synergien zugleich ein Instrument zur Überwachung des Managements gegeben. Falls sich das Management nicht im Interesse der Eigentümer wertmaximierend verhält, besteht ein erhöhtes Risiko, dass das Unternehmen übernommen wird und das Management des Akquisitionssubjekts ersetzt wird. Es entsteht dadurch ein Market of Corporate Control.[186] Die Übernahmen sind in diesem Fall häufig feindlich.[187] Zum Market of Corporate Control ist aber festzustellen, dass dieser durch Überregulierung des Kapitalmarkts in seiner Effizienz eingeschränkt sein kann.[188]

2.4.3 Finanzmittelbezogene Bruttosynergien

Finanzmittelbezogene Bruttosynergien äußern sich häufig in einem sinkenden Kapitalkostensatz. Degressionseffekte bei den Kapitalkosten entstehen z. B. durch ein verbessertes Verhältnis von Eigenkapital zu Fremdkapital, ein geringeres Risiko durch den Erwerb wenig korrelierter Geschäftsfelder oder durch die Schaffung eines internen Kapitalmarkts mit einer effizienteren Kapitalallokation. Niedrigere Kapital-

[186] Vgl. Green, Mergers and Acquisitons, 1990, S. 16 f.; vgl. Jarrell/Brickley/Netter, Corporate Control, in: Journal of Economic Perspectives 2 (1), 1988, S. 49 ff.; vgl. Jensen/Ruback, Corporate Control, in: Journal of Financial Economics 11 (1-4), 1983, S. 5 ff.; vgl. Jensen, Takeovers, in: Journal of Economic Perspectives 2 (1), 1988, S. 21 ff. (23 f.); vgl. Wenger, Unternehmenskontrolle, in: Gerke/Steiner, Handbuch, 2001, Sp. 2095 ff. (2095-2099). Zu den Zusammenhängen zwischen Shareholder-Value-Ansatz und Market of Corporate Control vgl. auch Günther, Notwendigkeit, in: Höfner/Pohl, Wertsteigerungs-Management, 1994, S. 13 ff. (28-41).

[187] Vgl. Morck/Shleifer/Vishny, Takeovers, in: Auerbach, Corporate Takeovers, 1988, S. 101 ff. (127); vgl. Jensen, Comment, in: Auerbach, Corporate Takeovers, 1988, S. 134 ff.

[188] Vgl. Jensen, Industrial Revolution, in: Journal of Finance 48 (3), 1993, S. 831 ff. (851-852); vgl. Wenger, Unternehmenskontrolle, in: Gerke/Steiner, Handbuch, 2001, Sp. 2095 ff. (2104).

kosten können aber auch durch eine neu ermöglichte Nutzung alternativer Finanzierungsmethoden wie Sale & Lease Back oder die Nutzung innovativer Finanzinstrumente oder die Erlangung der Börsenreife entstehen. Die Hypothese der Finanzvorteile fokussiert auf die Erzielung dieser Synergieart.

2.4.4 Marktmachtbezogene Bruttosynergien

Gemäß der Marktmachthypothese ist das Ziel von Unternehmensakquisitionen, die Marktmacht des eigenen Unternehmens zu erhöhen. Macht von Organisationen bezeichnet ihre Fähigkeit, den Wettbewerb zu beschränken, wodurch Marktteilnehmer (Kunden, Lieferanten usw.) letztlich geschädigt werden. Diese Erhöhung von Marktmacht kann im Zusammenhang mit Akquisitionen auf unterschiedliche Art und Weise erreicht werden, die ein Unternehmen alleine nicht erreicht (marktmachtbezogene Bruttosynergien):

- Durch eine Akquisition kann die zeitweise interne Quersubventionierung von Produkten erzielt werden, um mit den subventionierten Produkten den Marktanteil zu erhöhen. Nach Wegfall der (nicht akquirierten) Konkurrenten können die Produktpreise wieder erhöht werden. Diese Maßnahme ist insbesondere dann erfolgversprechend, wenn die Konkurrenz glaubt, dass die Quersubventionierung dauerhaft aufrechterhalten werden kann.

- Durch den Verzicht auf vormals konkurrierende Marktaktivitäten nach der Akquisition eines Konkurrenzunternehmens kann ebenfalls die Marktmacht gesteigert werden. Es kann das Erfordernis wegfallen, aufgrund der Preisgestaltung des vormaligen Konkurrenzunternehmens die Produktpreise zu senken oder höhere Ressourcenpreise aufgrund der Konkurrenz um diese zu akzeptieren (Kollusion). Dies trifft insbesondere zu, wenn die Preisgestaltung aufgrund von Macht von den Marktteilnehmern akzeptiert wird, was wiederum vom Image des Unternehmens abhängt, diese Macht aufrechterhalten zu können.

- Durch die Akquisition können Eintrittsbarrieren zur Verhinderung zukünftiger Konkurrenten aufgebaut werden, indem die Androhung von Gegenmaßnahmen gegen potenzielle Konkurrenten ein größeres Gewicht erhält (Marktsignale). Auch in diesem Fall können die Produkt- und Ressourcenpreise wegen des Nichteintritts von Konkurrenz in den Markt zugunsten des Unternehmens beeinflusst werden. Dies ist insbesondere dann der Fall, wenn die Androhungen vom Markt als dauerhaft und umsetzbar erachtet werden.

Insgesamt sind Bruttosynergien durch Marktmacht also in der Regel mit der Machtwahrnehmung verknüpft.

2.5 Einteilung und Beispiele von Dyssynergien

2.5.1 Betriebsmittel- und werkstoffbezogene Dyssynergien

Im Bereich Beschaffung muss mit Aufwandsdyssynergien gerechnet werden, weil eine zentralisierte Beschaffung kostenintensive Abstimmungsprozesse erfordert. Dazu gehören z. B. die Entstehung von Lagerkosten.

Im Produktionsbereich sind Aufwandsdyssynergien durch hohe Rüstkosten aufgrund des Strebens nach wechselseitiger Auslastungsverbesserung, durch nicht bedarfsgerechte Toleranzen aufgrund zu starker Standardisierung, durch zusätzliche Transport- und Abstimmungskosten aufgrund der Zentralisierung von Aktivitäten und durch erhöhte Instandhaltungs- und Wartungskosten aufgrund spezialisierterer Aufgaben möglich.[189]

Auch im Bereich Absatz entstehen Dyssynergien durch die Zusammenführung und Harmonisierung.[190] Hier sind z. B. Ertragsdyssynergien aufgrund von Problemen mit unterschiedlichen Qualitätsanforderungen zu nennen.

Im Bereich Verwaltung fallen meist Dyssynergien durch die Anpassung der IT-Systeme sowie die physische Zusammenführung der Aktivitäten an.[191] Ertragsdyssynergien entstehen bei Inkompatibilitäten zwischen den Systemen oder bei integrationsbedingten Ausfällen der Systeme.[192] PricewaterhouseCoopers gelangt aufgrund einer empirischen Untersuchung zu dem Ergebnis, dass die Integration der IT-Systeme zu den schwierigsten Integrationsaufgaben gehört.[193]

2.5.2 Arbeitsbezogene Dyssynergien

<u>Ausführende Arbeit</u>

Die Mitarbeiter der Akquisitionspartner müssen bereit sein, ihr Know-how in neu gestalteten operativen Prozessen abzugeben und durch neue Eigenschaften den Akquisitionserfolg zu fördern. In einer empirischen Untersuchung stellten Chaudhuri und Tabrizi fest, dass erfolgreiche Integrationen immer auch eine für alle Beteiligten akzeptable Personalintegration der Wissensträger verfolgen.[194]

---

189 Vgl. Kogeler, Synergiemanagement, 1992, S. 54-55.

190 Vgl. Ottersbach/Kolbe, Integrationsrisiken, in: Betriebswirtschaftliche Forschung und Praxis 42 (2), 1990, S. 140 ff. (143).

191 Vgl. Berensmann/Spang, IT-Integration, in: Information Management & Consulting 13 (4), 1998, S. 35 ff. (36); vgl. Penzel/Pietig, Handbuch, 2000, S. 116-119; vgl. Anastasiadis, Mergers & Acquisitions, in: IO-Management 65 (12), 1996, S. 27 ff.

192 Vgl. Achtmeyer/Daniell, Integration Planning, in: M&A Europe 1 (2), 1988, S. 29 ff. (33); vgl. Berensmann/Spang, IT-Integration, in: Information Management & Consulting 13 (4), 1998, S. 35 ff. (36).

193 Vgl. PricewaterhouseCoopers, Speed, 2000, S. 6-7.

194 Vgl. Chaudhuri/Tabrizi, Capturing, in: Harvard Business Review 77 (5), 1999, S. 123 ff. (128).

Die akquisitionsbedingt sichtbaren direkten oder weniger sichtbaren indirekten Veränderungen[195] des Status quo offenbaren dem Mitarbeiter die von ihm nun neu erwarteten Eigenschaften. Direkte Veränderungen sind z. B. Personalentlassungen, Versetzung von Mitarbeitern und neue Organisationsstrukturen, veränderte Qualifizierung von Laufbahnen, neue Leistungsbeurteilungssysteme, neue Entgelt- und Anreizsysteme sowie geänderte Arbeitszeiten.[196] Indirekte Veränderungen dagegen sind z. B. Änderungen der Verhaltensweisen von Vorgesetzten und Kollegen.

Aufwandsdyssynergien entstehen dabei ganz offensichtlich durch notwendig werdende Schulungsmaßnahmen und dergleichen. Bleiben sie aus, stellt die Erwartung neuer Eigenschaften und Fähigkeiten beim Personal einen erheblichen Stressfaktor dar, der auf Unsicherheit bezüglich der Folgen und auf Ängsten beruht.[197] Z. B. könnte von Mitarbeitern erwartet werden, dass sie an einen neuen Arbeitsort umziehen oder dass sie sich selbst neue Kenntnisse aneignen (z. B. Fremdsprachen oder die Bedienung einer neuen Maschine). Krystek bringt die Integrationsphase gar mit der Lebenskrisenforschung zusammen, die sich um die psychologische Erforschung von Individualkrisen (Tod einer vertrauten Person, Unfall, Krankheit, Scheidung) verdient gemacht hat.[198]

Die zu erwartenden Anpassungsreaktionen können durch einen finanziellen Ausgleich für den Aufbau neuer Eigenschaften gemindert werden (Aufwandsdyssynergien). Oder sie können sich in einem vom Unternehmen akzeptierten verminderten persönlichen Arbeitseinsatz niederschlagen, welcher durch verminderte Arbeitsproduktivität der Mitarbeiter operationalisierbar ist (Ertragsdyssynergien).

Sollen beispielsweise Verwaltungsaufgaben vom Personal des akquirierenden Unternehmens mitgetragen werden, können Gehaltssteigerungen oder Boni für die Mehrarbeit notwendig werden. Andererseits muss durch aufwanderzeugende Kündigungen (Prozesskosten, Abfindungen) die Nutzung der Ressourcen (Personal), welche nur durch eines der Unternehmen erfolgte, beendet werden. In beiden Fällen liegen Aufwandsdyssynergien vor. Trennungskosten werden dabei bei den neu genutzten Ressourcen mitberücksichtigt. Denn sie stellen eine Voraussetzung des neu gestalteten Leistunsprozesses dar.

Dispositive Arbeit

Es entstehen Dyssynergien in Form von Wissenstransferkosten. Z. B. müssen dem Management monetäre Anreize gesetzt werden, damit es sein Wissen für das an-

[195] Vgl. Marks, Acquisition Impact, 1981, S. 95-99; vgl. Marks/Mirvis, Corporate Acquisitions, 1983, S. 54-60.

[196] Vgl. Mayerhofer, Aktivposten, in: Mitbestimmung 6-7, 1999, S. 70 ff. (71).

[197] Vgl. Marks, Merging, in: Mergers and Acquisitions 17 (2), 1982, S. 38 ff. (41).

[198] Vgl. Krystek, Unternehmenskultur, in: Zeitschrift für Betriebswirtschaft 62 (5), 1992, S. 539 ff. (552-554).

dere Unternehmen nutzbar macht (Aufwandsdyssynergien). Gemäß einer empirischen Studie von Tetenbaum verließen bei fehlenden Maßnahmen zur Integration von Mitarbeitern 47 % aller Senior Manager der untersuchten Akquisitionsobjekte bereits im ersten Jahr das Unternehmen und 72 % innerhalb der ersten drei Jahre.[199] Wichtige zu integrierende dispositive Tätigkeiten beziehen sich auf die Unternehmensstrategie, Unternehmensorganisation und die Unternehmenskultur. Mögliche Quellen für Dyssynergien in diesen Bereichen werden im Folgenden erläutert.

Die **Gestaltung der Unternehmensstrategie** ist besonders deshalb im Zusammenhang mit Unternehmensakquisitionen wichtig, da Unternehmensakquisitionen häufig den Ausbau strategischer Wettbewerbsvorteile anstreben.[200] Zahlreiche Autoren haben die Integration strategischer Ausrichtungen bei Unternehmensakquisitionen untersucht: Haspeslagh und Jemison unterscheiden drei Grundtypen strategischer Akquisitionsgründe: Stärkung des (derzeitigen) Geschäfts, Ausbau des (derzeitigen) Geschäfts und Exploration neuer Geschäftsopportunitäten.[201] Ansoff unterscheidet im Zusammenhang mit den strategischen Vorteilen aus Unternehmensakquisitionen zwischen Opportunitäten im Kerngeschäft von Diversifikationsmöglichkeiten.[202] Hamel und Prahalad verwenden den Begriff „künftiger Opportunitätswert“, welcher sich aber stärker auf die Wahrnehmung im Werden befindlicher und erst künftig vollkommen existierender Marktsegmente, Geschäftsmodelle und Opportunitäten bezieht.[203]

Allgemein muss in der Regel die Reichweite von Kernkompetenzen auf das andere Unternehmen ausgedehnt werden bzw. es müssen neue Kernkompetenzen aufgebaut werden. Dazu ist ein detailliertes Konzept erforderlich, das auf einer umfassenden Analyse von Unternehmen, Markt, Wettbewerb und sonstigen Umfeldbedingungen basiert, was nicht kostenlos möglich ist (Aufwandsdyssynergien).[204] Die Entwicklung einer Gesamtstrategie ist zudem häufig von einzelnen Wissensträgern abhängig, die für die Fähigkeit zur Ausdehnung von Kernkompetenzen auf das andere Unternehmen entlohnt werden (Aufwandsdyssynergien).

Die **Gestaltung der Organisation** eines Unternehmens stellt eine weitere dispositive Tätigkeit im Zusammenhang mit Unternehmensakquisitionen dar. Jedes Unternehmen zeichnet sich durch Unterschiede in seinem organisatorischen Aufbau und der

---

[199] Vgl. Tetenbaum, Beating, in: Organizational Dynamics 28 (2), 1999, S. 22 ff. (32).

[200] Vgl. Gomez/Weber, Akquisitionsstrategie, 1989, S. 14-38; vgl. Möller, Erfolg, 1983, S. 137-139; vgl. Hunt/Lees/Grumbar/Vivian, Acquisitions, 1987, S. 67 f.

[201] Vgl. Haspeslagh/Jemison, Managing, 1991.

[202] Vgl. Ansoff, Strategic Surprise, in: California Management Review 18 (2), 1975, S. 21 ff.

[203] Vgl. Hamel/Prahalad, Competing, 2003.

[204] Vgl. Bamberger, Erfolg, 1994, S. 61; vgl. Sautter, Unternehmensakquisitionen, 1989; vgl. Huemer, Mergers & Acquisitions, 1991; vgl. Trautwein, Merger Motives, 1990, in: Strategic Management Journal 11 (4), 1990, S. 283 ff.

organisatorischen Kombination seiner Ressourcen aus, die es nach einer Unternehmensakquisition zu integrieren gilt. Denn Voraussetzung für die Ausdehnung strategischer Fähigkeiten ist ihre Verknüpfung mit neuen Ressourcen. Die die Organisation bestimmenden Regeln beruhen auf den Vorstellungen des Managements, wie diese Verknüpfung auszusehen hat.

Man unterscheidet zwischen Integrationsmaßnahmen, die sich auf die Aufbauorganisation oder auf die Ablauforganisation des Unternehmens nach der Akquisition beziehen. Im ersten Fall stehen Verantwortlichkeiten, Kompetenzprofile, Rollen, Gremien und andere Gestaltungsformen der Organisationsstruktur im Vordergrund. Im zweiten Fall werden Ressourcen- und Informationsflüsse, Prozesse und Aktivitäten der beteiligten Unternehmen geregelt.

Voraussetzung der Synergieerzielung im Rahmen der Aufbauorganisation ist ihre Integration. Der erforderliche Analyse- und Anpassungsbedarf ist nicht kostenlos zu realisieren und es entstehen Aufwandsdyssynergien: die Beschränkung und Harmonisierung der Hierarchieebenen und ihre ausgewogene Besetzung, die Zentralisierung von Funktionen, die Standortpriorisierung aufgrund von Marktkriterien und die Vermeidung von Doppelfunktionen müssen geplant werden. Im Rahmen der Ablauforganisation sollte die Komplexität der organisatorischen Gesamtstruktur nicht überproportional ansteigen. Es müssen auch kurze Kommunikations- und Entscheidungswege von der Konzernspitze in die dezentralen Einheiten geplant werden, wodurch weitere mögliche Quellen von Dyssynergien offenbar werden.

Die **Gestaltung der Unternehmenskultur** ist eine der schwierigsten dispositiven Tätigkeiten. Denn die Unternehmenskultur wird nicht nur von den Vorstellungen des Managements, sondern von allen Mitarbeitern gebildet. Differierende Unternehmenskulturen werden als eine der wichtigsten Ursachen genannt, die zum Scheitern von Unternehmensakquisitionen führen.[205] Anschaulich und verbreitet ist folgende Kulturdefinition von Avruch und Black:

> „One's own culture provides the lens through which we view and bring into focus our world; the logic by which we order it; the grammar by which it makes sense."[206]

Letztlich hebt die Definition auf die ungeschriebenen Regeln ab, durch die gegenseitige Nutzbarkeiten erklärt werden. Eine Unternehmenskultur ist stark in der Vergangenheit verankert, eröffnet aber zugleich auch ein Gefühl der Sicherheit und Perspektiven für die Zukunft. Aufgrund dieser Tatsache lassen sich die Resistenz gegen

---

[205] Vgl. Becker/Fritzsche, Comparison, in: Journal of Business Ethics 6 (4), 1987, S. 289 ff.; vgl. Hofstede, Consequences, 2000; vgl. Izraeli, Ethical Beliefs, in: Journal of Business Ethics 7 (4), 1988, S. 263 ff.; vgl. Lysonski/Gaidis, Comparison, in: Journal of Business Ethics 10 (2), 1991, S. 141 ff.; vgl. Orpen, Attitudes, in: Journal of Business Ethics 6 (2), 1987, S. 89 ff.; vgl. Schlegelmilch/Robertson, Ethical Perceptions, in: Journal of International Business Studies 26 (4), 1995, S. 859 ff.

[206] Avruch/Black, Conflict, in: Sandole/Merwe, Conflict Resolution, 1993, S. 131 ff. (133).

kurzfristige und einschneidende Veränderungen der Unternehmenskultur und die Schwierigkeiten beim Versuch ihrer Übertragung auf ein anderes Unternehmen erklären.

Die Kulturintegration kann vom gegenseitigen Kennenlernen (Sozialisierung) bis hin zur Übertragung von Kulturelementen (Akkulturation) reichen. Derjenige, der zur erfolgreichen Übertragung kultureller Elemente beiträgt, wird als Kulturträger erhebliche Einkommenssteigerungen erhalten, was Aufwandsdyssynergien entspricht.

Nill und Shultz unterscheiden dabei zwei Extremvarianten, entstehende Konflikte zu lösen: die partizipative und die autoritäre Methode.[207] Die partizipative Konfliktlösung hat den Vorteil, dass sie Folgekonflikte dadurch minimiert, dass sie die Ursache des Konflikts zu lösen sucht, nachteilig ist ein hoher Mittel- und Zeitaufwand (relativ hohe Aufwandsdyssynergien). Vorteil der autoritären Konfliktlösung ist ein niedriger Zeit- und Mittelaufwand (relativ niedrige Aufwandsdyssynergien), allerdings verknüpft mit dem Risiko der Zunahme sozialisierungsbedingten Stresses (Risiko relativ hoher Ertragsdyssynergien).

2.5.3 Finanzmittelbezogene Dyssynergien

Es herrscht ein breiter Konsens darüber, dass im finanzwirtschaftlichen Bereich in der Regel weniger Dyssynergien auftreten als im leistungswirtschaftlichen Bereich.[208] Allerdings ist Autoren zu widersprechen, die finanzmittelbezogene Synergien als „automatic benefits" bezeichnen und Dyssynergien in diesem Bereich nicht anerkennen.[209]

Z. B. kann bei einer akquisitionsbedingten Umfinanzierung ohne Zufuhr neuen Kapitals die Ausgabe neuer Aktien und Anleihen notwendig werden. Dadurch fallen zum einen administrative Aufwandsdyssynergien (Gebühren für Wirtschaftsprüfer, Steuerberater, Rechtsanwälte, Emissionsplaner usw.) an sowie zum anderen Aufwandsdyssynergien der Platzierung (Börsengebühren, Gebühren der Underwriter usw.).[210] Man beachte, dass hier nur der Fall betrachtet wird, in dem kein neues Kapital zugeführt wird. Wenn hingegen auf eine Kapitalzuführung abgestellt wird, kann es sich nämlich schlicht um Aufwendungen aufgrund der Kapitalbeschaffung handeln, die auch ohne Akquisition auftreten würden und daher nicht zu den Dyssynergien gerechnet werden. Anders ist dies aber wiederum dann, wenn die Kapitalaufnahme erst durch die Akquisition möglich wird.

---

[207] Vgl. Nill/Shultz, Dialogic Idealism, in: Journal of Macromarketing 17 (2), 1997, S. 4 ff.

[208] Vgl. Gerpott, Erfolg, 1993, S. 76; vgl. Kitching, Mergers Miscarry, in: Harvard Business Review 45 (6), 1967, S. 84 ff. (92-94); vgl. Sautter, Unternehmensakquisitionen, 1989, S. 210.

[209] So aber Haspeslagh/Jemison, Managing, 1991, S. 29 und S. 344; vgl. ähnlich Seth, Sources, in: Strategic Management Journal 11 (6), 1990, S. 431 ff. (434).

[210] Vgl. Brealey/Myers, Principles, 2000, S. 418-424; vgl. Sautter, Unternehmensakquisitionen, 1989, S. 137-140.

Nach Lewellen kann sich ein Unternehmen nach einer Akquisition wegen einer Reduzierung des Konkursrisikos bei gleichem Kapitalkostensatz höher verschulden. Es wird nämlich ein Darlehen vergeben, wenn die Wahrscheinlichkeit, dass die Ertragsströme kleiner sind als die Zahlungsverpflichtungen, kleiner als ein bestimmter Wert ist.[211] Higgins und Schall erweitern das Modell von Lewellen um die Konkursrisiken einer Akquisition.[212] Denn ein Unternehmen kann das andere mit in den Konkurs reißen. Daher sinkt die Wahrscheinlichkeit einer Darlehensvergabe und der Fremdkapitalkostensatz kann steigen, was als finanzmittelbezogene Aufwandsdyssynergie verstanden werden kann.

2.5.4 Marktmachtbezogene Dyssynergien

Markmachtbezogene Dyssynergien entstehen im Zusammenhang mit dem Streben nach Marktmacht und haben oftmals eine gemeinsame Ursache in der akquisitionsbedingt geänderten Machtwahrnehmung des Unternehmens durch den Markt und ihrer Gestaltung. Diese Gestaltung erfordert häufig eine an die speziellen Anforderungen angepasste Kommunikation. Strukturelle Veränderungen sind anders als beim Anstreben von Effizienzvorteilen in der Leistungserstellung aber in der Regel nicht erforderlich. Aufwandsdyssynergien entstehen ganz offensichtlich durch die Kommunikation der veränderten Marktmacht.

Wenn die veränderte Marktmacht bei den Marktteilnehmern als negativ empfunden wird, kann dies z. B. durch Kunden- und Lieferantenabwanderungen zu einer Änderung der Produkt- und Ressourcenpreise zulasten des Unternehmens führen, wodurch marktmachtbezogene Dyssynergien sichtbar werden.

Ein Beispiel sind Kunden, die nach einem anderen Lieferanten suchen, weil kundenspezifische Daten dem Unternehmen nach Akquisition nicht zur Verfügung gestellt werden sollen. Das kann z. B. dann der Fall sein, wenn es nicht mehr als reiner Zulieferer wie vor der Akquisition, sondern als direkter Konkurrent wahrgenommen wird, von dem Maßnahmen zur Marktmachterhöhung erwartet werden. Dyssynergien im Bereich der Marktmacht gegenüber Kunden sind meist umso problematischer, je stärker die Konzentration auf wenige Kunden ist, wodurch höhere Abhängigkeiten erzeugt werden und damit das Risiko von Ertragseinbrüchen ansteigt.

Lieferanten können die Erzielung von Einkaufsvorteilen aufgrund größerer Macht des Unternehmens nach Akquisition als Vorteilsnahme auf ihre Kosten empfinden und mit Abwehrmaßnahmen reagieren, wodurch letztlich die Ressourcenpreise ansteigen werden.

---

[211] Vgl. Lewellen, Pure Financial Rationale, in: Journal of Finance 26 (2), 1971, S. 521 ff. (526).

[212] Vgl. Higgins/Schall, Corporate Bancruptcy, in: Journal of Finance 30 (1), 1975, S. 93 ff.

Allgemein können marktliche Dyssynergien überall dort auftreten, wo das Unternehmen Ressourcen über den Markt beschafft und die Marktmacht einen Einfluss auf den Ressourcenpreis hat, z. B. auch auf dem Personalmarkt. Die Erwartung einer höheren Mitarbeiterleistung bei gleichem Gehalt oder die Gewährung eines niedrigeren Gehalts bei gleicher Leistung aufgrund von gestiegener Unternehmensmacht im Zusammenhang mit Akquisitionen stellt für Mitarbeiter eine besondere Stresssituation dar.[213] Diese Stresssituation kann eine verminderte Identifikation mit dem Unternehmen, eine verminderte Arbeitszufriedenheit und ein erhöhtes Misstrauen gegenüber dem Management hervorrufen und schließlich zur Kündigung von Mitarbeitern führen. Dadurch werden die bezahlten Gehälter wieder ansteigen, wodurch marktmachtbezogene Aufwandsdyssynergien sichtbar werden.

2.6 Erfassung der Nettosynergie von Akquisitionssubjekt und Akquisitionsobjekt im Synergiequader

2.6.1 Problematik der korrekten Ermittlung von Gesamtnettosynergien

Ein wichtiger Grund für den akquisitionsbedingten Wertverlust von Akquisitionssubjekten ist, dass bei der Ermittlung des Gesamtnettosynergiepotenzials einerseits Bruttosynergien überschätzt werden. Andererseits wird nicht berücksichtigt, dass ein Großteil der Bruttosynergien nicht zum Nutzen der Unternehmenseigentümer gereichen kann. Dieser zweite Aspekt hängt eng mit der Unterschätzung von Dyssynergien zusammen.[214] Beide Aspekte führen zur Überschätzung von Gesamtnettosynergien und einer damit einhergehenden Zahlung zu hoher Übernahmeprämien, die Eisenhardt und Galunic in der Erkenntnis zusammenfassen: „The truth is, for most corporations, the 1 + 1 = 3 arithmetic of [...] synergies does not add up."[215]

In einer von Bark durchgeführten Untersuchung fällt auf, dass Akquisitionssubjekte negative Synergieeffekte tatsächlich nur in Ansätzen in ihre Synergiebewertung einbeziehen.[216] Dadurch ist man in seiner Vermutung bestärkt, dass die mangelhafte Berücksichtigung von Dyssynergien wesentlicher Grund für den Misserfolg von Akquisitionen ist. In der erwähnten Studie werden als negative Synergieeffekte Integrationskosten und Dyssynergien unterschieden und auf ihre Relevanz und Berücksichtigung in der Due Diligence hin untersucht. Unter Integrationskosten versteht Bark dabei diejenigen Dyssynergien, die aufgrund der Entscheidung für eine aktive Herbeiführung der Ressourcennutzung anfallen. Bei vergleichbarer Relevanz werden gemäß Barks Arbeit die Integrationskosten in 83 % der Due Diligence-Verfahren be-

---

[213] Vgl. Marks, Merger Management, in: Human Resource Magazine 36 (5), 1991, S. 60 ff. (60 f.), vgl. Cartwright/Cooper, Human Factor, 1992, S. 44-48.

[214] Vgl. Vizjak, Synergy Potential, in: Long Range Planning 27 (1), 1994, S. 25 ff. (32 f.).

[215] Eisenhardt/Galunic, Coevolving, in: Harvard Business Review 78 (1), 2000, S. 91 ff. (91); vgl. auch Scharlemann, Finanzwirtschaftliche Synergiepotentiale, 1996, S. 26 ff.

[216] Vgl. Bark, Integrationscontrolling, 2002, S. 114 f.

rücksichtigt, wohingegen die „übrigen" Dyssynergien lediglich bei 38 % der Due Diligence-Prüfungen in die Wertermittlung einbezogen werden.

Hinsichtlich der Betrachtung der übrigen Dyssynergien ist Bark dahingehend zu kritisieren, dass er einen unvollständigen und nicht weiter systematisierten Dyssynergiebegriff verwendet. Er fasst darunter lediglich Kundenabwanderungen, Mitarbeiterfluktuation und Absentismus der Mitarbeiter. Auffallend ist an Barks Untersuchung zur Dyssynergie dennoch die Diskrepanz zwischen der Ausprägung der Häufigkeit der Berücksichtigung in der Due Diligence und der Einschätzung der Relevanz durch die Befragten. So wird der Marktanteilsverlust durch Kundenabwanderung von knapp 60 % der Befragten als stark oder sehr stark relevant eingestuft, wohingegen diese Komponente jedoch nicht einmal in 30 % der Fälle in der Unternehmenswertermittlung beachtet wird.

Die Ursache dieses Missverhältnisses zwischen Relevanz und Häufigkeit der Berücksichtigung der Dyssynergien in der Due Diligence-Prüfung kann die folgenden Ursachen haben:

- Die Ermittlung und Quantifizierung von Dyssynergien und damit die Abschätzung von Nettosynergien gestaltet sich prinzipiell als schwierig. Zur Lösung dieses Problems soll die vorliegende Arbeit beitragen. Problematisch ist dabei besonders, dass zunächst nur begrenzte Informationen hinsichtlich der Ressourcen des jeweils anderen Unternehmens vorliegen. Für eine realistische Nettosynergiebewertung ist aber die Kenntnis der Möglichkeiten einer Zusammenlegung von Wertschöpfungseinheiten und einer gemeinsamen Ressourcennutzung wichtig.[217] Insbesondere ohne Einbeziehung derjenigen Ressourcen, die am Aufbau neuer Beziehungen beteiligt sind, ist es fast unmöglich, die Kosten des Aufbaus neuer Verknüpfungen zu bestimmen. Ex ante werden viele Ressourcen(eigentümer) aber nicht einbezogen, da Akquisitionen vor der Bekanntgabe häufig geheim gehalten werden. Insbesondere die Voraussetzungen der neuen Verwendbarkeit sind damit auch nicht ermittelbar.
- Dyssynergien werden aufgrund ihres negativen Einflusses auf die Nettosynergie vom die Akquisition begleitenden Personenkreis, der den Wert des Akquisitionsobjekts für das Akquisitionssubjekt ermittelt, gerne vernachlässigt. Denn ihr Honorar ist häufig an das Zustandekommen der Akquisition geknüpft. Es besteht also die Versuchung, durch Nichtberücksichtigung von Dyssynergien die Akquisition als vorteilhaft darzustellen. Dieses Problem kann nur durch die Änderung der Honorarpraxis oder die Beauftragung von Beratern beseitigt werden, die kein Interesse am Zustandekommen der Akquisition haben und daher die Nettosynergie-

[217] Vgl. Ossadnik, Synergieeffekte, 1995, S. 6.

bewertung neutral vollziehen können.[218]

- Entscheidungsträger haben ein zu hohes Vertrauen in die eigenen Fähigkeiten, Dyssynergien zu verhindern. Bazerman bemerkt korrekt, dass dies vor allem deshalb der Fall ist, da Akquisitionen bei Managern nicht häufig vorkommen.[219] Auch auf diese Frage, welche Dyssynergien verhindert werden können, soll die vorliegende Arbeit Antwort geben.

2.6.2 Der Synergiequader

In den Kapiteln 2.1 bis 2.5 wurde die Gesamtnettosynergie als einzige Quelle für die akquisitionsbedingte Wertsteigerung von Akquisitionssubjekt und Akquisitionsobjekt beschrieben, deren Entstehung in einem Synergiequader veranschaulicht werden kann. Daraus kann die Entstehung der Nettosynergie für die Eigentümer des Akquisitionssubjekts abgeleitet werden, was eine wesentliche Voraussetzung für die Ermittlung der Wertänderung des Akquisitionssubjekts darstellt.

Begrifflich ist festzuhalten, dass der Terminus „Nettosynergie für die Eigentümer des Akquisitionssubjekts" nur im Fall der Gewährung einer rationalen Übernahmeprämie im Rahmen der Arbeit verwendet wird. Dieser Fall wird im Synergiequadermodell zugrunde gelegt. Im Fall der Gewährung einer irrationalen Übernahmeprämie (vgl. Kapitel 2.7) wird allgemeiner von „Wertänderung des Akquisitionssubjekts" gesprochen.

Man betrachtet im Synergiequadermodell die neu gestalteten Leistungsprozesse, die neu gestaltete Beschaffung von Finanzmitteln und die veränderte Marktmacht eines Unternehmens sowie die Produkte und Ressourcen dieser Prozesse. Diese sind Betriebsmittel und Werkstoffe, Arbeit, Finanzmittel und Marktmacht. Leistungssteigerungen und Grundkostensenkungen stellen z. B. Bruttosynergien dar, die in der ersten Dimension, Leistungssenkungen und Grundkostensteigerungen stellen z. B. Dyssynergien dar, die in der zweiten Dimension aufgetragen werden. Die Differenzen stellen Gesamtnettosynergien dar, die in der dritten Dimension aufgetragen werden.

In diesem Modell können sämtliche Ressourcen und Prozesse eines Unternehmens berücksichtigt werden. Der Ansatz ist durch Vollständigkeit und Überschneidungsfreiheit hinsichtlich der Erfassung von Bruttosynergien, Dyssynergien und Gesamtnettosynergien gekennzeichnet. Die Abbildung 6 zeigt beispielhaft, wie eine bestimmte neu erstellte und von beiden Unternehmen benutzte Eigenschaft Cb des Mitarbeiters C (Leistung) in den Synergiequader einzuordnen ist. Diese wird teilweise von Mitarbeiter C selbst aufgebaut, bleibt aber durch Marktmacht des Unternehmens dem Mitarbeiter C gegenüber unvergütet, teilweise durch Schulung durch Mitarbeiter

[218] Vgl. Bark, Integrationscontrolling, 2002, S. 114 f.

[219] Vgl. Bazerman/Neale, Heuristics, in: Bazerman/Lewicki: Negotiating, 1983, S. 51 ff. (58 f.).

A. Der Ressourcenverzehr bzw. der Einfluss der Marktmacht wird durch die Pfeilrichtung symbolisiert. Die unterlegte Fläche symbolisiert die dadurch erfolgte Integration der Eigenschaft Cb, da die Nutzung durch die Unternehmen erreicht wurde. Für jeden Prozesspunkt des Synergiequaders gilt dabei: Bruttosynergie = Dyssynergie + Gesamtnettosynergie.

In Abbildung 6 ist beispielhaft die Gesamtnettosynergie für die Unternehmenseigentümer (z-Achsenabschnitt) aus dem Prozess der Erstellung der Eigenschaft Cb dargestellt. Aus dem Synergiequader lässt sich durch Addition sämtlicher z-Achsenabschnitte, die durch Prozesspunkte gebildet werden, die Gesamtnettosynergie der Akquisition bestimmen, welche der Gesamtwertänderung von Akquisitionssubjekt und Akquisitionsobjekt entspricht. Im folgenden Kapitel 2.6.3 wird untersucht, ob die Zahl der betrachteten Ressourcen vermindert werden kann, um die dargestellten Zusammenhänge zu vereinfachen.

Abbildung 6: Synergiequader

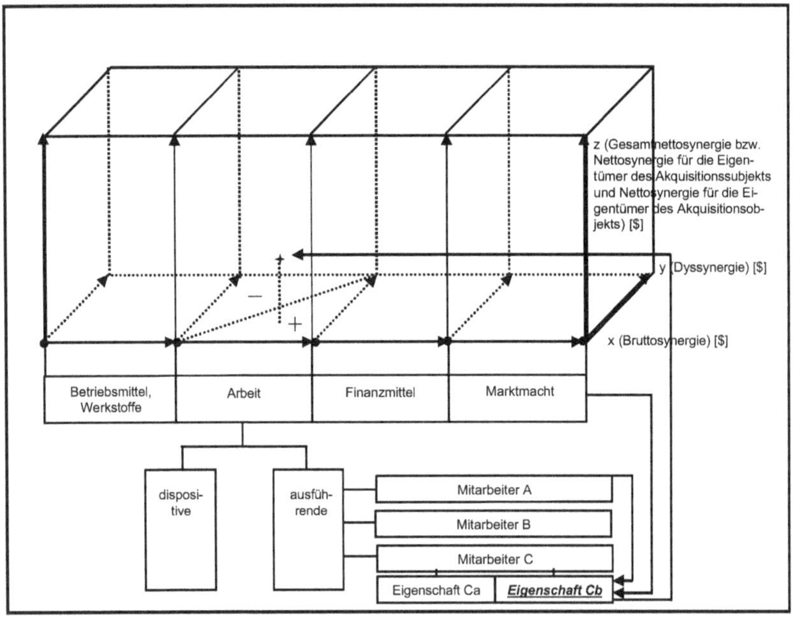

Quelle: Eigene Erstellung

2.6.3 Nettosynergie und ressourcenbasierter Ansatz

Um Ressourcen in neu gestalteten Prozessen (z. B. an zentralisierter Produktionsstätte) einsetzen zu können, ist eine Modifikation ihrer Eigenschaften erforderlich. Letztlich kann (bei Fehlen strategischer Ressourcen, s. u.) der Aufbau einer Ressourceneigenschaft (z. B. Cb) und die damit verbesserte Leistung einer Einheit der Ressource C auf eine bestimmte zusätzlich verbrauchte Menge standardisierter Leistungseinheiten zurückgeführt werden, so dass die Leistung dieser verbrauchten Leistungseinheiten der Leistung der neu aufgebauten Eigenschaft Cb entspricht. Werden diese standardisierten Leistungseinheiten vom Unternehmen zur Verfügung gestellt und dadurch verbraucht, gilt Leistungsänderung = Kostenänderung dieser verbesserten Eigenschaft Cb, d. h. Nettosynergie = 0.

Diese zusätzlichen Leistungseinheiten werden dann nicht vom Unternehmen zur Verfügung gestellt, sondern unvergütet von der Ressource C selbst, wenn das Unternehmen strategische Ressourcen im Eigentum hat, wie mithilfe des ressourcenbasierten Ansatzes des strategischen Managements erklärt werden kann. Der Kerngedanke der ressourcenbasierten Theorie, die das Unternehmen als Ressourcenkombination auffasst, ist, dass die Besonderheit von Produkten eines Unternehmens auf ihrer Ausstattung mit besonderen Ressourcen beruht.[220]

Prahalad und Hamel sahen bereits Anfang der Neunzigerjahre voraus, dass sich Unternehmen von ihrer Strategie der Diversifizierung, die sie während der zwanzig zuvor liegenden Jahre verfolgten, lossagen würden. Sie sollten sich von Geschäftsaktivitäten trennen, die nicht zu ihren Kernkompetenzen zählen und stattdessen Netzwerke ihrer Kernaktivitäten durch Integration und Ressourcentransfer schaffen, um Synergiepotenziale zu realisieren.[221] Man kann auch von einer Ausdehnung der Nutzenbeziehungen von strategischen Ressourcen sprechen. In den darauffolgenden

[220] Vgl. Mahoney/Pandian, Resource-based view, in: Strategic Management Journal 13 (5), 1992, S. 363 ff.; vgl. Peteraf, Cornerstones, in: Strategic Management Journal 14 (3), 1993, S. 179 ff.; vgl. Selznik, Leadership, 1957, vgl. Penrose, Growth, 1997.

[221] Vgl. Prahalad/Hamel, Kernkompetenzen, in: Harvard Business Manager 13 (2), 1991, S. 66 ff.

Jahren wurde die ressourcenbasierte Sichtweise weiterentwickelt.[222]

Fähigkeiten entstehen durch Ressourceneigenschaften beim Einsatz zur Verrichtung von Aufgaben und damit zur Stiftung von Nutzen. Fähigkeiten, die einem Unternehmen einen Wettbewerbsvorteil verschaffen, heißen strategische Fähigkeiten,[223] Kernfähigkeiten[224] oder Kernkompetenzen[225]. Die sie bildenden Ressourcen heißen strategische Ressourcen.

Voraussetzung für den Wettbewerbsvorteil ist, dass die Fähigkeit einen **erkennbaren Nutzen** stiftet, **knapp** ist und weitere im Folgenden zu besprechende Eigenschaften besitzt (schwierige Imitierbarkeit, Dauerhaftigkeit und schwierige Substituierbarkeit).[226]

Schwierige Imitierbarkeit kann darauf beruhen, dass nicht durchschaubar ist, aus welchen Ressourcen die Fähigkeit besteht. Die Zahl der beteiligten Ressourcen und die Komplexität der Verknüpfungen mindert in der Regel die Durchschaubarkeit. Fehlende Imitierbarkeit kann aber auch darauf beruhen, dass die benötigten Ressourcen nicht einfach repliziert werden können.

Die **Dauerhaftigkeit** setzt voraus, dass die Erosion materieller Ressourcen durch die Nutzung und immaterieller Ressourcen durch die Nichtnutzung verhindert wird. Da-

---

[222] Vgl. Bachmann, Synergie- und Nutzungspotenziale, 2001, S. 45-58; vgl. Barney, Firm Resources, in: Journal of Management 17 (1), 1991, S. 99 ff.; vgl. Barney, Resource-based Theory, in: Organization Science 7 (5), 1996, S. 469; vgl. Bürki, Denkmodell, 1996; vgl. Collis/Montgomery, Ressourcen, in: Harvard Business Manager 18 (2), 1996, S. 47 ff.; vgl. Conner, Thought, in: Journal of Management 17 (1), 1991, S. 121 ff.; vgl. Conner/Prahalad, Knowledge, in: Organization Science 7 (5), 1996, S. 477 ff.; vgl. Dierickx/Cool, Asset Stock, in: Management Science 35 (12), 1989, S. 1504 ff.; vgl. Foss, Resources, 2003; vgl. Grant, Competitive Advantage, in: California Management Review 33 (3), 1991, S. 114 ff.; vgl. Grant, Knowledge-based Theory, in: Strategic Management Journal 17, 1996, S. 109 ff.; vgl. Hall, Intangible Resources, in: Strategic Management Journal 13 (2), 1992, S. 135 ff.; vgl. Hamel/Heene, Competition, 1998; vgl. Hinterhuber, Unternehmensbewertung, 2002; vgl. Leonard-Barton, Core Capabilities, in: Strategic Management Journal 13 (5), 1992, S. 111 ff.; vgl. Mahoney/Pandian, Resource-based view, in: Strategic Management Journal 13 (5), 1992, S. 363 ff.; vgl. Nonaka/Takeuchi, Knowledge-creating Company, 1995; vgl. Oliver, Competitive Advantage, in: Strategic Management Journal 18 (9), 1997, S. 697 ff.; vgl. Peteraf, Cornerstones, in: Strategic Management Journal 14 (3), 1993, S. 179 ff.; vgl. Rasche, Kernkompetenzen, 1994; vgl. Robins/Wiersema, Multibusiness Firm, in: Strategic Management Journal 16 (4), 1995, S. 277 ff.; vgl. Rouse/Daellenbach, Perspective, in: Strategic Management Journal 20 (5), 1999, S. 487 ff.; vgl. Rühli, Ressourcenmanagement, in: Die Unternehmung 49 (2), 1995, S. 91 ff.; vgl. Sanchez/Heene, System-view, in: Sanchez/Heene/Thomas, Competence-based Competition, 1996, S. 39 ff.; vgl. Wernerfelt, Ten Years After, in: Strategic Management Journal 16 (3), 1995, S. 171 ff.; vgl. Werther/Kerr, Shifting Sands, in: Business Horizons 38 (3), 1995, S. 11 ff.; vgl. Yeoh/ Roth, Sustained Advantage, in: Strategic Management Journal 20 (7), 1999, S. 637 ff.

[223] Vgl. Lenz, Capability, in: Academy of Management Review 5 (2), 1980, S. 225 ff. (226).

[224] Vgl. Leonard-Barton, Core Capabilities, in: Strategic Management Journal 13 (5), 1992, S. 111 ff. (111).

[225] Vgl. Prahalad/Hamel, Kernkompetenzen, in: Harvard Business Manager 13 (2), 1991, S. 66 ff.

[226] Vgl. Rodermann, Synergiemanagement, 1999, S. 291-311.

her müssen abgenutzte materielle Ressourcen renoviert werden und Know-how immer wieder angewendet werden.

Fähigkeiten müssen auch **schwierig substituierbar** sein, um einem Wettbewerbsvorteil zu ermöglichen. Es sollten daher keine gleichwertigen Alternativen für die Bedürfnisbefriedigung bestehen.

Diese besonderen, insbesondere knappen strategischen Ressourcen wirken wettbewerbsbeschränkend und es kann Marktmacht auf Produkt- und Ressourcenmärkten entstehen. Denn im Extremfall existieren aufgrund der strategischen Ressourcen des Unternehmens keine konkurrierenden Anbieter bzw. Nachfrager. Dadurch ist eine Beeinflussung der Marktpreise von Produkten und Ressourcen des Unternehmens zugunsten des Unternehmens möglich. Produktkäufer bzw. Ressourcenverkäufer erhoffen sich (spätere) Vorteile, die nicht direkt aus erhaltenen Produkten bzw. finanziellen Mitteln resultieren, sondern aus den strategischen Ressourcen des Unternehmens (Nutzenausdehnung).

Aus ihrer Sicht profitieren sie von der Nutzenausdehnung strategischer Ressourcen des Unternehmens, wodurch diese Nutzenausdehnung aus Sicht des Eigentümers strategischer Ressourcen als Leistung aufgefasst werden kann. Als Ausfluss dieser erhöhten Leistung erhält das Unternehmen z. B. die Eigenschaft Cb des Mitarbeiters, der Mitarbeiter im Gegenzug subjektive Vorteile durch den Anschluss an strategische Ressourcen. Es gilt durch die Nutzenausdehnung der strategischen Ressourcen Leistungsänderung > Kostenänderung, was der Aussage Nettosynergie > 0 entspricht. Denn die strategischen Ressourcen werden durch die Ausdehnung nicht in höherer Menge verzehrt.

Aufgrund dieses Einflusses der strategischen Ressource auf die subjektive Wahrnehmung anderer Ressourceneigentümer steigt ihr Preis wie umgekehrt der Preis der Ressource sinkt, dessen Eigentümer dieser subjektiven Wahrnehmung unterliegt. Das heißt, der Eigentümer strategischer Ressourcen profitiert letztlich in voller Höhe von der Nettosynergie. Im Zusammenhang mit Akquisitionen spricht man daher von Nettosynergie für die Eigentümer des Akquisitionssubjekts bzw. Akquisitionsobjekts. Diese soll in den folgenden Kapiteln 2.6.4 und 2.6.5 weiter untersucht werden.

2.6.4 Erklärung von Wertsteigerung des Akquisitionssubjekts durch Nettosynergie

Es bleibt die Frage zu klären, wie die Gesamtnettosynergie des Synergiequaders in Nettosynergie für die Eigentümer des Akquisitionssubjekts und in Nettosynergie für die Eigentümer des Akquisitionsobjekts aufzuteilen ist. Entsprechend der bisherigen Erläuterungen sind Nettosynergien für die Eigentümer des Akquisitionssubjekts begründet, wenn sie durch Nutzenausdehnung der jeweils betrachteten strategischen Ressourcen im Eigentum des Akquisitionssubjekts entstehen und die Aufteilung hat entsprechend zu erfolgen.

Aus Vereinfachungsgründen wird beim Begriff der Nettosynergie häufig der Singular bevorzugt, auch wenn er sich auf die Integration vieler Ressourcen des Unternehmens bezieht. Nettosynergie eines Unternehmens ist dann die Summe der aus der Integration zahlreicher Ressourcen resultierenden Nettosynergien.

Eine wesentliche im Rahmen der empirischen Studie zu untersuchende Aussage ist, dass die Nettosynergie für die Eigentümer des Akquisitionssubjekts einen zu bestimmenden Prozentsatz des Werts des Akquisitionssubjekts darstellt (vgl. Kapitel 3.4.1). Da diese Nettosynergie als klein gegenüber dem Gesamtwert des Akquisitionssubjekts anzusehen ist, zumal nur wenige der in seinem Eigentum befindlichen Ressourcen eines Unternehmens strategisch sind, ist schließlich Folgendes zu erwarten: Die Nettosynergie für die Eigentümer des Akquisitionssubjekts ist begrenzt und die relative (d. h. auf den Wert des Akquisitionssubjekts bezogene) Nettosynergie stellt einen Wert wesentlich kleiner als 1 (100 %) dar. Dies wird in Kapitel 3.4.2 gezeigt.

2.6.5 Rational begründete Übernahmeprämie

Eine an die Eigentümer des Akquisitionsobjekts bezahlte Übernahmeprämie ist entsprechend als rational aufzufassen, wenn sie dem Teil der Gesamtnettosynergie entspricht, der durch strategische Ressourcen im Eigentum des Akquisitionsobjekts entsteht. Der Vorteil der Einführung der rationalen Übernahmeprämie liegt nicht zuletzt darin, dass sie eine rationale Zuordnung von Gesamtnettosynergie auf die Eigentümer des Akquisitionsobjekts ermöglicht. Es gilt damit Formel 5 für die Gesamtnettosynergie bzw. die Gesamtwertänderung von Akquisitionssubjekt und Akquisitionsobjekt.

Formel 5: Gesamtnettosynergie

$$\text{Gesamtwertänderung}_{S+O} = \text{Gesamtnettosynergie} = \text{Nettosynergie}_{S} + \text{Übernahmeprämie}_{rat.}$$

Quelle: Eigene Erstellung

Eine rationale Übernahmeprämie ist also dadurch gekennzeichnet, dass sie vollständig durch eine Erhöhung der Gesamtnettosynergie bzw. einer Gesamtwertänderung von Akquisitionssubjekt und Akquisitionsobjekt widergespiegelt wird. In der empirischen Studie ist zu zeigen, dass die üblicherweise gewährten Übernahmeprämien insofern tatsächlich nicht rational sind (vgl. Kapitel 3.3). Im Rahmen der Studie wird auch zu ermitteln sein, welcher Anteil der gegenwärtig bezahlten Übernahmeprämien als irrational zu bezeichnen ist (vgl. Kapitel 3.3.2). Auf die Entstehungsgründe dieser irrationalen Übernahmeprämien und die Folgen für die Wertänderung des Akquisitionssubjekts wird im folgenden Kapitel 2.7 eingegangen.

2.7 Irrationaler Teil der Übernahmeprämie als weitere Quelle negativer Wertänderung des Akquisitionssubjekts

2.7.1 Managerhypothese

Es existieren zwei Haupthypothesen, welche (irrational überhöhte) Übernahmeprämien als Ursachen des Wertverlusts von Akquisitionssubjekten behandeln: die Managerhypothese und die Prozesshypothese. Die Managerhypothese wird in diesem Kapitel, die Prozesshypothese in Kapitel 2.7.2 behandelt, bevor in Kapitel 2.7.3 ein weiterführendes Verständnis des Wertverlusts von Akquisitionssubjekten durch irrationale Übernahmeprämien entwickelt wird.

Die Managerhypothese besagt, dass das Ziel des Managements eines Unternehmens nicht die Unternehmenswertsteigerung für die Eigentümer, sondern die Maximierung der Interessen der Manager darstellt:[227] Die Maximierung ihres Gehalts, welches häufig stark mit der Unternehmensgröße korreliert, z. B. bei umsatzabhängigen Prämien, und die Steigerung ihres Einflusses und Ansehens stehen dabei im Vordergrund.[228] Eine Akquisition kann darüber hinaus als ein Versuch des Managements interpretiert werden, die Volatilität der Cashflows zu verringern. Dadurch kann die Konkurswahrscheinlichkeit des Unternehmens reduziert und dadurch das Risiko des eigenen Arbeitsplatzverlusts vermindert werden.[229] Diese Hypothese baut auf dem Principal-Agent-Problem[230] auf, welches auf die Trennung von Eigentum und Geschäftsleitung zurückzuführen ist. Die Managerhypothese erklärt damit einen Wertverlust für Eigentümer des Akquisitionssubjekts durch erfolgreiches Ausnutzen von Entscheidungsmöglichkeiten durch Manager, die insbesondere zu überhöhten Übernahmeprämien führen können, wenn Manager in der Akquisition eigene Vorteile sehen.

2.7.2 Prozesshypothese

Die Prozesshypothese baut auf der verhaltenswissenschaftlichen Entscheidungstheorie auf. Sie führt als wichtige Erklärungsgröße für das Entscheidungsverhalten von Individuen ihre begrenzte Kapazität zur Informationsverarbeitung an, weshalb sie nur begrenzt rational entscheiden können. Manager überschätzen danach ihre Fähigkeit, Kaufobjekte rational zu bewerten. Aufgrund dieser Überheblichkeit (Hybris-

[227] Vgl. Shleifer/Vishny, Management Entrenchment, in: Journal of Financial Economics 25 (1), 1989, S. 123 ff.

[228] Vgl. Firth, Corporate Takeovers, in: Managerial and Decision Economics 12 (6), 1991, S. 421 ff., vgl. Fowler/Schmidt, Determinants, in: Strategic Management Journal 10 (4), 1989, S. 339 ff., vgl. Mueller, Conglomerate Mergers, in: Quarterly Journal of Economics 83 (4), 1969, S. 643 ff.

[229] Vgl. Sautter, Unternehmensakquisitionen, 1989, S. 69; vgl. Schmidt/Schettler, Ziele, in: Zeitschrift Führung und Organisation 68 (6), 1999, S. 312 ff. (315).

[230] Vgl. Berle/Means, Modern Corporation, 1999.

Hypothese[231]) zahlen sie eine zu hohe Übernahmeprämie. Eingebettet in den Argumentationsgang der Arbeit werden Gesamtnettosynergien überschätzt (entweder Bruttosynergien überschätzt oder Dyssynergien unterschätzt bzw. ausgeblendet), dadurch eine hohe Übernahmeprämie gerechtfertigt und damit der Zuschlag für das Akquisitionsobjekt erhalten. Die Hybris-Hypothese kann daher als ein Spezialfall der Versteigerungstheorie betrachtet werden:[232] Das Verfahren der Käuferfindung bei Unternehmensakquisitionen kann als Versteigerung aufgefasst werden, in der der Höchstbietende am ehesten bereit ist, erhoffte Wertsteigerungen durch Gesamtnettosynergien von vornherein an die Eigentümer des Akquisitionsobjekts abzugeben und damit tendenziell zu teuer zu kaufen. Auch Commitment- und Reuegefühle können ihr Übriges tun. Die Entscheidungsregel „Wow! Greif zu!"[233], keine Gelegenheit verpassen zu wollen, kann zu Akquisitionsentscheidungen und nicht zuletzt zu überhöhten Übernahmeprämien führen. Die hohen finanziellen Anreize, die Investmentbanken für den Abschluss einer Transaktion erhalten, verführen diese dazu, das Volumen in die Höhe zu treiben[234] und Akquisitionen besonders vorteilhaft zu rechnen, indem sie Bruttosynergien überbewerten oder Dyssynergien unterbewerten bzw. unberücksichtigt lassen.

2.7.3 Veranschaulichung des Wertverlusts von Akquisitionssubjekten durch irrationale Übernahmeprämien

Aus dem in den Kapiteln 2.6.5, 2.7.1 und 2.7.2 Gesagten kann gefolgert werden, dass die bezahlte Übernahmeprämie in einen rationalen und einen irrationalen Teil aufgespalten werden kann. Zum empirischen Nachweis irrationaler Übernahmeprämien wird auf Kapitel 3.3 verwiesen.

Diese Irrationalität überhöhter Übernahmeprämien lässt sich aus der bis heute üblichen Ermittlung der Übernahmeprämie heraus verstehen: Abbildung 7 veranschaulicht das typische System der Gesamtnettosynergiebewertung und des Wertverlusts von Akquisitionssubjekten.

Das Akquisitionssubjekt gibt einen Teil der geschätzten Gesamtnettosynergie an das Akquisitionsobjekt ab, indem es eine Übernahmeprämie gewährt. Bei einem Bieterwettstreit von Akquisitionssubjekten erhält dasjenige Akquisitionssubjekt den Zuschlag, welches meint, in der Lage zu sein, die maximale Gesamtnettosynergie zu erzielen und dazu bereit ist, einen hohen Prozentsatz dieser erwarteten Gesamtnettosynergie an die Eigentümer des Akquisitionsobjekts abzugeben.

231 Vgl. Roll, Hubris Hypothesis, in: Journal of Business 59, 1986, S. 197 ff.

232 Vgl. Varaiya, Winner's Curse, in: Managerial and Decision Economics 9 (3), 1988, S. 209 ff.

233 Vgl. Janis, Crucial Decisions, 1989.

234 Vgl. Brooks, Game, 1987, S. 255.

Abbildung 7: Gesamtnettosynergiebewertung und Wertvernichtung bei Akquisitionen

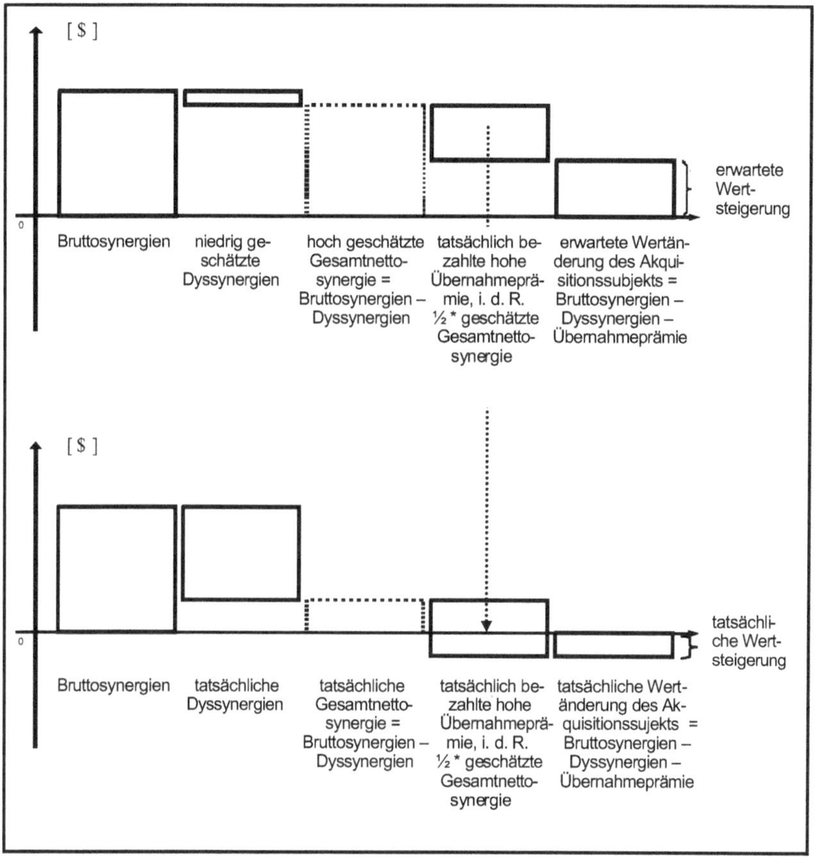

Quelle: Eigene Erstellung

Problematisch ist, dass daher häufig bereits zu Beginn der Synergiesuche feststeht, wie hoch die Gesamtnettosynergie sein muss, damit der Konkurrent durch eine höhere Übernahmeprämie ausgestochen werden kann. Es wird dann nach Informationen gesucht, die diese Gesamtnettosynergieschätzung belegen und widersprechende Informationen werden ausgeblendet. Es wird übersehen, dass z. B. zahlreichen Eigentümern von Ressourcen ein Ausgleich für die erforderliche Integration gewährt werden muss (vgl. Kapitel 2.6.3).

Indem typischerweise 50 %[235] der zu hoch geschätzten Gesamtnettosynergie als Übernahmeprämie gewährt wird, bleibt unberücksichtigt, ob das Akquisitionsobjekt strategische Ressourcen im Eigentum hat, wodurch erst eine Übernahmeprämie gerechtfertigt wäre. Das Problem ist also die Kopplung der Übernahmeprämie an die geschätzten Gesamtnettosynergien, wenn das akquirierende Unternehmen mit dieser Prognose, wie häufig, falsch liegt. Stellt sich in der Integrationsphase heraus, dass die tatsächlichen Gesamtnettosynergien niedriger liegen, kommt es zu einem Wertverlust des Akquisitionssubjekts aufgrund der irrationalen Übernahmeprämie.

2.8 Formelmäßige Erfassung der akquisitionsbedingten Wertänderung von Akquisitionssubjekten im Modell

Die bisher erhaltenen Modellaussagen zur akquisitionsbedingten Wertänderung von Akquisitionssubjekten werden in diesem Kapitel formelmäßig erfasst.

Setzt man Formel 5 in die allgemeine Formel 4 zur Berechnung der Wertänderung des Akquisitionssubjekts ein, erhält man Formel 6.

Formel 6: Wertänderung des Akquisitionssubjekts II

$$\text{Wertänderung}_S = \text{Nettosynergie}_S + \text{Übernahmeprämie}_{rat.} - \text{Übernahmeprämie}$$

Quelle: Eigene Erstellung

Mit Übernahmeprämie = $\text{Übernahmeprämie}_{rat.}$ + $\text{Übernahmeprämie}_{irrat.}$ erhält man Formel 7.

Formel 7: Wertänderung des Akquisitionssubjekts III

$$\text{Wertänderung}_S = \text{Nettosynergie}_S - \text{Übernahmeprämie}_{irrat.}$$

Quelle: Eigene Erstellung

Wird nur eine rationale Übernahmeprämie bezahlt, d. h. $\text{Übernahmeprämie}_{irrat.} = 0$, erhält man Formel 8.

Formel 8: Wertänderung des Akquisitionssubjekts (rationale Übernahmeprämie)

$$\text{Wertänderung}_S = \text{Nettosynergie}_S$$

Quelle: Eigene Erstellung

Dies ist die Wertänderung des Akquisitionssubjekts im Synergiequadermodell (vgl. Kapitel 2.6.4). Die Nettosynergie für die Eigentümer des Akquisitionsobjekts im Synergiequadermodell erklärt entsprechend den rationalen Teil der Übernahmeprämie

[235] Vgl. Rodermann, Synergiemanagement, 1999, S. 213-218; vgl. Küting, Verbundeffekte, in: Betriebswirtschaftliche Forschung und Praxis 33 (2), 1981, S. 175 ff. (189).

(vgl. Kapitel 2.6.5). Es gilt also Formel 9.

Formel 9: Wertänderung des Akquisitionsobjekts (rationale Übernahmeprämie)

$$\text{Wertänderung}_O = \text{Nettosynergie}_O = \text{Übernahmeprämie}_{rat.}$$

Quelle: Eigene Erstellung

Eine darüber hinaus gewährte Übernahmeprämie ist rational nicht begründet und führt zu einer irrationalen Wertminderung des Akquisitionssubjekts und zu einer entsprechenden irrationalen Wertsteigerung des Akquisitionsobjekts. Die Wertänderung des Akquisitionssubjekts kann also allgemein durch die Nettosynergie für die Eigentümer des Akquisitionssubjekts abzüglich eines irrationalen Teils der Übernahmeprämie dargestellt werden (vgl. Formel 7). Die Wertänderung des Akquisitionsobjekts kann allgemein durch die Nettosynergie für die Eigentümer des Akquisitionsobjekts zuzüglich des irrationalen Teils der Übernahmeprämie dargestellt werden (vgl. Formel 10).

Formel 10: Wertänderung des Akquisitionsobjekts

$$\text{Wertänderung}_O = \text{Übernahmeprämie} = \text{Nettosynergie}_O + \text{Übernahmeprämie}_{irrat.}$$

Quelle: Eigene Erstellung

Berücksichtigt man schließlich die Aussage des Modells in Kapitel 2.6.4, dass die relative Nettosynergie für die Eigentümer des Akquisitionssubjekts mit guter Näherung als Konstante angesehen werden kann, erwartet man folgende Bestimmungsmöglichkeit der akquisitionsbedingten relativen Wertänderung des Akquisitionssubjekts in Formel 11. Zum Erhalt dieser Formel dividiert man Formel 7 durch den Wert des Akquisitionssubjekts, um die relative Nettosynergie des Akquisitionssubjekts als konstantes Absolutglied b zu erhalten.

Formel 11: Relative Wertänderung des Akquisitionssubjekts I

$$(\text{relative Wertänderung}_S) = b - (\text{relative Übernahmeprämie}_{irrat.})$$
$$\text{Mit } b = \text{relative Nettosynergie}_S = \text{konstant und } 0 < b < 1$$

Quelle: Eigene Erstellung

Der irrationale Teil der Übernahmeprämie macht einen Teil der Gesamtübernahmeprämie aus. Durch die Beschreibung des Verhältnisses von irrationalem Teil der Übernahmeprämie zur Gesamtübernahmeprämie als Konstante $a^{\#}$ gemäß Formel 12 wird der Vorstellung Rechnung getragen, dass die Eigentümer des Akquisitionsobjekts mit einem bestimmten Vielfachen der rationalen Übernahmeprämie in Form einer irrationalen Übernahmeprämie begünstigt werden. Man erkennt dies, indem man Formel 12 in Formel 13 umformt.

Formel 12: Konstantes Verhältnis irrationaler Teil der Übernahmeprämie zu Gesamtübernahmeprämie

$$(\text{relative Übernahmeprämie}_{\text{irrat.}}) / (\text{relative Übernahmeprämie}) = a^{\#}$$
$$\text{mit } a^{\#} = \text{konstant und } 0 < a^{\#} < 1$$

Quelle: Eigene Erstellung

Formel 13: Konstantes Verhältnis irrationaler zu rationaler Teil der Übernahmeprämie

$$(\text{relative Übernahmeprämie}_{\text{irrat.}}) / (\text{relative Übernahmepämie}_{\text{rat.}}) = a^{\#} / (1 - a^{\#}) = \text{konstant}$$

Quelle: Eigene Erstellung

Einsetzen von Formel 12 in Formel 11 liefert Formel 14.

Formel 14: Relative Wertänderung des Akquisitionssubjekts II

$$(\text{relative Wertänderung}_S) = b - a^{\#} * (\text{relative Übernahmeprämie}) \text{ mit } 0 < a^{\#} < 1 \text{ und } 0 < b < 1$$

Quelle: Eigene Erstellung

Zieht man schließlich das Minuszeichen in den Faktor $a^{\#}$, um die Regression in Kapitel 3.2 standardgemäß durchführen zu können, erhält man Formel 15 und man erwartet für a einen negativen Wert, der aber größer als -1 ist.

Formel 15: Relative Wertänderung des Akquisitionssubjekts III

$$(\text{relative Wertänderung}_S) = b + a * (\text{relative Übernahmeprämie}) \text{ mit } -1 < a < 0 \text{ und } 0 < b < 1$$

Quelle: Eigene Erstellung

B repräsentiert dabei eine relative, also auf den Wert des Akquisitionssubjekts bezogene Wertänderung des Akquisitionssubjekts; -a repräsentiert den Anteil der Übernahmeprämie, der irrational im Sinne des Modells ist, an der Gesamtübernahmeprämie. Im Sonderfall a = 0 würde eine rationale Übernahmeprämie gewährt.

Im Ergebnis kann das entwickelte Modell zur Bestimmung der relativen Wertänderung des Akquisitionssubjekts also in der Formel 15 verdichtet werden. Diese Formel wird in der Regressionsanalyse in Kapitel 3.2 herangezogen und insbesondere untersucht, ob sie ein hohes Bestimmtheitsmaß besitzt. Die theoretischen Modellaussagen können dann empirisch bestätigt werden.

2.9 Zusammenfassung von Kapitel 2

In Kapitel 2 wurde ein Modell zur Bestimmung der Wertänderung (Marktwertänderung des Eigenkapitals) von Akquisitionssubjekten entwickelt. Ausgegangen wurde von den in der Literatur genannten Hauptmotivtheorien für Unternehmensakquisitionen und geprüft, inwieweit sie eine Bedeutung für die Erklärung der Wertänderung von Akquisitionssubjekten haben. Nach Ablehnung der Unterbewertungshypothese als Erklärungsansatz für die Wertänderung von Akquisitionssubjekten wurden Synergien als wertbeeinflussend erkannt und die Gesamtnettosynergie als einzige Quelle für die akquisitionsbedingte Wertsteigerung von Akquisitionssubjekt und Akquisitionsobjekt beschrieben.

Im entwickelten Synergiequadermodell betrachtet man die neu gestalteten Leistungsprozesse, die neu gestaltete Beschaffung von Finanzmitteln und die veränderte Marktmacht eines Unternehmens sowie die Produkte und Ressourcen dieser Prozesse. Diese sind die Betriebsmittel und Werkstoffe, Arbeit, Finanzmittel und die Marktmacht. Es wurden Beispiele für Bruttosynergien und Dyssynergien gegeben, die diesen Bereichen zugeordnet werden können. Leistungssteigerungen und Grundkostensenkungen stellen z. B. Ertragsbruttosynergien und Aufwandsbruttosynergien dar, die in der ersten Dimension aufgetragen werden. Leistungssenkungen und Grundkostensteigerungen stellen z. B. Ertragsdyssynergien und Aufwandsdyssynergien dar, die in der zweiten Dimension aufgetragen werden. Die Differenzen stellen Gesamtnettosynergien dar, die in der dritten Dimension aufgetragen werden. Aus dem Synergiequader lässt sich durch Addition sämtlicher z-Achsenabschnitte, die durch Prozesspunkte gebildet werden, die Gesamtnettosynergie der Akquisition bestimmen, welche der Gesamtwertänderung von Akquisitionssubjekt und Akquisitionsobjekt entspricht.

Es konnte anhand des ressourcenbasierten Ansatzes des strategischen Managements gezeigt werden, dass durch die Nutzenausdehnung strategischer Ressourcen im Eigentum des Unternehmens ein integrationsbedingter Gewinn (positive Gesamtnettosynergie) zu erwarten ist. Entsprechend sind Nettosynergien für die Eigentümer des Akquisitionssubjekts bzw. Akquisitionsobjekts begründet, wenn sich die sie erzeugenden strategischen Ressourcen im Eigentum des Akquisitionssubjekts bzw. Akquisitionsobjekts befinden und die Aufteilung der Gesamtnettosynergie hat entsprechend zu erfolgen.

Es wurde erwartet, dass die Nettosynergie für die Eigentümer des Akquisitionssubjekts nur einen Teil des Werts des Akquisitionssubjekts ausmacht. Da diese Nettosynergie als klein gegenüber dem Gesamtwert des Akquisitionssubjekts anzusehen ist, zumal nur wenige der in seinem Eigentum befindlichen Ressourcen eines Unternehmens strategisch sind, ist schließlich zu erwarten, dass die Nettosynergie für die Eigentümer des Akquisitionssubjekts begrenzt ist und die relative (d. h. auf den Wert des Akquisitionssubjekts bezogene) Nettosynergie einen Wert wesentlich kleiner als 1 (100 %) darstellt.

Nettosynergien durch strategische Ressourcen im Eigentum des Akquisitionsobjekts werden entsprechend durch eine rational begründete Übernahmeprämie ausgeglichen. Darüber hinausgehende Übernahmeprämien sind als irrational zu bezeichnen und beeinflussen die Wertänderung des Akquisitionssubjekts zusätzlich negativ. Diese irrationalen Übernahmeprämien werden durch die Managerhypothese und die Prozesshypothese erklärt.

Im Ergebnis wurde das entwickelte Modell in der folgenden Formel zur Bestimmung der relativen Wertänderung des Akquisitionssubjekts verdichtet:

$$\text{(relative Wertänderung}_S\text{)} = b + a * \text{(relative Übernahmeprämie)}$$
$$\text{mit } -1 < a < 0 \text{ und } 0 < b < 1$$

3 Empirische Untersuchung

3.1 Stichprobe

Als Stichprobe wurden die aus der „Securities Data Corporation-Datenbank (SDC) Worldwide Mergers & Acquisitions" im „Mergers & Acquisions Report" verzeichneten US-amerikanischen Akquisitionen des Zeitraums September 2001 bis Dezember 2003 verwendet, die die folgenden acht Kriterien erfüllten. Die „Mergers & Acquisions Reports" wurden über die „Business Source Premier Datenbank" über „Ebsco Host" erhalten.

- Das Akquisitionsobjekt wurde an amerikanischen Börsen gehandelt. Die Überlegung hinter dieser Bedingung ist, dass nur solche Akquisitionsobjekte für die Untersuchung verwendbar sind, für die eine bekannte Übernahmeprämie bezahlt wurde. Die Übernahmeprämie wurde aus dem Preis einer Aktie, der für das Unternehmen vom Akquisitionssubjekt bezahlt wurde und der den SDC-Daten entnommen wurde, minus dem Börsenkurs einen Tag vor der Ankündigung der Akquisition berechnet. Einbezogene Handelsplätze waren NASDAQ, NYSE und AMEX.

- Das Akquisitionssubjekt wurde zum Akquisitionszeitpunkt an amerikanischen Börsen (NASDAQ, NYSE oder AMEX) gehandelt. Der Grund für diese Einschränkung ist, dass in der empirischen Studie die akquisitionsbedingte Wertänderung des Akquisitionssubjekts herangezogen wurde, welche aus der Veränderung des Börsenkurses des Akquisitionssubjekts aufgrund der Ankündigung (Schlusskurse der Aktie einen Handelstag vor und nach der Ankündigung) bestimmt wurde.

- Der Wert des Akquisitionsobjekts musste mindestens 50 Millionen US$ betragen. Der Grund dafür ist, dass durch das Erfordernis einer Mindestgröße der Ausschluss strategisch wenig relevanter Akquisitionen erfolgen sollte. Mit anderen Worten sollten nur solche Akquisitionsobjekte in die empirische Studie einbezogen werden, die einen bestimmten Mindestwert an Ressourcen einbringen, durch deren Integration Synergien erzielt werden können. Eng damit zusammen hängt auch die nächste Bedingung:

- Der Wert des Akquisitionsobjekts musste mindestens 10 % des Marktwerts des akquirierenden Unternehmens ausmachen. Diese Bedingung sollte dazu führen, dass nur Akquisitionen einbezogen werden, die für das Akquisitionssubjekt eine strategische Mindestrelevanz besitzen. Da die Heranziehung der Mindestgröße im Sinne einer absoluten Größe im Sinne der vorhergehenden Bedingung bei wertmäßig großen Akquisitionssubjekten die strategische Mindestrelevanz nicht alleine sicherstellen kann, wurde diese zusätzliche Bedingung gefordert. Die Aussagekraft der empirischen Studie erhöht sich dadurch, dass Akquisitionen, deren Volumina im Vergleich zum Wert des akquirierenden Unternehmens irrelevant sind, ausgeschlossen werden.

- Der Wert des Akquisitionsobjekts durfte andererseits nicht größer als der Wert des Akquisitionssubjekts sein. Denn in diesen Fällen kann nicht sinnvoll begründet werden, warum das Akquisitionsobjekt in das Akquisitionssubjekt zu integrieren ist.
- Das Akquisitionsobjekt musste in einem Schritt zu 100 % erworben werden. Diese Bedingung stellte sicher, dass nicht durch frühere Teilerwerbe bereits gemeinsame Ressourcennutzungen zur Synergieerzielung realisiert wurden, wodurch die Ergebnisse der Untersuchung verzerrt worden wären.
- Außerdem wurden solche Akquisitionen ausgeschlossen, bei denen das Akquisitionssubjekt eine Investorengruppe, eine Investmentholding, ein Hedge-Fund, eine Private Equity- oder eine Venture Capital-Firma war. Denn in diesen Fällen ist davon auszugehen, dass keine Synergierealisierung erreicht werden sollte. Aus diesem Grund wurden auch bankrotte Akquisitionsobjekte ausgeschlossen.
- Die Ankündigung der Akquisition musste in einem Stadium erfolgen, in dem sich das Akquisitionssubjekt und das Akquisitionsobjekt bereits über die Transaktion geeinigt hatten, was durch die Begriffe „agreed" bzw. „definitely agreed" in der SDC-Datenbank ausgedrückt wurde. Dadurch wurden nur solche Akquisitionen einbezogen, bei denen der Kapitalmarkt mit hinreichender Sicherheit vom Zustandekommen der Akquisition ausgehen konnte und damit tatsächlich eine vollständige Antizipation der Wertänderung erfolgte.

Die endgültige Stichprobe umfasste 63 Unternehmensakquisitionen aus 2 Jahren und 4 Monaten. Im Anhang ist die vollständige Stichprobe aller Akquisitionsobjekte und Akquisitionssubjekte sowie das Datum der Ankündigung aufgeführt. Die für die Durchführung der Regressionsanalyse notwendigen Daten sind ebenfalls angegeben. Somit gibt der Anhang unter anderem Auskunft über

- den jeweiligen Wert des Akquisitionssubjekts und des Akquisitionsobjekts,
- den Kaufpreis des Akquisitionsobjekts pro Aktie,
- den Aktienkurs des Akquisitionsobjekts einen Tag vor der Ankündigung der Akquisition,
- den Aktienkurs des Akquisitionssubjekts einen Tag vor und einen Tag nach der Ankündigung der Akquisition,
- die ausgegebenen Aktien des Akquisitionssubjekts sowie
- den Stand des S&P 500-Aktienindexes einen Tag vor und einen Tag nach der Ankündigung der Akquisition.

3.2 Regressionsanalyse zur Bestimmung der relativen Wertänderung des Akquisitionssubjekts aus der Höhe der relativen Übernahmeprämie

3.2.1 Grundlagen der Regressionsanalyse

Entsprechend früheren Untersuchungen zur Performance akquirierender Unternehmen wird eine Schätzung der Modellparameter verwendet, die auf der Methode der kleinsten Quadrate basiert.[236] Die empirischen Regressionskoeffizienten der Gleichung $y = a * x + b$ werden mithilfe des Programms Microsoft Excel aus den Daten der Stichprobe ermittelt. Man erhält dadurch die Schätzer a^* und b^* für die Regressionskoeffizienten a und b der Grundgesamtheit.

Bei der Methode der kleinsten Quadrate wird eine Gerade gefunden, bei der die Summe der quadrierten Abstände der Punkte zur Geraden in der Vertikalen minimiert wird.[237] Als standardisiertes Maß der Anpassung eignet sich der Korrelationskoeffizient R, der einen Wert zwischen -1 und +1 annimmt und dabei mit dem Vorzeichen der Steigung der Regressionsgeraden versehen ist.

Das Bestimmtheitsmaß[238] R^2 als Quadrat des Korrelationskoeffizienten R nimmt Werte zwischen 0 und 1 an und es erklärt den Anteil der Streuung der abhängigen Variable y durch die lineare Abhängigkeit von der unabhängigen Variable x (d. h. erklärte Varianz / Gesamtvarianz). Ein Bestimmtheitsmaß $R^2 = 1$ bedeutet, dass die Regressionsfunktion die Werte vollständig erklärt, sich also allein durch die Funktion aus Werten der unabhängigen Variable die jeweiligen Werte der abhängigen Variable errechnen lassen. $R^2 = 1$ wird aber praktisch nie erreicht, da es immer noch andere Faktoren (auch den Zufall) gibt, die einen Einfluss auf die abhängige Variable haben. Es gibt keinen allgemein verwendeten Grenzwert, ab dem eine Lösung akzeptiert oder abgelehnt wird. In komplizierten Fällen begnügt man sich auch mit einem relativ kleinen Bestimmtheitsmaß R^2, wenn etwa dem Zufall ein größeres Gewicht beigemessen wird.

3.2.2 Die unabhängige Variable x (relative Übernahmeprämie)

In der Finanzwirtschaft und der Strategieforschung verbreitet ist die Methode, die Übernahmeprämie als die marktbereinigte Veränderung des Börsenkurses des Akquisitionsobjekts von einem Tag vor auf einen Tag nach der Ankündigung der Akquisition (Ankündigungseffekt beim Akquisitionsobjekt) zu berechnen.[239] Vorzugswürdiger erscheint aber für die vorliegende Arbeit, statt des Börsenkurses am Tag nach der Akquisition bei Verfügbarkeit den tatsächlich vom Akquisitionssubjekt bezahlten

[236] Vgl. Sirower, Synergieeffekt, 2001, S. 152 ff.

[237] Vgl. Bohley, Statistik, 2000, S. 205-216; vgl. Franz, Statistik, 1991, S. 40-42.

[238] Vgl. Schönfeld, Regressions- und Varianzanalyse, 1982, S. 46.

[239] Vgl. Mergerstat-Datenbank (http://www.mergerstat.com, letzter Zugriff: 10.07.2006); vgl. Sirower, Synergieeffekt, 2001, S. 157.

Kaufpreis pro Aktie ($Aktienkaufpreis_O$) heranzuziehen. Wenngleich die beiden Preise häufig nahe beieinanderliegen, so ist der tatsächlich bezahlte Preis ein direkteres Maß zur Bestimmung der Übernahmeprämie. Daher wurde die Übernahmeprämie als Differenz aus bezahltem Preis pro Aktie ($Aktienkaufpreis_O$) und dem Aktienpreis des Akquisitionsobjekts einen Tag vor der Ankündigung der Akquisition ($Aktienkurs_{OV}$) berechnet. Um die gesamte Übernahmeprämie zu erhalten, wurde das Ergebnis mit der Zahl der ausgegebenen Aktien des Akquisitionsobjekts multipliziert. Die Zahl der Aktien wurde durch Division aus dem Gesamtwert des Akquisitionsobjekts ($Wert_O$) und dem bezahltem Preis pro Aktie ($Aktienkaufpreis_O$) berechnet. Dadurch konnte die Zahl der Aktien zum Zeitpunkt der Transaktion bestimmt werden.

Die Übernahmeprämie wurde entsprechend Formel 15 aufgrund der Überlegungen in Kapitel 2.8 durch den Wert des Akquisitionssubjekts am Tag vor der Ankündigung der Akquisition dividiert. Der Wert des Akquisitionssubjekts wurde aus dem Produkt des Schlusskurses des Börsenkurses des Akquisitionssubjekts am letzten Handelstag vor der Ankündigung ($Aktienkurs_{SV}$) und der Gesamtzahl der ausgegebenen Aktien des Akquisitionssubjekts ($Aktienzahl_S$) berechnet.

Der Zeitpunkt der Ankündigung der Übernahme wurde der „SDC Worldwide Mergers & Acquisitions"-Datensammlung, wie sie im „Mergers & Acquisitions Report" veröffentlicht wird, entnommen.

Der Aktienkurs des Akquisitionsobjekts einen Tag vor der Ankündigung der Akquisition ($Aktienkurs_{OV}$) wurde der Thomson-Financial-Datenbank[240] zur Bestimmung der Übernahmeprämien entnommen. Es wurden jeweils Tagesschlusskurse verwendet. Der vom Akquisitionssubjekt bezahlte Preis des Akquisitionsobjekts ($Aktienkaufpreis_O$) wurde der SDC-Datensammlung entnommen, ebenso der bezahlte Gesamtwert des Akquisitionsobjekts ($Wert_O$).

Der Aktienkurs des Akquisitionssubjekts einen Tag vor der Ankündigung wurde ebenfalls der Thomson-Financial-Datenbank entnommen. Die Zahl der ausgegebenen Aktien des Akquisitionssubjekts wurde, je nach Verfügbarkeit, der Thomson-Financial-Datenbank, der Yahoo-Finance-Datenbank[241] oder dem Jahresbericht des Unternehmens im entsprechenden Jahr entnommen. Eventuelle Aktiensplits wurden berücksichtigt.

Die Wertänderungen des Akquisitionsobjekts wurden nicht durch den S&P 500-Index marktbereinigt, da der Wert inklusive Übernahmeprämie ($Aktienkaufpreis_O$) am Aktienkurs des Tags vor der Ankündigung ausgerichtet ist und damit keine Korrekturen erforderlich sind.

Als Ergebnis erhält man die bezahlte Übernahmeprämie bezogen auf den Wert des

[240] Zugänglich über http://www.wallstreet-online.de (letzter Zugriff: 19.07. 2006).

[241] Zugänglich über http://finance.yahoo.com/l (letzter Zugriff: 19.07.2006).

Akquisitionssubjekts wie in Formel 16 dargestellt.

Formel 16: Relative Übernahmeprämie (für die Regressionsanalyse)

$$(\text{relative Übernahmeprämie}) = (\text{Wert}_O / \text{Aktienkaufpreis}_O) * (\text{Aktienkaufpreis}_O - \text{Aktienkurs}_{Ov}) / (\text{Aktienkurs}_{Sv} * \text{Aktienzahl}_S)$$

mit den Indizes O „Akquisitionsobjekt", S „Akquisitionssubjekt" und v „vor der Ankündigung"

Quelle: Eigene Erstellung

3.2.3 Die abhängige Variable y (relative Wertänderung des Akquisitionssubjekts)

Die akquisitionsbedingte relative Wertänderung des Akquisitionssubjekts wird entsprechend Formel 15 aufgrund der Überlegungen in Kapitel 2.8 in der Regression als abhängige Variable verwendet.

Zur Bestimmung der relativen Wertänderung des Akquisitionssubjekts wurde die Veränderung des Aktienkurses innerhalb des Zeitraums von einem Tag vor der Ankündigung auf einen Tag nach der Ankündigung der Übernahme herangezogen. Gegen die Verwendung des Ankündigungseffekts für die langfristige Wertänderung des Akquisitionssubjekts könnte vorgebracht werden, dass kurzfristige Marktreaktionen langfristige Entwicklungen des Unternehmens nicht zuverlässig abbilden würden. Untersuchungen Sirowers beweisen aber, dass hohe Korrelationen zwischen kurzfristigen Wertänderungen und langfristigen Ergebnissen bestehen.[242] Die Verwendung des Ankündigungseffekts als Maß für die langfristige Wertänderung aufgrund der Akquisition hat noch weitere Vorteile:

- Sie stimmt mit dem Modell der effizienten Kapitalmärkte überein, nach dem sämtliche Informationen sofort in den Aktienkurs einfließen, wobei die künftigen Gewinne und Cashflows aufgrund dieser Information geschätzt werden und sich sofort im Börsenwert niederschlagen (vgl. Kapitel 1.7.5). Bei Verwendung eines Börsenkurses lange Zeit nach der Ankündigung (z. B. mehrere Jahre) zur Beurteilung der Wertänderung werden bis zu diesem Zeitpunkt die gesamten in der Zukunft liegenden, mit dem Unternehmen in Zusammenhang stehenden Nachrichten einbezogen, obwohl sie möglicherweise mit der Akquisition und erwarteten Integration gar nichts zu tun haben.
- Auch sei darauf hingewiesen, dass Börsenwerte den traditionellen buchhalterischen Größen wie etwa dem Return on Equity (ROE) überlegen sind, da ein größeres Vertrauen in die Bewertung eines Unternehmens durch den Markt als durch manipulierbare buchhalterische Größen zu setzten ist.
- Die Heranziehung buchhalterischer Größen ist auch immer mit einer Ex-post-

[242] Vgl. Sirower, Synergieeffekt, 2001, S. 236-239.

Sichtweise verknüpft. Die Vorgehensweise im Rahmen der vorliegenden Studie sollte aber aus einer Ex-ante-Sicht einen möglichen negativen Einfluss der Höhe der Übernahmeprämie auf die Wertänderung des Akquisitionssubjekts untersuchen.

Um dem Einwand zu begegnen, die Entwicklung des Marktpreises des Akquisitionssubjekts um das Ankündigungsdatum herum könnte auf Veränderungen des Gesamtmarkts beruhen, müssen marktbereinigte, in Prozent angegebene relative Wertänderungen des Akquisitionssubjekts $BRWÄ_{S,2}$ vom Schlusskurs des Handelstags vor Ankündigung auf den Schlusskurs des Handelstags nach Ankündigung verwendet werden. Zu diesem Zweck wurde die Differenz aus der in Prozent ausgedrückten unbereinigten relativen Wertänderung des Akquisitionssubjekts $URWÄ_{S,2}$ und der in Prozent ausgedrückten relativen Wertänderung des S&P 500-Indexes $RWÄ_{S\&P\ 500,2}$ im Zeitraum dieser zwei Handelstage gebildet. Somit wurde die marktbereinigte relative Wertänderung des Akquisitionssubjekts innerhalb dieser zwei Handelstage erhalten ($BRWÄ_{S,2}$, vgl. Formel 17). Zur Klarstellung sei bemerkt, dass der im bisherigen Argumentationsgang der Arbeit verwendete Terminus „relative Wertänderung des Akquisitionssubjekts“ $BRWÄ_{S,2}$ entspricht. Auch im weiteren Fortgang der Arbeit wird aus Gründen der Übersichtlichkeit meist lediglich von „relativer Wertänderung des Akquisitionssubjekts“ gesprochen.

Formel 17: Marktbereinigung

$$BRWÄ_{S,2} = URWÄ_{S,2} - RWÄ_{S\&P\ 500,2}$$

Quelle: Eigene Erstellung

Der Aktienkurs einen Tag vor ($Aktienkurs_{Sv}$) und einen Tag nach der Ankündigung ($Aktienkurs_{Sn}$) der Akquisition wurde der Thomson-Financial-Datenbank[243] entnommen. Die Werte des S&P 500-Indexes am Tag vor Ankündigung der Akquisition ($Indexpreis_v$) und am Tag nach Ankündigung der Akquisition ($Indexpreis_n$) wurden über Yahoo-Finance erhalten. Es wurden jeweils Tagesschlusskurse verwendet.

Als Ergebnis erhält man als Variable y die relative Wertänderung des Akquisitionssubjekts wie in Formel 18 dargestellt.

Formel 18: Relative Wertänderung des Akquisitionssubjekts IV (für die Regressionsanalyse)

$$(\text{relative Wertänderung}_S) = (Aktienkurs_{Sn} / Aktienkurs_{Sv}) - (Indexpreis_n / Indexpreis_v)$$

Quelle: Eigene Erstellung

[243] Zugänglich über http://www.wallstreet-online.de (letzter Zugriff: 19.07. 2006).

3.2.4 Ergebnis der Regressionsanalyse

Setzt man Formel 16 und Formel 18 in Formel 15 ein, wird diese wie in Formel 19 angegeben konkretisiert.

Formel 19: Gleichung für die Regressionsanalyse

$$(\text{Aktienkurs}_{Sn} / \text{Aktienkurs}_{Sv}) - (\text{Indexpreis}_n / \text{Indexpreis}_v) = b + a * (\text{Wert}_O / \text{Aktienkaufpreis}_O) * (\text{Aktienkaufpreis}_O - \text{Aktienkurs}_{Ov}) / (\text{Aktienkurs}_{Sv} * \text{Aktienzahl}_S)$$

Quelle: Eigene Erstellung

Im Anhang können die so berechneten Werte der relativen Übernahmeprämie und der relativen Wertänderung des Akquisitionssubjekts entnommen werden. Die Angabe des Wertverhältnisses dient der Überprüfung der vierten und fünften Voraussetzung in Kapitel 3.1.

Aus den 63 Beobachtungen erhält man in der Linearregression a* = -0,691599654 und b* = 0,012282105. Das Bestimmtheitsmaß ist R^2 = 0,317951909. Der Korrelationskoeffizient ist R = -0,563872245, womit eine für Einvariablenbeziehungen in den Wirtschaftswissenschaften hohe negative Korrelation vorliegt und die relative Wertänderung des Akquisitionssubjekts gut durch Formel 20 beschrieben werden kann.

Formel 20: Relative Wertänderung des Akquisitionssubjekts V (Ergebnis der Regressionsanalyse)

$$(\text{relative Wertänderung}_S) = 0{,}012 - 0{,}692 * (\text{relative Übernahmeprämie})$$

Quelle: Eigene Erstellung

Man kann mithilfe der Formel 20 aus der bezahlten Übernahmeprämie die Veränderung des Börsenkurses des Akquisitionssubjekts im Sinne eines Erwartungswerts vom Schlusskurs des Börsenhandelstags vor der Ankündigung der Akquisition zum Schlusskurs des Börsenhandelstags nach der Ankündigung voraussagen.

Dazu ist die absolute Übernahmeprämie als Differenz des Kaufpreises und des Börsenwerts des Akquisitionssubjekts am Tag vor der Akquisitionsankündigung zu berechnen. Diese Übernahmeprämie ist durch den Gesamtwert des Akquisitionssubjekts zu dividieren, mit 0,692 zu multiplizieren und von 0,012 zu subtrahieren. Dazu addiert man das Verhältnis des Indexpreises nach der Ankündigung zum Indexpreis vor der Ankündigung. Das Ergebnis dieser Berechnung ist mit dem Aktienkurs des Akquisitionssubjekts am Tag vor der Ankündigung zu multiplizieren. Daraus erhält man den erwarteten Börsenwert einer Aktie des Akquisitionssubjekts zum Schlusskurs des Tags nach der Akquisitionsankündigung.

Abbildung 8 zeigt die Stichprobenpunkte und die Regressionsgerade.

Abbildung 8: Stichprobenpunkte und Regressionsgerade zur relativen Wertänderung des Akquisitionssubjekts

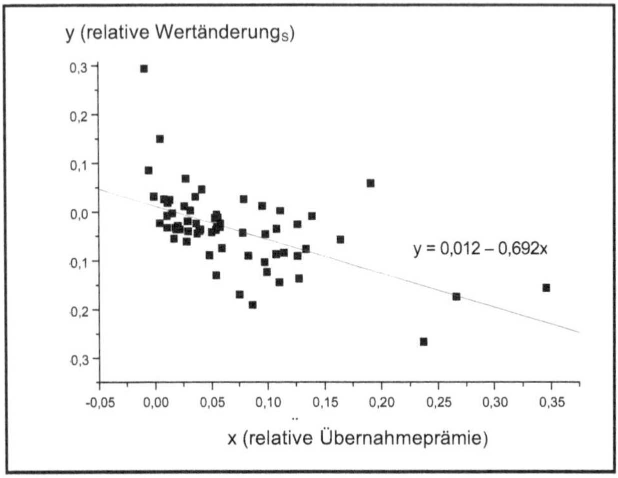

Quelle: Eigene Erstellung

Im folgenden Kapitel 3.2.5 kann die allgemeine Bedingung angegeben werden, unter der ein Wertverlust des Akquisitionssubjekts zu erwarten ist.

3.2.5 Bestimmung der kritischen Höhe der Übernahmeprämie (Wertverlust des Akquisitionssubjekts)

Es lässt sich erklären, dass bei Unternehmensakquisitionen ab einer bestimmten kritischen Übernahmeprämie keine Wertsteigerung des Akquisitionssubjekts zu erwarten ist. Diese kritische Höhe lässt sich bezogen auf den Wert des Akquisitionssubjekts nach folgender Formel 21 bestimmen.

Formel 21: Kritische Höhe der Übernahmeprämie

(relative Wertänderung$_S$) = 0,012 – 0,692 * (relative Übernahmeprämie)$_K$ < 0,
also: (relative Übernahmeprämie)$_K$ > 0,017 mit dem Index k „kritisch“

Quelle: Eigene Erstellung

Danach kann erwartet werden, dass ein Akquisitionssubjekt, welches eine höhere Übernahmeprämie als 1,7 % des eigenen Unternehmenswerts gewährt, keine Unternehmenswertsteigerung durch die Akquisition erzielen kann.

3.3 Statistische Hypothesentestung (H_1: a < 0)

3.3.1 Grundüberlegung des statistischen Testens

Die untersuchten Unternehmensakquisitionen stellen einen Ausschnitt aus der Grundgesamtheit dar. Gelingt es, in dieser Stichprobe bestimmte Beziehungen zwischen Variablen festzustellen, so schließt sich unmittelbar folgende Frage an: Ist der identifizierte Zusammenhang nur zufälliger Natur und der Zusammenhang damit in der Grundgesamtheit nicht existent und lediglich durch Auswahlverzerrungen vorgetäuscht oder ist der identifizierte Zusammenhang repräsentativ, d. h. auch für die Grundgesamtheit gültig. Diese Absicherung vor zufallsbedingten Ergebnissen in der Stichprobe erfolgt durch das statistische Testen mithilfe von Signifikanztests.

Unter statistischem Testen[244] versteht man die Überprüfung vermuteter Zusammenhänge (einer Hypothese) über die Ausprägung einer Variablen der Grundgesamtheit. Signifikanztests sind das statistische Werkzeug, mit dem geprüft wird, ob die aus der Stichprobe gewonnenen Aussagen auf die Grundgesamtheit übertragbar sind.

3.3.2 Hypothese

In Kapitel 2.7.3 wurde das Ergebnis erhalten, dass bei Akquisitionen irrationale Übernahmeprämien erwartet werden, was einem Wert von a < 0 in Formel 15 entspricht. Im Rahmen der Regressionsanalyse wird gemäß Formel 12 (mit $a^{\#*} = -a^* = 0{,}692$) als Ergebnis erhalten, dass 69,2 % des Werts der gegenwärtig bezahlten Übernahmeprämien irrational im Sinne des Modells sind. Anders ausgedrückt werden gemäß Formel 13 224,7 % der rational begründeten Übernahmeprämie zusätzlich als irrationale Übernahmeprämie bezahlt (0,692 / (1 – 0,692)). Insbesondere ist a* < 0, wie erwartet wurde. Das Ergebnis soll aber statistisch getestet werden, da es sich bei dem in der Regressionsanalyse ermittelten Koeffizienten a* lediglich um einen Schätzer für den Koeffizienten a der Grundgesamtheit handelt.

Aufgrund einer statistischen Hypothesentestung ist also im Folgenden zu prüfen, ob die Modellaussage a < 0 verifiziert werden kann, wodurch die Irrationalität der gegenwärtig gewährten Übernahmeprämien im Sinne der Kapitel 2.7.3 und 2.8 gezeigt wäre (vgl. Formel 15). Bei a = 0 wäre von einer empirisch bestätigten rationalen Übernahmeprämie im Sinne der Kapitel 2.6.5 und 2.8 auszugehen (vgl. Formel 15). Für a > 0 wäre das Modell widerlegt, da „irrationale Übernahmeprämien" den Wert des Akquisitionssubjekts erhöhen könnten, was entsprechend der entwickelten Modellaussagen gemäß Kapitel 2.8 gerade nicht möglich ist.

Es soll folgende Frage beantwortet werden: Ist die relative Übernahmeprämie negativ korreliert mit der akquisitionsbedingten relativen Wertänderung des Akquisitionssubjekts (a < 0)?

244 Vgl. Neubauer/Bellgardt/Behr, Statistische Methoden, 2002, S. 259 f.

Sollte eine negative Korrelation zwischen der relativen Übernahmeprämie und der relativen Wertänderung des Akquisitionssubjekts bestehen, so wäre die Geeignetheit der Übernahmeprämie bezogen auf den Wert des Akquisitionssubjekts zur Vorhersage der relativen Wertänderung des Akquisitionssubjekts statistisch gesichert und die Gewährung einer irrationalen Übernahmeprämie im Sinne des entwickelten Modells gezeigt.

3.3.3 Auswahl der Testfunktion

Die Regressionsanalyse in Kapitel 3.2 ergab, dass ein negativ linearer Zusammenhang zwischen der relativen Übernahmeprämie und der relativen Wertänderung des Akquisitionssubjekts zu erwarten ist, da der Regressionskoeffizient a* negativ ist. Zur Frage, ob dies auch für die Grundgesamtheit aller Akquisitionen gilt, muss ein statistischer Test durchgeführt werden. Die Prüfung eines einzelnen Regressionskoeffizienten erfolgt mithilfe des t-Tests. Das Prüfmaß ist in Formel 22 angegeben.

Formel 22: Prüfmaß des t-Tests

$$t = (a^* - a) / \sigma_{a^*}$$

Quelle: In Anlehnung an: Gruber, Ökonometrie 1, 1993, S. 123

Dabei ist a^* der in Kapitel 3.2.4 ermittelte Schätzer für a; a ist in der Formel gleich 0 zu setzen, da zu prüfen ist, ob a kleiner als 0 ist.

Es gilt $\sigma_{a^*}^2 = \sigma_u^2$ * (dem rechten unteren Element der geschätzten inversen Varianz-Kovarianzmatrix).

Dabei ist σ_u^2 die geschätzte Varianz der Störvariablen und

$\sigma_u^2 = T * s_{yy} * (1 - R^2) / (T - K)$.[245]

Dabei ist $s_{yy} = ((\Sigma\, y^2) / T) - ((\Sigma\, y) / T)^2$.[246]

Das Prüfmaß ist t-verteilt mit T – K Freiheitsgraden, wobei T die Anzahl der Stichprobenelemente (63) ist und K = 2 wegen der Linearitätsannahme gilt. R^2 ist das Bestimmtheitsmaß.

3.3.4 Festlegung der Testhypothesen H_0 und H_1

Zum statistischen Testen wird das Gegenteil des zu beweisenden Sachverhaltes, die Nullhypothese H_0, also die Annahme, dass a >= 0 ist, herangezogen. Das Ziel besteht dann darin, diese Nullhypothese zu widerlegen, sodass die Alternativhypothese

[245] Gemäß Gruber, Ökonometrie 1, 1993, S. 69 f., ist σ_u^2 = u'u / (T – K) und gemäß Schönfeld, Regressions- und Varianzanalyse, 1982, S. 95, ist u'u = T * s_{yy} * (1 – R^2).

[246] Vgl. Schönfeld, Regressions- und Varianzanalyse, 1982, S. 39.

H_1, also die Annahme, dass a < 0 ist, angenommen werden kann. Entsprechend der Denkschule des kritischen Rationalismus[247] versucht man also, gültige Aussagen durch Falsifizierung zu gewinnen.[248]

3.3.5 Festlegung des Signifikanzniveaus

Vor Beginn des statistischen Testens muss ein Signifikanzniveau α festgelegt werden. Dadurch wird das Risiko festgelegt, mit dem die Alternativhypothese H_1, also a < 0, angenommen wird und folglich die Nullhypothese H_0, also a >= 0, abgelehnt wird, obwohl in Wirklichkeit a >= 0 in der Grundgesamtheit gilt. Damit wird das Risiko beschrieben, einen Fehler erster Art zu begehen, also das Risiko, a < 0 in der Grundgesamtheit fälschlicherweise anzunehmen, weil die Nullhypothese H_0 fälschlicherweise abgelehnt wird. α wird daher auch als Irrtumswahrscheinlichkeit bezeichnet. Um dieses Fehlerrisiko klein zu halten, möchte man möglichst kleine α-Werte. Das Problem der Forderung kleiner Werte von α ist allerdings, dass damit das Risiko eines Fehlers zweiter Art ansteigt. Dieser bezeichnet das Risiko, eine abzulehnende Nullhypothese H_0: a >= 0 (es gilt eigentlich a < 0 in der Grundgesamtheit) nicht abzulehnen und damit dieses a < 0 in der Grundgesamtheit letztlich nicht zu erkennen.

Bei der Durchführung von Signifikanztests ist es wichtiger, einen Fehler erster Art zu vermeiden als einen Fehler zweiter Art.[249] Denn es ist wichtiger, nicht fälschlicherweise a < 0 in der Grundgesamtheit anzunehmen als ein tatsächlich in der Grundgesamtheit vorliegendes a < 0 nicht zu erkennen. Man wählt daher kleine α-Werte, um mit hoher Sicherheit vom Vorhandensein eines Zusammenhangs der Variablen in der Stichprobe auf das Vorhandensein eines Zusammenhangs der Variablen in der Grundgesamtheit schließen zu können. Wird z. B. H_0 mit α = 0,000001 abgelehnt und damit H_1 angenommen, so geht man ein Risiko von 0,0001 % ein, fälschlicherweise a < 0 in der Grundgesamtheit anzunehmen; a < 0 kann dann mit einer Wahrscheinlichkeit von 99,9999 % als sicher angesehen werden. Dieses Signifikanzniveau α = 0,000001 soll im Rahmen der Hypothesentestung in dieser Arbeit verwendet werden.

3.3.6 Bestimmung des Verwerfungsbereichs

Der Verwerfungsbereich für H_0 ergibt sich, indem das vor dem Test festgelegte Signifikanzniveau mittels des dem t-Test zugrunde liegenden Rechenalgorithmus in einen bestimmten Soll-Wert der t-Test-spezifischen Größe umgerechnet wird. Diese

---

247 Vgl. Popper, Logik, 2005; vgl. Lingnau, Kritischer Rationalismus, in: Wirtschaftswissenschaftliches Studium 24 (3), 1995, S. 124 ff.

248 Vgl. Bark, Integrationscontrolling, 2002; S. 95-99; vgl. Chmielewicz, Forschungskonzeptionen, 1994, S. 90 ff.

249 Vgl. Schira, Methoden, 2005, S. 475.

Umrechnung kann EDV-gestützt oder mithilfe von Tabellen vorgenommen werden, wie sie in zahlreichen Statistiklehrbüchern gefunden werden.[250]

Bei einer Irrtumswahrscheinlichkeit α lautet der Bereich, in dem H_0: a >= 0 abgelehnt werden kann und H_1: a < 0 daher angenommen werden kann (vgl. Formel 23):[251]

Formel 23: Verwerfungsbereich der Nullhypothese des t-Tests

$$t < -t(2\alpha, T - K);\ \text{für } \alpha = 0{,}000001,\ T = 63,\ K = 2 \text{ also } t < -t(0{,}000002,\ 61)$$

Quelle: Eigene Erstellung

3.3.7 Entscheidung über die Hypothese im vorliegenden Fall

Das Prüfmaß wird als Ist-Wert auf Grundlage des empirischen Materials errechnet und darauf untersucht, ob es im ermittelten Verwerfungsbereich liegt oder nicht. Im ersten Fall wird H_0 verworfen und H_1 angenommen, im zweiten Fall wird H_0 beibehalten.

Das Prüfmaß ist gemäß Formel 22 mit a = 0: $t = a^* / \sigma_{a^*}$.

Dabei ist a^* der in Kapitel 3.2.4 ermittelte Schätzer für a, also $a^* = -0{,}691599654$.

Gemäß Kapitel 3.3.3 gilt $\sigma_{a^*}^2 = \sigma_u^2$ * (dem rechten unteren Element der geschätzten inversen Varianz-Kovarianzmatrix) und $\sigma_u^2 = T * s_{yy} * (1 - R^2) / (T - K)$.

$s_{yy} = ((\Sigma\, y^2) / T) - ((\Sigma\, y) / T)^2$, angewandt auf die Beobachtungsreihe:
$s_{yy} = 0{,}007821002 - (-0{,}03563698)^2 = 0{,}006551008$.

Damit gilt: $\sigma_u^2 = 63 * 0{,}006551008 * (0{,}682048091 / 61) = 0{,}004614598$. Dabei wurde gemäß Kapitel 3.2.4 $R^2 = 0{,}317951909$ und gemäß Kapitel 3.3.3 T = 63 sowie K = 2 gesetzt.

Die geschätzte Varianz-Kovarianz-Matrix wurde aus den beobachteten Daten ermittelt und lautet[252]:

$$\begin{bmatrix} 63 & 4{,}36510094 \\ 4{,}36510094 & 0{,}57679337 \end{bmatrix}$$

Die Inverse[253] der geschätzten Varianz-Kovarianz-Matrix lautet also:

$$\begin{bmatrix} 0{,}57679337/17{,}28387609 & -4{,}36510094/17{,}28387609 \\ -4{,}36510094/17{,}28387609 & 63/17{,}28387609 \end{bmatrix}$$

250 Vgl. beispielsweise Schönfeld, Regressions- und Varianzanalyse, 1982, Beiheft oder Bamberg/ Baur, Statistik, 2002, S. 320 f.

251 Vgl. Gruber, Ökonometrie 1, 1993, S. 124.

252 Vgl. Gruber, Ökonometrie 1, 1993, S. 59 f.

253 Vgl. Gruber, Ökonometrie 1, 1993, S. 60 f.

Das rechte untere Element der geschätzten inversen Varianz-Kovarianzmatrix ist also 3,645015717.

Also ist σ_{a^*} = (0,004614598 * 3,645015717)^{0,5} = 0,129693031 und

t = -0,691599654/0,129693031 = -5,332589181.[254]

Das Prüfmaß t beträgt also -5,332589181. Der t-Tabellenwert wird über die Funktion TINV des Programms Microsoft Excel erhalten.

Man führt einen einseitigen t-Test mit dem Signifikanzniveau α = 0,000001 durch. Für den einseitigen t-Test ist der t-Tabellenwert -t(2α, 61), also -t(0,000002, 61), und er beträgt -5,25445718. Damit ist die folgende Entscheidung über die Hypothese des t-Tests möglich.

-5,332589181 = t < -t(0,000002, 61) = -5,25445718

Also kann die Nullhypothese H_0: a >= 0 abgelehnt werden und die Alternativhypothese H_1: a < 0 ist mit 99,9999%iger Wahrscheinlichkeit wahr.

Damit kann eine hoch signifikant negative Beziehung zwischen der relativen Übernahmeprämie und der relativen Wertänderung des Akquisitionssubjekts angenommen werden. Damit wurde eine deutliche Bestätigung für die Hypothese gefunden, dass die akquisitionsbedingte relative Wertänderung eines Akquisitionssubjekts negativ mit der relativen Übernahmeprämie korreliert ist und Übernahmeprämien im Sinne des Modells einen irrationalen Teil enthalten.

3.4 Statistische Aussagen bezüglich des Absolutglieds

3.4.1 Interpretation des Absolutglieds

Als weiteres Ergebnis der Regressionsanalyse kann festgehalten werden, dass das Absolutglied b, wie in Kapitel 2.6.4 erwartet wurde, tatsächlich vom Wert des Akquisitionssubjekts abhängig ist, denn es stellt bei hohem Bestimmtheitsmaß der Regression (R^2 = 0,318, vgl. Kapitel 3.2.4) eine auf diesen Wert bezogene Konstante dar. Das Absolutglied b = 0,012 kann im Sinne des Modells als die Nettosynergie für die Eigentümer des Akquisitionssubjekts bezogen auf den Wert des Akquisitionssubjekts interpretiert werden (vgl. Formel 11).

Möchte man der Argumentation zur Bedeutung des Absolutglieds als relativer Nettosynergie für die Eigentümer des Akquisitionssubjekts nicht folgen, so kann das Absolutglied allgemeiner als maximale Wertsteigerung des Akquisitionssubjekts interpretiert werden. D. h. im durch die Regression beschriebenen irrationalen Fall (a < 0) kann durch eine Übernahmeprämie von null ein Maximum an Wertsteigerung des Akquisitionssubjekts entstehen, welches 1,2 % des Werts des Akquisitionssubjekts

[254] Vgl. für das Vorgehen der Berechnungen Schönfeld, Regressions- und Varianzanalyse, 1982, S. 37 ff.

im Sinne eines Erwartungswerts beträgt.

Aufgrund der Bedeutung des Absolutglieds interessiert dessen obere Grenze, welche im folgenden Kapitel 3.4.2 ermittelt wird.

3.4.2 Bestimmung der oberen Grenze des Absolutglieds

Die obere Grenze, die der Erwartungswert für das Absolutglied b mit 99,9999%iger Wahrscheinlichkeit nicht überschreitet, lässt sich nach Formel 24 bestimmen.

Formel 24: Obere Grenze des Absolutglieds (Signifikanzniveau α = 0,000001)

$$b < b^* + t(0{,}000002, 61) * \sigma_{b^*}$$

Quelle: In Anlehnung an: Gruber, Ökonometrie 1, 1993, S. 100

Dabei gilt b* = 0,012282105 und t(0,000002, 61) = 5,25445718.

σ_{b^*} ist (σ_u^2 * (dem linken oberen Element der Inverse der geschätzten Varianz-Kovarianzmatrix))^{0,5} mit σ_u^2 = 0,004614598 gemäß Kapitel 3.3.7.

Daraus folgt:

$\sigma_{b^*} = (0{,}004614598 * 0{,}57679337 / 17{,}28387609)^{0,5} = 0{,}012409563$.

Damit kann die obere Grenze des Erwartungswerts der Nettosynergien für das Akquisitionssubjekt abgeleitet werden:

$\underline{b <}\, 0{,}012282105 + 5{,}25445718 * 0{,}012409563 = \underline{0{,}077487622}$.

Anschaulich bedeutet das, dass mit 99,9999%iger Wahrscheinlichkeit die Nettosynergie für die Eigentümer des Akquisitionssubjekts auf 7,8 % des Werts des Akquisitionssubjekts begrenzt ist. Insbesondere ist der Wert mit b < 0,078 wesentlich kleiner als eins. Diese Begrenzung wurde entsprechend Kapitel 2.6.4 erwartet.

3.5 Beschränkungen

Die durchgeführte empirische Untersuchung zur Vorhersage der Wertänderung von akquirierenden Unternehmen weist einige Beschränkungen auf:

- Die Untersuchung bedient sich nur öffentlich zugänglicher Daten, indem sie Akquisitionen öffentlich gehandelter Unternehmen in den USA verwendet. Die Verwendung US-amerikanischer Akquisitionsdaten hängt damit zusammen, dass vergleichbare Daten öffentlich gehandelter Unternehmen in Europa kaum zugänglich sind. Für US-amerikanische Akquisitionen nicht öffentlich gehandelter Unternehmen gilt Ähnliches. Daraus folgt, dass Akquisitionen von Unternehmen in Privatbesitz in diese Studie nicht einbezogen sind.
- Es werden ausschließlich Akquisitionen betrachtet, die ein Mindestvolumen von

50 Millionen US$ aufweisen sowie im Größenbereich 10 % bis 100 % des Werts des Akquisitionssubjekts liegen. Die Daten zur Mitberücksichtigung kleinerer Akquisitionen lagen einerseits nicht vor, andererseits wäre die strategische Relevanz dieser Akquisitionen infrage zu stellen. In den Fällen, in denen das Akquisitionsobjekt größer ist als das Akquisitionssubjekt, kann nicht sinnvoll begründet werden, warum das Akquisitionsobjekt in das Akquisitionssubjekt zu integrieren ist.

- Schließlich wird bei dieser Studie für die Untersuchung der Wertänderung des Akquisitionssubjekts die Veränderung der Marktkapitalisierung verwendet. Diese Messgröße reflektiert die Veränderungen im Wert des Unternehmens als Ergebnis der Veränderungen der Erwartungen an die künftige Performance. Seltener sind in der Akquisitionsforschung Untersuchungen, die eine bilanzielle Performance betrachtet haben. Hier könnte ein Betätigungsfeld für künftige empirische Studien liegen, wenngleich betont werden muss, dass bilanzielle Performancegrößen leicht manipulierbar sind, nicht separierbare akquisitionsfremde Beeinflussungen enthalten und daher weniger aussagekräftig sind als Börsenkursbewegungen (vgl. Kapitel 1.7.5).

3.6 Praktische Konsequenzen

Das Ziel der vorliegenden Analyse war der Wunsch, die akquisitionsbedingte Wertänderung von Akquisitionssubjekten modellhaft abzubilden und damit Faktoren zu finden, die diese Wertänderung determinieren. Es konnte eine lineare Beziehung gefunden werden, die diese relative Wertänderung mit guter Näherung aus der relativen Übernahmeprämie abbildet (vgl. Kapitel 3.2.4).

Im Unterschied zur Untersuchung von Sirower wurden die Übernahmeprämien nicht auf den Wert des Akquisitionsobjekts bezogen,[255] sondern auf den Wert des Akquisitionssubjekts. Dies wurde aus den theoretischen Erwägungen in Kapitel 2 hergeleitet: Die Nettosynergie, die den Eigentümern des Akquisitionssubjekts zufließen kann, ist vom Wert ihres Eigentums abhängig. Deshalb war die ursprüngliche Beziehung zwischen der Wertänderung des Akquisitionssubjekts und der Übernahmeprämie durch diesen Wert zu dividieren, um größenabhängige Effekte zu vermeiden (vgl. Formel 11).

Der Vorteil des Bezugs auf den Wert des Akquisitionssubjekts ist auch unmittelbar einsichtig, da ein wertmäßig großes Akquisitionssubjekt mit einer bestimmten Übernahmeprämie besser zurechtkommen wird als ein kleines Akquisitionssubjekt. Entsprechend fällt die prozentuale Wertänderung des großen Akquisitionssubjekts geringer aus. Ein Großunternehmen mit einem Börsenwert von 10 Milliarden US$, welches ein kleineres Unternehmen mit einem Börsenwert von 1 Milliarde US$ erwirbt

[255] Vgl. Sirower, Synergieeffekt, 2001, S. 157.

und eine Übernahmeprämie von 50 % bezahlt (also 500 Millionen US$), wird nach Sirowers Regression den gleichen Effekt auf den Börsenwert hinzunehmen haben wie beim Erwerb eines Unternehmens mit einem Börsenwert von 10 Milliarden US$, bei dem eine Übernahmeprämie von 50 % (also 5 Milliarden US$) bezahlt wird.

Es konnte der negative Einfluss der relativen Übernahmeprämie auf die akquisitionsbedingte relative Wertsteigerung des Akquisitionssubjekts hoch signifikant (t = -5,333) empirisch belegt werden (vgl. Kapitel 3.3). Daraus wurde die Modellaussage bestätigt, dass irrationale Übernahmeprämien bezahlt werden (vgl. Kapitel 2.7.3 und 2.8). Als praktische Konsequenz kann daraus abgeleitet werden, dass die derzeit gewährten Übernahmeprämien rational nicht begründet sind bzw. Übernahmeprämien niedrig zu halten sind, um die Chance auf eine erfolgreiche Akquisition zu erhöhen.

Das Absolutglied der Regressionsanalyse konnte in Übereinstimmung mit den Modellaussagen in Kapitel 2.6.4 und 2.8 als relative Nettosynergie für die Eigentümer des Akquisitionssubjekts interpretiert werden. Aufgrund des hohen Bestimmtheitsmaßes der Regression (R^2 = 0,318, vgl. Kapitel 3.2.4) konnte die gemäß Kapitel 2.6.4 vom Modell erwartete Konstanz bestätigt werden (vgl. Kapitel 3.4.1). Schließlich wurde die obere Grenze von b mit b << 1, wie vom Modell vorhergesagt wurde (vgl. Kapitel 2.6.4), empirisch bestätigt (vgl. Kapitel 3.4.2). Als praktische Konsequenz steht die Erkenntnis, dass Nettosynergien für die Eigentümer des Akquisitionssubjekts auf einen bestimmten, geringen Prozentsatz (7,8 %) des Werts des Akquisitionssubjekts begrenzt sind. Der Erwartungswert liegt bei lediglich 1,2 %, weshalb die gängigen Erwartungen bezüglich der Nettosynergien für Akquisitionssubjekte deutlich zu reduzieren sind. Aus den Ergebnissen lassen sich weitere Beobachtungen der Unternehmenspraxis erklären:

Feindliche Übernahmen sind für das Akquisitionssubjekt häufig weniger erfolgreich als freundliche Übernahmen, da im ersten Fall häufig höhere relative Übernahmeprämien bezahlt werden.[256]

Es kann auch erklärt werden, dass der Erwerb eines großen Unternehmens im Vergleich zum eigenen Unternehmenswert eine verminderte Erwartung einer Unternehmenswertsteigerung mit sich bringt:[257] Wird z. B. bei einem Akquisitionsobjekt, welches 50 % des Werts des Akquisitionssubjekts besitzt, eine Übernahmeprämie von 10 % bezogen auf den Wert des Akquisitionsobjekts bezahlt, so macht dies 5 % des Werts des Akquisitionssubjekts aus und ein positiver Akquisitionserfolg ist gemäß Formel 21 nicht zu erwarten. Wird dagegen bei einem Unternehmen, welches 10 % des Werts des Akquisitionssubjekts besitzt, eine Übernahmeprämie von 10 % bezo-

[256] Vgl. Sirower, Synergieeffekt, 2001, S. 259 f.

[257] Vgl. Sirower, Synergieeffekt, 2001, S. 261.

gen auf den Wert des Akquisitionsobjekts bezahlt, so macht dies 1 % des Werts des Akquisitionssubjekts aus und ein positiver Akquisitionserfolg ist gemäß Formel 21 zu erwarten.

Empirische Studien konnten bisher allgemein weniger als 10 % der Varianz der Wertänderung akquirierender Unternehmen erklären, stellte Sirower fest.[258] Haspeslagh und Jemison behaupteten sogar, über Akquisitionen im Allgemeinen kann nichts gesagt oder erfahren werden.[259] Barney schlussfolgerte, dass erfolgreich bietende Unternehmen ganz einfach Glück hätten.[260] Es wäre nicht zufriedenstellend, wenn dies die einzige Erkenntnis wäre, die zur Erklärung der hohen Misserfolgsquoten bei Unternehmensakquisitionen herangezogen werden könnte. Im Rahmen der Arbeit gelang es, zur Lösung dieser Problematik beizutragen, indem relative Übernahmeprämien als bestimmender Faktor für den Akquisitionserfolg von Akquisitionssubjekten verstanden werden. Danach kann durch eine einzige Variable empirisch bestätigt 31,8 % der Varianz der akquisitionsbedingten relativen Wertänderung von Akquisitionssubjekten erklärt werden.

Manager akquirierender Unternehmen können die Chancen auf eine erfolgreiche Akquisition erhöhen, indem sie erkennen, dass Nettosynergien nur sehr begrenzt erzielt werden können. Die Erniedrigung der gebotenen Übernahmeprämie in Abhängigkeit der durch strategische Ressourcen im Eigentum des Akquisitionsobjekts erzeugten Nettosynergie wird zwar dazu führen, dass manche Akquisition nicht getätigt wird. Die unter Beachtung der dargestellten Zusammenhänge durchgeführten Akquisitionen lassen aber tatsächliche Wertsteigerungen des Akquisitionssubjekts erwarten. Damit wird die Aussage Lubatkins, der die Ursache für das Scheitern von Akquisitionen darin sieht, dass Managern Fehler unterlaufen könnten und sie das falsche Unternehmen zum falschen Preis kauften,[261] durch ein empirisch untermauertes synergie- und übernahmeprämiebasiertes Modell konkretisiert.

3.7 Zusammenfassung von Kapitel 3

Für die empirische Untersuchung wurden 63 US-amerikanische Akquisitionen des Zeitraums September 2001 bis Dezember 2003 herangezogen. Es konnte mithilfe einer Linearregression eine Beziehung zwischen relativer Übernahmeprämie und akquisitionsbedingter marktbereinigter relativer Wertänderung des Akquisitionssubjekts mit hohem Bestimmtheitsmaß ($R^2 = 0{,}318$) erhalten werden:

$$(\text{relative Wertänderung}_S) = 0{,}012 - 0{,}692 * (\text{relative Übernahmeprämie})$$

[258] Vgl. Sirower, Synergieeffekt, 2001, S. 220.

[259] Vgl. Haspeslagh/Jemison, Acquisitions, in: Sloan Management Review 28 (2), 1987, S. 53 ff. (55).

[260] Vgl. Barney, Returns, in: Strategic Management Journal 9, 1988, S. 71 ff.

[261] Vgl. Lubatkin, Mergers, in: Academy of Management Review 8 (2), 1983, S. 218 ff.

Es konnte erklärt werden, dass bei Unternehmensakquisitionen ab einer bestimmten kritischen Höhe der Übernahmeprämie nicht mehr mit einer Wertsteigerung des Akquisitionssubjekts gerechnet werden kann. Diese kritische Höhe der Übernahmeprämie liegt bei 1,7 % des Werts des Akquisitionssubjekts.

Die weiteren empirischen Untersuchungen konnten die theoretisch abgeleiteten Aussagen des Modells in Kapitel 2 belegen:

Die relative Übernahmeprämie besitzt einen hoch signifikant negativen Einfluss (t = -5,333) auf die akquisitionsbedingte relative Wertsteigerung des Akquisitionssubjekts. Dieses Ergebnis bestätigte die Zahlung irrationaler Übernahmeprämien im Sinne des Modells. Der irrationale Teil der gegenwärtig üblicherweise bezahlten Übernahmeprämien beträgt 69,2 % der gesamten Übernahmeprämie bzw. 224,7 % der rational begründeten Übernahmeprämie im Sinne eines Erwartungswerts. Das Absolutglied bzw. die relative Übernahmeprämie kann tatsächlich mit guter Näherung als Konstante angesehen werden. Die relative Nettosynergie für die Eigentümer des Akquisitionssubjekts hat einen Erwartungswert von 1,2 % des Werts des Akquisitionssubjekts und ist auf 7,8 % dieses Werts mit 99,9999%iger Wahrscheinlichkeit begrenzt.

4 Anwendung der Ergebnisse der empirischen Studie auf aktuelle Unternehmensakquisitionen

4.1 Bedeutung des Kapitels

In Kapitel 4 sollen die Ergebnisse der empirischen Studie aus Kapitel 3 auf aktuelle Akquisitionen angewendet werden. Da diese Akquisitionen nach Abschluss der Studie durchgeführt wurden, kann damit festgestellt werden, inwieweit die Resultate der empirischen Studie auf zukünftige Akquisitionen angewendet werden können und diese zu prognostisch relevanten Aussagen führen. Dies ist insbesondere daher interessant, da die nun untersuchten jüngsten Akquisitionen von Juli 2006 bis Juli 2007 in einen Zeitraum haussierender Börsen mit einer ausgeprägten Akquisitionstätigkeit fallen, während der Zeitraum September 2001 bis Dezember 2003, auf den sich die Studie in Kapitel 3 bezieht, von einer negativeren Börsenstimmung mit nur eingeschränkter Akquisitionstätigkeit bestimmt war. Insbesondere ist dabei von Interesse, welche Ergebnisse die durch die Regressionsanalyse erhaltene Beziehung zwischen marktbereinigter relativer Wertänderung des Akquisitionssubjekts und relativer Übernahmeprämie (Formel 20) in diesem geänderten Umfeld liefert. Zu diesem Zweck werden die Akquisitionen des Zeitraums Juli 2006 bis Juli 2007 in Kapitel 4.3 einzeln untersucht. In Kapitel 4.4.1 wird dann die Prognosequalität des Modells zusammenfassend geprüft. In Kapitel 4.4.2 wird schließlich untersucht, welche Performance durch Handelsstrategien erzielt werden können, die sich die Ergebnisse des Modells zunutze machen, indem diejenigen Akquisitionssubjekte leerverkauft werden, für die hohe negative marktbereinigte relative Wertänderungen aufgrund des Modells vorhergesagt werden.

4.2 Stichprobe und Datenmaterial

Als Stichprobe wurden die aus der „Securities Data Corporation-Datenbank (SDC) Worldwide Mergers & Acquisitions" im „Mergers & Acquisions Report" verzeichneten US-amerikanischen Akquisitionen des Zeitraums Juli 2006 bis Juli 2007 verwendet, die die in Kapitel 3.1 dargestellten acht Kriterien erfüllten. Somit wird gewährleistet, dass die Ausschlusskriterien der empirischen Studie mit denen der nun durchgeführten Untersuchungen übereinstimmen. Die Überlegungen, die hinter diesen Ausschlusskriterien stehen, wurden in Kapitel 3.1 dargestellt und haben auch für die nun folgenden Untersuchungen Gültigkeit.

Die endgültige Stichprobe umfasst nun 38 Unternehmensakquisitionen aus 13 Monaten. Es handelt sich dabei um die aktuellsten Akquisitionsdaten, die zum Zeitpunkt der Fertigstellung dieser Untersuchung zugänglich waren. Im folgenden Kapitel 4.3 werden die vollständige Stichprobe aller Akquisitionsobjekte und Akquisitionssubjekte samt Tickersymbolen, die jeweiligen Börsen, an denen der Handel stattfand, die Hauptgeschäftsfelder sowie das Datum der Akquisitionsankündigung aufgeführt.

Die für die Bestimmung der erwarteten marktbereinigten relativen Wertänderung des Akquisitionssubjekts notwendigen Daten werden ebenfalls angegeben. Außerdem wird das Wertverhältnis von Akquisitionssubjekt zu Akquisitionsobjekt ermittelt, um dieses an den Ausschlusskriterien 4 und 5 in Kapitel 3.1 zu messen. Somit geben die einzelnen Unterkapitel des Kapitels 4.3 jeweils für die betrachteten Akquisitionen Auskunft über

- den Kaufpreis des Akquisitionsobjekts pro Aktie ($\text{Aktienkaufpreis}_{O}$),
- den Wert des Akquisitionsobjekts (Wert_{O}),
- den Aktienkurs des Akquisitionsobjekts einen Tag vor der Ankündigung der Akquisition (Aktienkurs_{Ov}),
- die ausgegebenen Aktien des Akquisitionssubjekts (Aktienzahl_{S}),
- den Wert des Akquisitionssubjekts,
- das Wertverhältnis von Akquisitionssubjekt zu Akquisitionsobjekt,
- den Stand des S&P 500-Aktienindexes einen Tag vor (Indexpreis_{v}) und einen Tag nach der Ankündigung der Akquisition (Indexpreis_{n}),
- den Aktienkurs des Akquisitionssubjekts einen Tag vor (Aktienkurs_{Sv}) und einen Tag nach der Ankündigung der Akquisition (Aktienkurs_{Sn}).

Der Zeitpunkt der Akquisitionsankündigung und die Hauptgeschäftsfelder von Akquisitionssubjekt und Akquisitionsobjekt wurden der „SDC Worldwide Mergers & Acquisitions"-Datensammlung, wie sie im „Mergers & Acquisitions Report" veröffentlicht wird, entnommen. Die Tickersymbole und die jeweiligen Börsen, an denen der Handel stattfand, wurden über die Homepage von Investorguide ermittelt.[262]

Der vom Akquisitionssubjekt bezahlte Preis des Akquisitionsobjekts ($\text{Aktienkaufpreis}_{O}$) wurde der SDC-Datensammlung entnommen, ebenso der bezahlte Gesamtwert des Akquisitionsobjekts (Wert_{O}).

Der Aktienkurs des Akquisitionsobjekts einen Tag vor der Ankündigung der Akquisition (Aktienkurs_{Ov}) wurde der Datenbank von Bigcharts[263] entnommen.

Die Zahl der ausgegebenen Aktien des Akquisitionssubjekts (Aktienzahl_{S}) wurde der Datenbank von Marketwatch[264] entnommen. Aus der Zahl der ausgegebenen Aktien und dem Aktienkurs des Akquisitionssubjekts am Tag vor der Ankündigung der Akquisition (Aktienkurs_{Sv}) konnte durch Multiplikation der Wert des Akquisitionssubjekts bestimmt werden. Nach Division durch den Wert des Akquisitionsobjekts konnte das

[262] Zugänglich über http://www.investorguide.com (letzter Zugriff: 06.09. 2007).

[263] Zugänglich über http://www.bigcharts.com (letzter Zugriff: 06.09.2007).

[264] Zugänglich über http://www.marketwatch.com (letzter Zugriff: 06.09. 2007).

Wertverhältnis von Akquisitionssubjekt zu Akquisitionsobjekt ermittelt werden.

Mit diesen Daten wird im nun folgenden Kapitel 4.3 die unabhängige Variable „relative Übernahmeprämie" gemäß Formel 16 und die erwartete marktbereinigte relative Wertänderung des Akquisitionssubjekts gemäß Formel 25 bestimmt.

Formel 25: Erwartete relative Wertänderung des Akquisitionssubjekts

$$((\text{Aktienkurs}_{Sn} / \text{Aktienkurs}_{Sv}) - (\text{Indexpreis}_n / \text{Indexpreis}_v))_{\text{erwartet}} =$$
$$0{,}012 - 0{,}692 * (\text{Wert}_O / \text{Aktienkaufpreis}_O) *$$
$$(\text{Aktienkaufpreis}_O - \text{Aktienkurs}_{Ov}) / (\text{Aktienkurs}_{Sv} * \text{Aktienzahl}_S)$$

mit den Indizes O „Akquisitionsobjekt", S „Akquisitionssubjekt",
v „vor der Ankündigung" und n „nach der Ankündigung"

Quelle: Eigene Erstellung

Diese wird der tatsächlichen marktbereinigten relativen Wertänderung des Akquisitionssubjekts

$$((\text{Aktienkurs}_{Sn} / \text{Aktienkurs}_{Sv}) - (\text{Indexpreis}_n / \text{Indexpreis}_v))_{\text{tatsächlich}}$$

(vgl. Formel 18) gegenübergestellt. Zur Berechnung wurde der Aktienkurs des Akquisitionssubjekts einen Tag vor (Aktienkurs_{Sv}) und einen Tag nach der Ankündigung der Akquisition (Aktienkurs_{Sn}) aus der Bigcharts-Datenbank verwendet. Die Werte des S&P 500-Indexes am Tag vor Ankündigung der Akquisition (Indexpreis_v) und am Tag nach Ankündigung der Akquisition (Indexpreis_n) lieferte Yahoo-Finance[265].

Es werden sowohl bei Aktienkursen als auch bei Indexwerten Tagesschlusskurse verwendet. In den Berechnungen werden jeweils die exakten Werte verwendet; in der Textdarstellung werden sie aber aus Gründen der Übersichtlichkeit gerundet.

Schließlich werden für jede Akquisition die erwartete und die tatsächliche marktbereinigte relative Wertänderung des Akquisitionssubjekts grafisch dargestellt. Diese Schaubilder erlauben einen Vergleich der betrachteten Akquisition mit den 63 Stichprobenpunkten der empirischen Studie hinsichtlich ihrer Vorhersagegüte.

4.3 Vorhersage der akquisitionsbedingten marktbereinigten relativen Wertänderung von 38 Akquisitionssubjekten anhand des Modells

4.3.1 Erwerb von Arrow International Inc. durch Teleflex Inc.

Am 23.07.2007 wurde die definitive Einigung zwischen Teleflex Inc. (NYSE: TFX) und Arrow International Inc. (NASDAQ: ARROW) verkündet, dass Teleflex Inc. (Akquisitionssubjekt) alle Aktien von Arrow International Inc. (Akquisitionsobjekt) erwirbt. Teleflex Inc. ist Hersteller von Operationsinstrumenten, Arrow International Inc. ist

[265] Zugänglich über http://finance.yahoo.com/l (letzter Zugriff: 06.09.2007).

Hersteller und Großhändler von medizinischen Geräten. Der Kaufpreis des Akquisitionsobjekts pro Aktie (Aktienkaufpreis$_O$) beträgt 45,50 US$, der bezahlte Gesamtwert des Akquisitionsobjekts (Wert$_O$) ist 2118,6 Mio. US$. Der Aktienkurs des Akquisitionsobjekts einen Tag vor der Ankündigung der Akquisition (Aktienkurs$_{Ov}$) beträgt 37,79 US$. Die Übernahmeprämie pro Aktie des Akquisitionsobjekts beträgt 7,71 US$, die Gesamtübernahmeprämie 359,0 Mio. US$. Die Zahl der ausgegebenen Aktien des Akquisitionssubjekts (Aktienzahl$_S$) beträgt 39,8 Mio., der Aktienkurs des Akquisitionssubjekts einen Tag vor der Akquisitionsankündigung (Aktienkurs$_{Sv}$) beträgt 85,30 US$. Der Wert des Akquisitionssubjekts ist 3391,5 Mio. US$. Das Wertverhältnis von Akquisitionssubjekt zu Akquisitionsobjekt ist 1,6. Gemäß Formel 16 beträgt die relative Übernahmeprämie 0,106. Gemäß Formel 25 beträgt die erwartete marktbereinigte relative Wertänderung des Akquisitionssubjekts -0,061. Die Werte des S&P 500-Indexes am Tag vor Ankündigung der Akquisition (Indexpreis$_v$) bzw. am Tag nach Ankündigung der Akquisition (Indexpreis$_n$) betragen 1534,10 bzw. 1511,04. Der Aktienkurs des Akquisitionssubjekts einen Tag nach der Ankündigung der Akquisition (Aktienkurs$_{Sn}$) beträgt 83,18 US$. Die tatsächliche marktbereinigte relative Wertänderung des Akquisitionssubjekts gemäß Formel 18 ist -0,010. Die Differenz zwischen erwarteter und tatsächlicher marktbereinigter relativer Wertänderung des Akquisitionssubjekts beträgt -0,051. Abbildung 9 zeigt die tatsächliche und die erwartete marktbereinigte relative Wertänderung von Teleflex Inc. sowie die Stichprobenpunkte der ursprünglichen Regression (vgl. Abbildung 8).

Abbildung 9: Relative Wertänderung von Teleflex Inc.

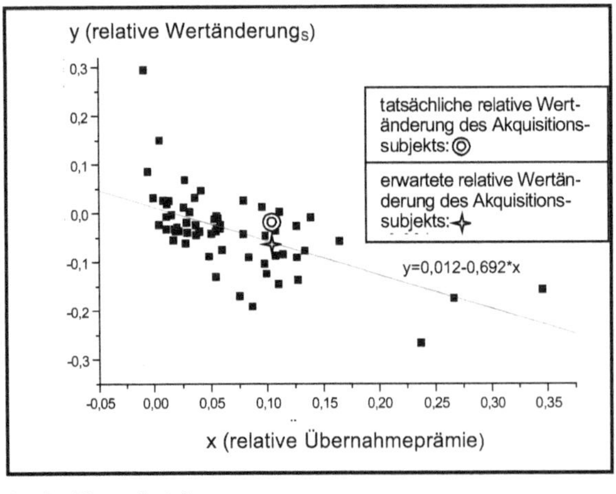

Quelle: Eigene Erstellung

4.3.2 Erwerb von GlobalSantaFe Corp. durch Transocean Inc.

Am 23.07.2007 wurde die definitive Einigung zwischen Transocean Inc. (NYSE: RIG) und GlobalSantaFe Corp. (NYSE: GSF) verkündet, dass Transocean Inc. (Akquisitionssubjekt) alle Aktien von GlobalSantaFe Inc. (Akquisitionsobjekt) erwirbt. Transocean Inc. und GlobalSantaFe sind Dienstleister in der Öl- und Gasförderindustrie. Der Kaufpreis des Akquisitionsobjekts pro Aktie ($Aktienkaufpreis_O$) beträgt 74,78 US$, der bezahlte Gesamtwert des Akquisitionsobjekts ($Wert_O$) ist 17298,7 Mio. US$. Der Aktienkurs des Akquisitionsobjekts einen Tag vor der Ankündigung der Akquisition ($Aktienkurs_{Ov}$) beträgt 74,74 US$. Die Übernahmeprämie pro Aktie des Akquisitionsobjekts beträgt 0,04 US$, die Gesamtübernahmeprämie 9,3 Mio. US$. Die Zahl der ausgegebenen Aktien des Akquisitionssubjekts ($Aktienzahl_S$) beträgt 313,0 Mio., der Aktienkurs des Akquisitionssubjekts einen Tag vor der Akquisitionsankündigung ($Aktienkurs_{Sv}$) beträgt 109,97 US$. Der Wert des Akquisitionssubjekts ist 34420,6 Mio. US$. Das Wertverhältnis von Akquisitionssubjekt zu Akquisitionsobjekt ist 2,0. Gemäß Formel 16 beträgt die relative Übernahmeprämie 0,000. Gemäß Formel 25 beträgt die erwartete marktbereinigte relative Wertänderung des Akquisitionssubjekts 0,012. Die Werte des S&P 500-Indexes am Tag vor Ankündigung der Akquisition ($Indexpreis_v$) bzw. am Tag nach Ankündigung der Akquisition ($Indexpreis_n$) betragen 1534,10 bzw. 1511,04. Der Aktienkurs des Akquisitionssubjekts einen Tag nach der Ankündigung der Akquisition ($Aktienkurs_{Sn}$) beträgt 115,37 US$. Die tatsächliche marktbereinigte relative Wertänderung des Akquisitionssubjekts gemäß Formel 18 ist 0,064. Die Differenz zwischen erwarteter und tatsächlicher marktbereinigter relativer Wertänderung beträgt -0,052 (vgl. Abbildung 10).

Abbildung 10: Relative Wertänderung von Transocean Inc.

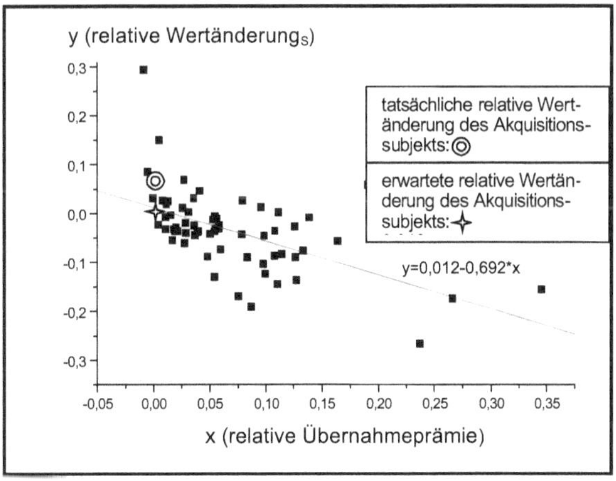

Quelle: Eigene Erstellung

4.3.3 Erwerb von Oak Hill Financial Inc. durch WestBanco Inc.

Am 20.07.2007 wurde die definitive Einigung zwischen WestBanco Inc. (NASDAQ: WSBC) und Oak Hill Financial Inc. (NASDAQ: OAKF) verkündet, dass WestBanco Inc. (Akquisitionssubjekt) alle Aktien von Oak Hill Financial Inc. (Akquisitionsobjekt) erwirbt. Oak Hill Financial Inc. und WestBanco Inc. sind Bankenholdings. Der Kaufpreis des Akquisitionsobjekts pro Aktie ($Aktienkaufpreis_O$) beträgt 38,00 US$, der bezahlte Gesamtwert des Akquisitionsobjekts ($Wert_O$) ist 209,3 Mio. US$. Der Aktienkurs des Akquisitionsobjekts einen Tag vor der Ankündigung der Akquisition ($Aktienkurs_{Ov}$) beträgt 23,30 US$. Die Übernahmeprämie pro Aktie des Akquisitionsobjekts beträgt 14,70 US$, die Gesamtübernahmeprämie 81,0 Mio. US$. Die Zahl der ausgegebenen Aktien des Akquisitionssubjekts ($Aktienzahl_S$) beträgt 21,8 Mio., der Aktienkurs des Akquisitionssubjekts einen Tag vor der Akquisitionsankündigung ($Aktienkurs_{Sv}$) beträgt 29,03 US$. Der Wert des Akquisitionssubjekts ist 631,7 Mio. US$. Das Wertverhältnis von Akquisitionssubjekt zu Akquisitionsobjekt ist 3,0. Gemäß Formel 16 beträgt die relative Übernahmeprämie 0,128. Gemäß Formel 25 beträgt die erwartete marktbereinigte relative Wertänderung des Akquisitionssubjekts -0,076. Die Werte des S&P 500-Indexes am Tag vor Ankündigung der Akquisition ($Indexpreis_v$) bzw. am Tag nach Ankündigung der Akquisition ($Indexpreis_n$) betragen 1553,08 bzw. 1541,57. Der Aktienkurs des Akquisitionssubjekts einen Tag nach der Ankündigung der Akquisition ($Aktienkurs_{Sn}$) beträgt 26,57 US$. Die tatsächliche marktbereinigte relative Wertänderung des Akquisitionssubjekts gemäß Formel 18 ist -0,077. Die Differenz zwischen erwarteter und tatsächlicher marktbereinigter relativer Wertänderung des Akquisitionssubjekts beträgt 0,001 (vgl. Abbildung 11).

Abbildung 11: Relative Wertänderung von WestBanco Inc.

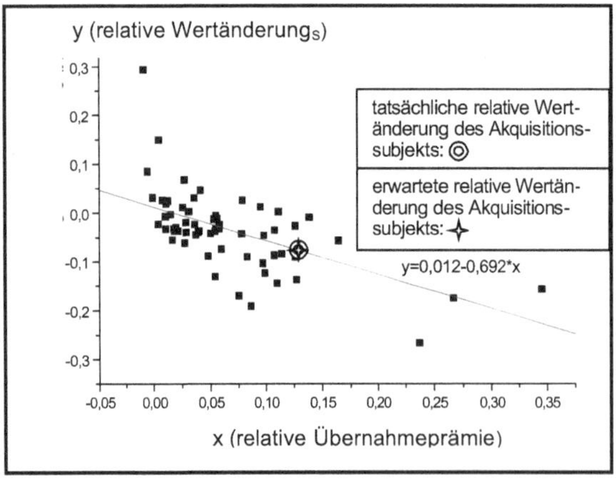

Quelle: Eigene Erstellung

4.3.4 Erwerb von Pogo Producing Co. durch Plains Exploration & Production Co.

Am 17.07.2007 wurde die definitive Einigung zwischen Plains Exploration & Production Co. (NYSE: PXP) und Pogo Producing Co. (NYSE: PPP) verkündet, dass Plains Exploration & Production Co. (Akquisitionssubjekt) alle Aktien von Pogo Producing Co. (Akquisitionsobjekt) erwirbt. Plains Exploration & Production Co. und Pogo Producing Co. sind Öl- und Gasfördergesellschaften. Der Kaufpreis des Akquisitionsobjekts pro Aktie (Aktienkaufpreis$_O$) beträgt 59,79 US$, der bezahlte Gesamtwert des Akquisitionsobjekts (Wert$_O$) ist 3497,4 Mio. US$. Der Aktienkurs des Akquisitionsobjekts einen Tag vor der Ankündigung der Akquisition (Aktienkurs$_{Ov}$) beträgt 50,48 US$. Die Übernahmeprämie pro Aktie des Akquisitionsobjekts beträgt 9,31 US$, die Gesamtübernahmeprämie 544,6 Mio. US$. Die Zahl der ausgegebenen Aktien des Akquisitionssubjekts (Aktienzahl$_S$) beträgt 77,3 Mio., der Aktienkurs des Akquisitionssubjekts einen Tag vor der Akquisitionsankündigung (Aktienkurs$_{Sv}$) beträgt 51,19 US$. Der Wert des Akquisitionssubjekts ist 3955,5 Mio. US$. Das Wertverhältnis von Akquisitionssubjekt zu Akquisitionsobjekt ist 1,1. Gemäß Formel 16 beträgt die relative Übernahmeprämie 0,138. Gemäß Formel 25 beträgt die erwartete marktbereinigte relative Wertänderung des Akquisitionssubjekts -0,083. Die Werte des S&P 500-Indexes am Tag vor Ankündigung der Akquisition (Indexpreis$_v$) bzw. am Tag nach Ankündigung der Akquisition (Indexpreis$_n$) betragen 1549,52 bzw. 1546,17. Der Aktienkurs des Akquisitionssubjekts einen Tag nach der Ankündigung der Akquisition (Aktienkurs$_{Sn}$) beträgt 49,46 US$. Die tatsächliche marktbereinigte relative Wertänderung des Akquisitionssubjekts gemäß Formel 18 ist -0,032. Die Differenz zwischen erwarteter und tatsächlicher marktbereinigter relativer Wertänderung des Akquisitionssubjekts beträgt -0,051 (vgl. Abbildung 12).

Abbildung 12: Relative Wertänderung von Plains Exploration & Production Co.

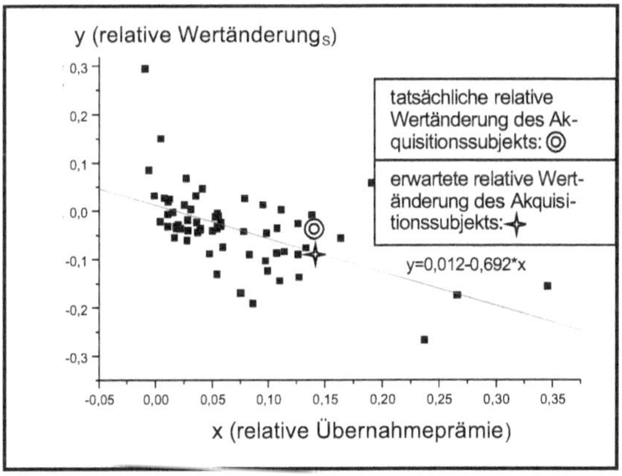

Quelle: Eigene Erstellung

4.3.5 Erwerb von Playtex Products Inc. durch Energizer Holdings Inc.

Am 12.07.2007 wurde die definitive Einigung zwischen Energizer Holdings Inc. (NYSE: ENR) und Playtex Products Inc. (NYSE: PYX) verkündet, dass Energizer Holdings Inc. (Akquisitionssubjekt) alle Aktien von Playtex Products Inc. (Akquisitionsobjekt) erwirbt. Energizer Holdings Inc. ist Hersteller von Batterien, Playtex Products Inc. ist Hersteller und Vertreiber von Gebrauchsgütern. Der Kaufpreis des Akquisitionsobjekts pro Aktie ($Aktienkaufpreis_O$) beträgt 18,30 US$, der bezahlte Gesamtwert des Akquisitionsobjekts ($Wert_O$) ist 1161,4 Mio. US$. Der Aktienkurs des Akquisitionsobjekts einen Tag vor der Ankündigung der Akquisition ($Aktienkurs_{Ov}$) beträgt 15,21 US$. Die Übernahmeprämie pro Aktie des Akquisitionsobjekts beträgt 3,09 US$, die Gesamtübernahmeprämie 196,1 Mio. US$. Die Zahl der ausgegebenen Aktien des Akquisitionssubjekts ($Aktienzahl_S$) beträgt 61,2 Mio., der Aktienkurs des Akquisitionssubjekts einen Tag vor der Akquisitionsankündigung ($Aktienkurs_{Sv}$) beträgt 105,17 US$. Der Wert des Akquisitionssubjekts ist 6436,4 Mio. US$. Das Wertverhältnis von Akquisitionssubjekt zu Akquisitionsobjekt ist 5,5. Gemäß Formel 16 beträgt die relative Übernahmeprämie 0,030. Gemäß Formel 25 beträgt die erwartete marktbereinigte relative Wertänderung des Akquisitionssubjekts -0,009. Die Werte des S&P 500-Indexes am Tag vor Ankündigung der Akquisition ($Indexpreis_v$) bzw. am Tag nach Ankündigung der Akquisition ($Indexpreis_n$) betragen 1518,76 bzw. 1552,50. Der Aktienkurs des Akquisitionssubjekts einen Tag nach der Ankündigung der Akquisition ($Aktienkurs_{Sn}$) beträgt 107,67 US$. Die tatsächliche marktbereinigte relative Wertänderung des Akquisitionssubjekts gemäß Formel 18 ist 0,002. Die Differenz zwischen erwarteter und tatsächlicher marktbereinigter relativer Wertänderung des Akquisitionssubjekts beträgt -0,010 (vgl. Abbildung 13).

Abbildung 13: Relative Wertänderung von Energizer Holdings Inc.

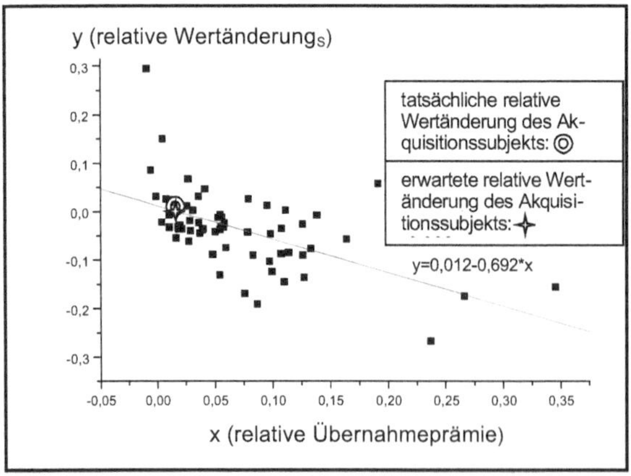

Quelle: Eigene Erstellung

4.3.6 Erwerb von Chaparral Steel Corp. durch Gerdau Ameristeel Corp.

Am 10.07.2007 wurde die definitive Einigung zwischen Gerdau Ameristeel Corp. (NYSE: GNA) und Chaparral Steel Corp. (NASDAQ: CHAP) verkündet, dass Gerdau Ameristeel Corp. (Akquisitionssubjekt) alle Aktien von Chaparral Steel Corp. (Akquisitionsobjekt) erwirbt. Gerdau Ameristeel Corp. und Chaparral Steel Corp. sind Hersteller von Stahlprodukten. Der Kaufpreis des Akquisitionsobjekts pro Aktie ($Aktienkaufpreis_O$) beträgt 86,00 US$, der bezahlte Gesamtwert des Akquisitionsobjekts ($Wert_O$) ist 4138,3 Mio. US$. Der Aktienkurs des Akquisitionsobjekts einen Tag vor der Ankündigung der Akquisition ($Aktienkurs_{OV}$) beträgt 74,51 US$. Die Übernahmeprämie pro Aktie des Akquisitionsobjekts beträgt 11,49 US$, die Gesamtübernahmeprämie 552,9 Mio. US$. Die Zahl der ausgegebenen Aktien des Akquisitionssubjekts ($Aktienzahl_S$) beträgt 305,0 Mio., der Aktienkurs des Akquisitionssubjekts einen Tag vor der Akquisitionsankündigung ($Aktienkurs_{SV}$) beträgt 15,94 US$. Der Wert des Akquisitionssubjekts ist 4861,5 Mio. US$. Das Wertverhältnis von Akquisitionssubjekt zu Akquisitionsobjekt ist 1,2. Gemäß Formel 16 beträgt die relative Übernahmeprämie 0,114. Gemäß Formel 25 beträgt die erwartete marktbereinigte relative Wertänderung des Akquisitionssubjekts -0,066. Die Werte des S&P 500-Indexes am Tag vor Ankündigung der Akquisition ($Indexpreis_v$) bzw. am Tag nach Ankündigung der Akquisition ($Indexpreis_n$) betragen 1531,85 bzw. 1518,76. Der Aktienkurs des Akquisitionssubjekts einen Tag nach der Ankündigung der Akquisition ($Aktienkurs_{Sn}$) beträgt 14,51 US$. Die tatsächliche marktbereinigte relative Wertänderung des Akquisitionssubjekts gemäß Formel 18 ist -0,081. Die Differenz zwischen erwarteter und tatsächlicher marktbereinigter relativer Wertänderung des Akquisitionssubjekts beträgt 0,015 (vgl. Abbildung 14).

Abbildung 14: Relative Wertänderung von Gerdau Ameristeel Corp.

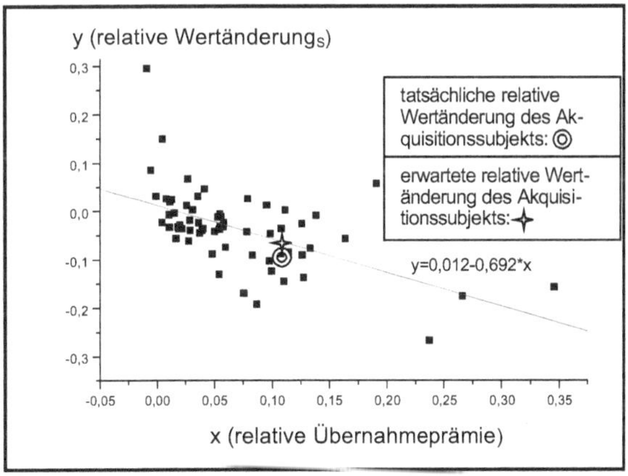

Quelle: Eigene Erstellung

4.3.7 Erwerb von Komag Inc. durch Western Digital Corp.

Am 28.06.2007 wurde die definitive Einigung zwischen Western Digital Corp. (NYSE: WDC) und Komag Inc. (NASDAQ: KOMG) verkündet, dass Western Digital Corp. (Akquisitionssubjekt) alle Aktien von Komag Inc. (Akquisitionsobjekt) erwirbt. Western Digital Corp. ist Hersteller von Festplatten, Komag Inc. ist Hersteller von Halbleitern. Der Kaufpreis des Akquisitionsobjekts pro Aktie (Aktienkaufpreis_O) beträgt 32,25 US$, der bezahlte Gesamtwert des Akquisitionsobjekts (Wert_O) ist 895,2 Mio. US$. Der Aktienkurs des Akquisitionsobjekts einen Tag vor der Ankündigung der Akquisition (Aktienkurs_{Ov}) beträgt 29,09 US$. Die Übernahmeprämie pro Aktie des Akquisitionsobjekts beträgt 3,16 US$, die Gesamtübernahmeprämie 87,7 Mio. US$. Die Zahl der ausgegebenen Aktien des Akquisitionssubjekts (Aktienzahl_S) beträgt 219,0 Mio., der Aktienkurs des Akquisitionssubjekts einen Tag vor der Akquisitionsankündigung (Aktienkurs_{Sv}) beträgt 19,73 US$. Der Wert des Akquisitionssubjekts ist 4320,9 Mio. US$. Das Wertverhältnis von Akquisitionssubjekt zu Akquisitionsobjekt ist 4,8. Gemäß Formel 16 beträgt die relative Übernahmeprämie 0,020. Gemäß Formel 25 beträgt die erwartete marktbereinigte relative Wertänderung des Akquisitionssubjekts -0,002. Die Werte des S&P 500-Indexes am Tag vor Ankündigung der Akquisition (Indexpreis_v) bzw. am Tag nach Ankündigung der Akquisition (Indexpreis_n) betragen 1506,34 bzw. 1503,35. Der Aktienkurs des Akquisitionssubjekts einen Tag nach der Ankündigung der Akquisition (Aktienkurs_{Sn}) beträgt 19,35 US$. Die tatsächliche marktbereinigte relative Wertänderung des Akquisitionssubjekts gemäß Formel 18 ist -0,017. Die Differenz zwischen erwarteter und tatsächlicher marktbereinigter relativer Wertänderung des Akquisitionssubjekts beträgt 0,016 (vgl. Abbildung 15).

Abbildung 15: Relative Wertänderung von Western Digital Corp.

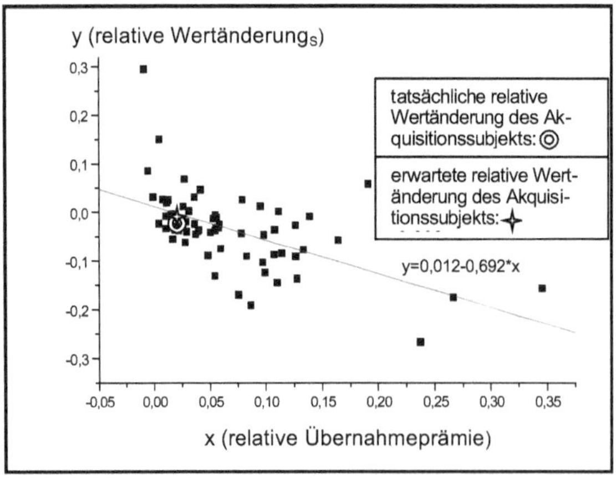

Quelle: Eigene Erstellung

4.3.8 Erwerb von Andrew Corp. durch CommScope Inc.

Am 27.06.2007 wurde die definitive Einigung zwischen CommScope Inc. (NYSE: CTV) und Andrew Corp. (NASDAQ: ANDW) verkündet, dass CommScope Inc. (Akquisitionssubjekt) alle Aktien von Andrew Corp. Inc. (Akquisitionsobjekt) erwirbt. CommScope Inc. ist Koaxialkabelhersteller, Andrew Corp. ist Hersteller von Kommunikationsausrüstung. Der Kaufpreis des Akquisitionsobjekts pro Aktie ($Aktienkaufpreis_O$) beträgt 15,00 US$, der bezahlte Gesamtwert des Akquisitionsobjekts ($Wert_O$) ist 2611,6 Mio. US$. Der Aktienkurs des Akquisitionsobjekts einen Tag vor der Ankündigung der Akquisition ($Aktienkurs_{Ov}$) beträgt 14,34 US$. Die Übernahmeprämie pro Aktie des Akquisitionsobjekts beträgt 0,66 US$, die Gesamtübernahmeprämie 114,9 Mio. US$. Die Zahl der ausgegebenen Aktien des Akquisitionssubjekts ($Aktienzahl_S$) beträgt 58,5 Mio., der Aktienkurs des Akquisitionssubjekts einen Tag vor der Akquisitionsankündigung ($Aktienkurs_{Sv}$) beträgt 55,16 US$. Der Wert des Akquisitionssubjekts ist 3228,0 Mio. US$. Das Wertverhältnis von Akquisitionssubjekt zu Akquisitionsobjekt ist 1,2. Gemäß Formel 16 beträgt die relative Übernahmeprämie 0,036. Gemäß Formel 25 beträgt die erwartete marktbereinigte relative Wertänderung des Akquisitionssubjekts -0,012. Die Werte des S&P 500-Indexes am Tag vor Ankündigung der Akquisition ($Indexpreis_v$) bzw. am Tag nach Ankündigung der Akquisition ($Indexpreis_n$) betragen 1492,89 bzw. 1505,71. Der Aktienkurs des Akquisitionssubjekts einen Tag nach der Ankündigung der Akquisition ($Aktienkurs_{Sn}$) beträgt 58,30 US$. Die tatsächliche marktbereinigte relative Wertänderung des Akquisitionssubjekts gemäß Formel 18 ist 0,048. Die Differenz zwischen erwarteter und tatsächlicher marktbereinigter relativer Wertänderung des Akquisitionssubjekts beträgt -0,061 (vgl. Abbildung 16).

Abbildung 16: Relative Wertänderung von CommScope Inc.

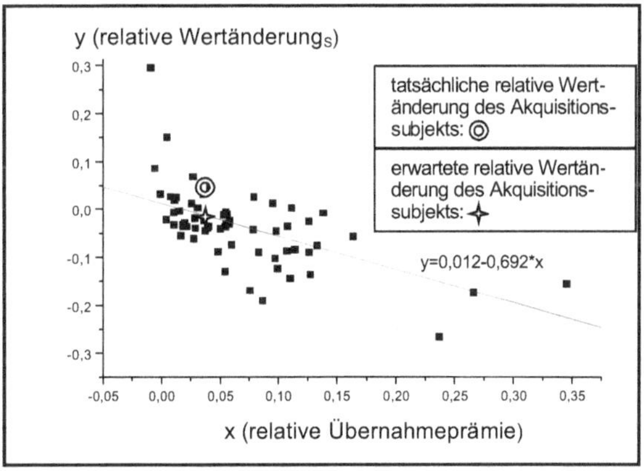

Quelle: Eigene Erstellung

4.3.9 Erwerb von Chittenden Corp. durch People's United Financial Inc.

Am 27.06.2007 wurde die definitive Einigung zwischen People's United Financial Inc. (NASDAQ: PBCT) und Chittenden Corp. (NYSE: CHZ) verkündet, dass People's United Financial Inc. (Akquisitionssubjekt) alle Aktien von Chittenden Corp. (Akquisitionsobjekt) erwirbt. People's United Financial Inc. und Chittenden Corp. sind Bankenholdings. Der Kaufpreis des Akquisitionsobjekts pro Aktie ($Aktienkaufpreis_O$) beträgt 37,00 US$, der bezahlte Gesamtwert des Akquisitionsobjekts ($Wert_O$) ist 1650,4 Mio. US$. Der Aktienkurs des Akquisitionsobjekts einen Tag vor der Ankündigung der Akquisition ($Aktienkurs_{Ov}$) beträgt 28,24 US$. Die Übernahmeprämie pro Aktie des Akquisitionsobjekts beträgt 8,76 US$, die Gesamtübernahmeprämie 390,7 Mio. US$. Die Zahl der ausgegebenen Aktien des Akquisitionssubjekts ($Aktienzahl_S$) beträgt 141,6 Mio., der Aktienkurs des Akquisitionssubjekts einen Tag vor der Akquisitionsankündigung ($Aktienkurs_{Sv}$) beträgt 18,71 US$. Der Wert des Akquisitionssubjekts ist 2649,3 Mio. US$. Das Wertverhältnis von Akquisitionssubjekt zu Akquisitionsobjekt ist 1,6. Gemäß Formel 16 beträgt die relative Übernahmeprämie 0,147. Gemäß Formel 25 beträgt die erwartete marktbereinigte relative Wertänderung des Akquisitionssubjekts -0,090. Die Werte des S&P 500-Indexes am Tag vor Ankündigung der Akquisition ($Indexpreis_v$) bzw. am Tag nach Ankündigung der Akquisition ($Indexpreis_n$) betragen 1492,89 bzw. 1505,71. Der Aktienkurs des Akquisitionssubjekts einen Tag nach der Ankündigung der Akquisition ($Aktienkurs_{Sn}$) beträgt 18,04 US$. Die tatsächliche marktbereinigte relative Wertänderung des Akquisitionssubjekts gemäß Formel 18 ist -0,044. Die Differenz zwischen erwarteter und tatsächlicher marktbereinigter relativer Wertänderung des Akquisitionssubjekts beträgt -0,045 (vgl. Abbildung 17).

Abbildung 17: Relative Wertänderung von People's United Financial Inc.

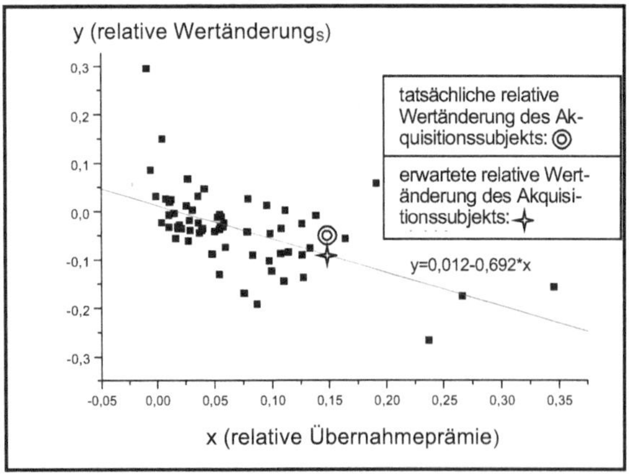

Quelle: Eigene Erstellung

4.3.10 Erwerb von eFunds Corp. durch Fidelity National Information Services Inc.

Am 27.06.2007 wurde die definitive Einigung zwischen Fidelity National Information Services Inc. (NYSE: FIS) und eFunds Corp. (NYSE: EFD) verkündet, dass Fidelity National Information Services Inc. (Akquisitionssubjekt) alle Aktien von eFunds Corp. (Akquisitionsobjekt) erwirbt. Fidelity National Information Services Inc. bietet Kartenabrechnungsdienstleistungen an, eFunds Corp. elektronische Debitzahlungsdienstleistungen. Der Kaufpreis des Akquisitionsobjekts pro Aktie ($Aktienkaufpreis_O$) beträgt 35,39 US$, der bezahlte Gesamtwert des Akquisitionsobjekts ($Wert_O$) ist 1729,4 Mio. US$. Der Aktienkurs des Akquisitionsobjekts einen Tag vor der Ankündigung der Akquisition ($Aktienkurs_{Ov}$) beträgt 34,60 US$. Die Übernahmeprämie pro Aktie des Akquisitionsobjekts beträgt 0,79 US$, die Gesamtübernahmeprämie 38,6 Mio. US$. Die Zahl der ausgegebenen Aktien des Akquisitionssubjekts ($Aktienzahl_S$) beträgt 185,9 Mio., der Aktienkurs des Akquisitionssubjekts einen Tag vor der Akquisitionsankündigung ($Aktienkurs_{Sv}$) beträgt 53,10 US$. Der Wert des Akquisitionssubjekts ist 9872,9 Mio. US$. Das Wertverhältnis von Akquisitionssubjekt zu Akquisitionsobjekt ist 5,7. Gemäß Formel 16 beträgt die relative Übernahmeprämie 0,004. Gemäß Formel 25 beträgt die erwartete marktbereinigte relative Wertänderung des Akquisitionssubjekts 0,010. Die Werte des S&P 500-Indexes am Tag vor Ankündigung der Akquisition ($Indexpreis_v$) bzw. am Tag nach Ankündigung der Akquisition ($Indexpreis_n$) betragen 1492,89 bzw. 1505,71. Der Aktienkurs des Akquisitionssubjekts einen Tag nach der Ankündigung der Akquisition ($Aktienkurs_{Sn}$) beträgt 54,63 US$. Die tatsächliche marktbereinigte relative Wertänderung des Akquisitionssubjekts gemäß Formel 18 ist 0,020. Die Differenz zwischen erwarteter und tatsächlicher relativer Wertänderung des Akquisitionssubjekts beträgt -0,011 (vgl. Abbildung 18).

Abbildung 18: Relative Wertänderung von Fidelity National Information Services Inc.

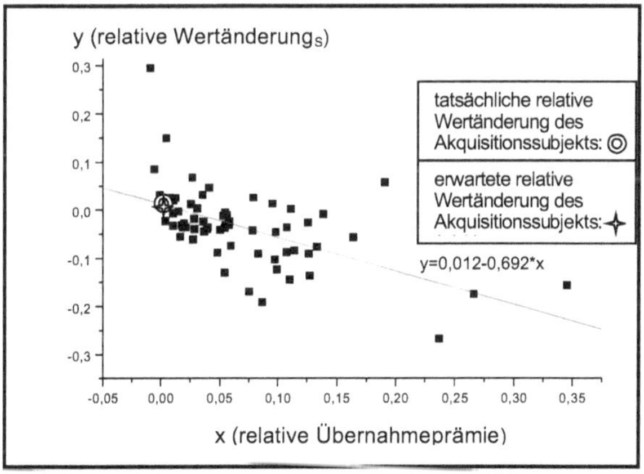

Quelle: Eigene Erstellung

4.3.11 Erwerb von Web.com Inc. durch Website Pros Inc.

Am 26.06.2007 wurde die definitive Einigung zwischen Website Pros Inc. (NASDAQ: WSPI) und Web.com Inc. (NASDAQ: WWWW) verkündet, dass Website Pros Inc. (Akquisitionssubjekt) alle Aktien von Web.com Inc. (Akquisitionsobjekt) erwirbt. Website Pros Inc. ist Entwickler von Internetsoftware, Web.com Inc. bietet Webhosting und Internetconsulting an. Der Kaufpreis des Akquisitionsobjekts pro Aktie ($Aktienkaufpreis_O$) beträgt 6,17 US$, der bezahlte Gesamtwert des Akquisitionsobjekts ($Wert_O$) ist 112,0 Mio. US$. Der Aktienkurs des Akquisitionsobjekts einen Tag vor der Ankündigung der Akquisition ($Aktienkurs_{Ov}$) beträgt 5,32 US$. Die Übernahmeprämie pro Aktie des Akquisitionsobjekts beträgt 0,85 US$, die Gesamtübernahmeprämie 15,4 Mio. US$. Die Zahl der ausgegebenen Aktien des Akquisitionssubjekts ($Aktienzahl_S$) beträgt 16,8 Mio., der Aktienkurs des Akquisitionssubjekts einen Tag vor der Akquisitionsankündigung ($Aktienkurs_{Sv}$) beträgt 9,70 US$. Der Wert des Akquisitionssubjekts ist 162,8 Mio. US$. Das Wertverhältnis von Akquisitionssubjekt zu Akquisitionsobjekt ist 1,5. Gemäß Formel 16 beträgt die relative Übernahmeprämie <u>0,095</u>. Gemäß Formel 25 beträgt die erwartete marktbereinigte relative Wertänderung des Akquisitionssubjekts <u>-0,053</u>. Die Werte des S&P 500-Indexes am Tag vor Ankündigung der Akquisition ($Indexpreis_v$) bzw. am Tag nach Ankündigung der Akquisition ($Indexpreis_n$) betragen 1497,74 bzw. 1506,34. Der Aktienkurs des Akquisitionssubjekts einen Tag nach der Ankündigung der Akquisition ($Aktienkurs_{Sn}$) beträgt 9,47 US$. Die tatsächliche marktbereinigte relative Wertänderung des Akquisitionssubjekts gemäß Formel 18 ist <u>-0,029</u>. Die Differenz zwischen erwarteter und tatsächlicher marktbereinigter relativer Wertänderung des Akquisitionssubjekts beträgt -0,024 (vgl. Abbildung 19).

Abbildung 19: Relative Wertänderung von Website Pros Inc.

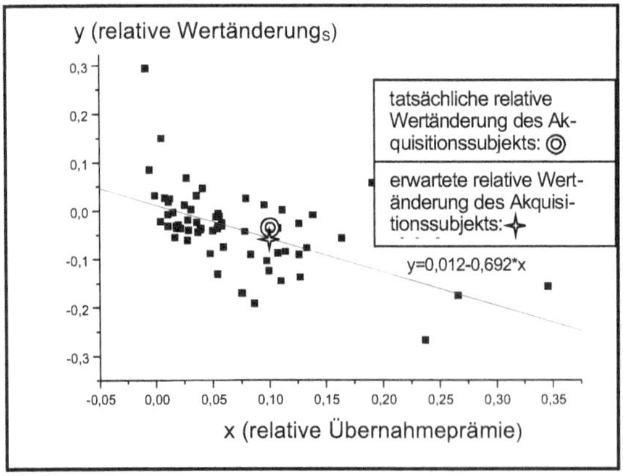

Quelle: Eigene Erstellung

4.3.12 Erwerb von Horizon Offshore Inc. durch Cal Dive International Inc.

Am 11.06.2007 wurde die definitive Einigung zwischen Cal Dive International Inc. (NYSE: DVR) und Horizon Offshore Inc. (NASDAQ: HOFF) verkündet, dass Cal Dive International Inc. (Akquisitionssubjekt) alle Aktien von Horizon Offshore Inc. (Akquisitionsobjekt) erwirbt. Cal Dive International ist Dienstleister im Öl- und Gasgeschäft, Horizon Offshore Inc. ist Hersteller von Öl- und Gasplattformen. Der Kaufpreis des Akquisitionsobjekts pro Aktie ($Aktienkaufpreis_O$) beträgt 19,25 US$, der bezahlte Gesamtwert des Akquisitionsobjekts ($Wert_O$) ist 629,1 Mio. US$. Der Aktienkurs des Akquisitionsobjekts einen Tag vor der Ankündigung der Akquisition ($Aktienkurs_{Ov}$) beträgt 16,90 US$. Die Übernahmeprämie pro Aktie des Akquisitionsobjekts beträgt 2,35 US$, die Gesamtübernahmeprämie 76,8 Mio. US$. Die Zahl der ausgegebenen Aktien des Akquisitionssubjekts ($Aktienzahl_S$) beträgt 62,6 Mio., der Aktienkurs des Akquisitionssubjekts einen Tag vor der Akquisitionsankündigung ($Aktienkurs_{Sv}$) beträgt 15,96 US$. Der Wert des Akquisitionssubjekts ist 999,1 Mio. US$. Das Wertverhältnis von Akquisitionssubjekt zu Akquisitionsobjekt ist 1,6. Gemäß Formel 16 beträgt die relative Übernahmeprämie <u>0,077</u>. Gemäß Formel 25 beträgt die erwartete marktbereinigte relative Wertänderung des Akquisitionssubjekts <u>-0,041</u>. Die Werte des S&P 500-Indexes am Tag vor Ankündigung der Akquisition ($Indexpreis_v$) bzw. am Tag nach Ankündigung der Akquisition ($Indexpreis_n$) betragen 1507,67 bzw. 1493,00. Der Aktienkurs des Akquisitionssubjekts einen Tag nach der Ankündigung der Akquisition ($Aktienkurs_{Sn}$) beträgt 15,52 US$. Die tatsächliche marktbereinigte relative Wertänderung des Akquisitionssubjekts gemäß Formel 18 ist <u>-0,018</u>. Die Differenz zwischen erwarteter und tatsächlicher marktbereinigter relativer Wertänderung des Akquisitionssubjekts beträgt -0,023 (vgl. Abbildung 20).

Abbildung 20: Relative Wertänderung von Cal Dive International Inc.

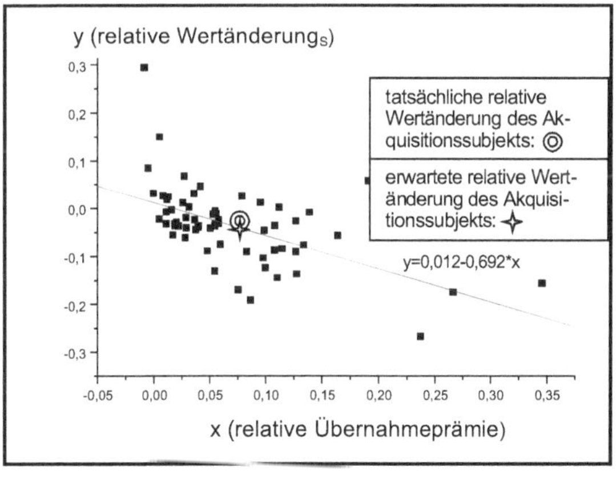

Quelle: Eigene Erstellung

4.3.13 Erwerb von Cholestech Corp. durch Inverness Med. Innovations Inc.

Am 04.06.2007 wurde die definitive Einigung zwischen Inverness Med. Innovations Inc. (AMEX: IMA) und Cholestech Corp. (NASDAQ: CTEC) verkündet, dass Inverness Med. Innovations Inc. (Akquisitionssubjekt) alle Aktien von Cholestech Corp. (Akquisitionsobjekt) erwirbt. Inverness Med. Innovations Inc. ist Hersteller von diagnostischen Pharmaka, Cholestech Corp. ist Hersteller von diagnostischen Tests. Der Kaufpreis des Akquisitionsobjekts pro Aktie (Aktienkaufpreis_O) beträgt 21,01 US$, der bezahlte Gesamtwert des Akquisitionsobjekts (Wert_O) ist 326,2 Mio. US$. Der Aktienkurs des Akquisitionsobjekts einen Tag vor der Ankündigung der Akquisition (Aktienkurs_{Ov}) beträgt 16,79 US$. Die Übernahmeprämie pro Aktie des Akquisitionsobjekts beträgt 4,23 US$, die Gesamtübernahmeprämie 65,6 Mio. US$. Die Zahl der ausgegebenen Aktien des Akquisitionssubjekts (Aktienzahl_S) beträgt 34,1 Mio., der Aktienkurs des Akquisitionssubjekts einen Tag vor der Akquisitionsankündigung (Aktienkurs_{Sv}) beträgt 48,17 US$. Der Wert des Akquisitionssubjekts ist 1643,1 Mio. US$. Das Wertverhältnis von Akquisitionssubjekt zu Akquisitionsobjekt ist 5,0. Gemäß Formel 16 beträgt die relative Übernahmeprämie 0,040. Gemäß Formel 25 beträgt die erwartete marktbereinigte relative Wertänderung des Akquisitionssubjekts -0,015. Die Werte des S&P 500-Indexes am Tag vor Ankündigung der Akquisition (Indexpreis_v) bzw. am Tag nach Ankündigung der Akquisition (Indexpreis_n) betragen 1536,34 bzw. 1530,95. Der Aktienkurs des Akquisitionssubjekts einen Tag nach der Ankündigung der Akquisition (Aktienkurs_{Sn}) beträgt 45,69 US$. Die tatsächliche marktbereinigte relative Wertänderung des Akquisitionssubjekts gemäß Formel 18 ist -0,048. Die Differenz zwischen erwarteter und tatsächlicher marktbereinigter relativer Wertänderung des Akquisitionssubjekts beträgt 0,033 (vgl. Abbildung 21).

Abbildung 21: Relative Wertänderung von Inverness Med. Innovations Inc.

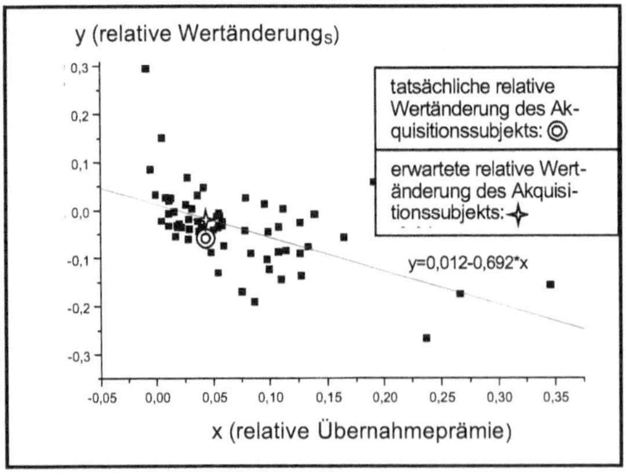

Quelle: Eigene Erstellung

4.3.14 Erwerb von Peoples BancTrust Co. durch BancTrust Financial Group Inc.

Am 21.05.2007 wurde die definitive Einigung zwischen BancTrust Financial Group Inc. (NASDAQ: BTFG) und Peoples BancTrust Co. (NASDAQ: PBTC) verkündet, dass BancTrust Financial Group Inc. (Akquisitionssubjekt) alle Aktien von Peoples BancTrust Co. (Akquisitionsobjekt) erwirbt. BancTrust Financial Group Inc. und Peoples BancTrust Co. sind Bankenholdings. Der Kaufpreis des Akquisitionsobjekts pro Aktie (Aktienkaufpreis$_O$) beträgt 24,57 US$, der bezahlte Gesamtwert des Akquisitionsobjekts (Wert$_O$) ist 148,9 Mio. US$. Der Aktienkurs des Akquisitionsobjekts einen Tag vor der Ankündigung der Akquisition (Aktienkurs$_{Ov}$) beträgt 22,90 US$. Die Übernahmeprämie pro Aktie des Akquisitionsobjekts beträgt 1,67 US$, die Gesamtübernahmeprämie 10,1 Mio. US$. Die Zahl der ausgegebenen Aktien des Akquisitionssubjekts (Aktienzahl$_S$) beträgt 11,2 Mio., der Aktienkurs des Akquisitionssubjekts einen Tag vor der Akquisitionsankündigung (Aktienkurs$_{Sv}$) beträgt 18,93 US$. Der Wert des Akquisitionssubjekts ist 211,1 Mio. US$. Das Wertverhältnis von Akquisitionssubjekt zu Akquisitionsobjekt ist 1,4. Gemäß Formel 16 beträgt die relative Übernahmeprämie 0,048. Gemäß Formel 25 beträgt die erwartete marktbereinigte relative Wertänderung des Akquisitionssubjekts -0,021. Die Werte des S&P 500-Indexes am Tag vor Ankündigung der Akquisition (Indexpreis$_v$) bzw. am Tag nach Ankündigung der Akquisition (Indexpreis$_n$) betragen 1522,75 bzw. 1524,12. Der Aktienkurs des Akquisitionssubjekts einen Tag nach der Ankündigung der Akquisition (Aktienkurs$_{Sn}$) beträgt 19,73 US$. Die tatsächliche marktbereinigte relative Wertänderung des Akquisitionssubjekts gemäß Formel 18 ist 0,041. Die Differenz zwischen erwarteter und tatsächlicher marktbereinigter relativer Wertänderung des Akquisitionssubjekts beträgt -0,062 (vgl. Abbildung 22).

Abbildung 22: Relative Wertänderung von BancTrust Financial Group Inc.

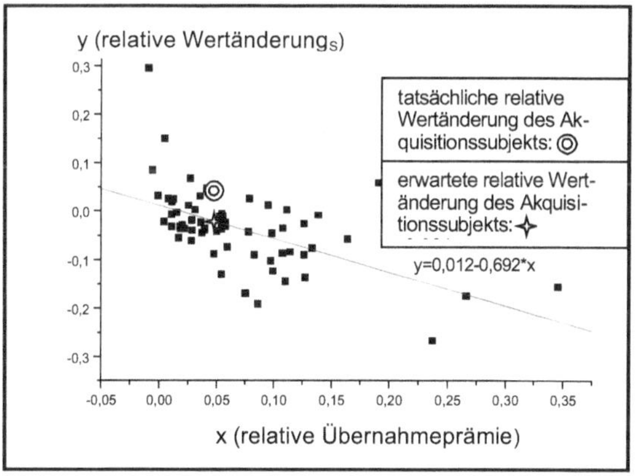

Quelle: Eigene Erstellung

4.3.15 Erwerb von Pioneer Companies Inc. durch Olin Corp.

Am 21.05.2007 wurde die definitive Einigung zwischen Olin Corp. (NYSE: OLN) und Pioneer Companies Inc. (NASDAQ: PONR) verkündet, dass Olin Corp. (Akquisitionssubjekt) alle Aktien von Pioneer Companies Inc. (Akquisitionsobjekt) erwirbt. Olin Corp. ist Hersteller von Chemikalien, Pioneer Companies Inc. ist Hersteller von Chlorprodukten. Der Kaufpreis des Akquisitionsobjekts pro Aktie ($Aktienkaufpreis_O$) beträgt 35,00 US$, der bezahlte Gesamtwert des Akquisitionsobjekts ($Wert_O$) ist 418,6 Mio. US$. Der Aktienkurs des Akquisitionsobjekts einen Tag vor der Ankündigung der Akquisition ($Aktienkurs_{Ov}$) beträgt 29,38 US$. Die Übernahmeprämie pro Aktie des Akquisitionsobjekts beträgt 5,62 US$, die Gesamtübernahmeprämie 67,2 Mio. US$. Die Zahl der ausgegebenen Aktien des Akquisitionssubjekts ($Aktienzahl_S$) beträgt 72,6 Mio., der Aktienkurs des Akquisitionssubjekts einen Tag vor der Akquisitionsankündigung ($Aktienkurs_{Sv}$) beträgt 19,00 US$. Der Wert des Akquisitionssubjekts ist 1379,4 Mio. US$. Das Wertverhältnis von Akquisitionssubjekt zu Akquisitionsobjekt ist 3,3. Gemäß Formel 16 beträgt die relative Übernahmeprämie 0,049. Gemäß Formel 25 beträgt die erwartete marktbereinigte relative Wertänderung des Akquisitionssubjekts -0,021. Die Werte des S&P 500-Indexes am Tag vor Ankündigung der Akquisition ($Indexpreis_v$) bzw. am Tag nach Ankündigung der Akquisition ($Indexpreis_n$) betragen 1522,75 bzw. 1524,12. Der Aktienkurs des Akquisitionssubjekts einen Tag nach der Ankündigung der Akquisition ($Aktienkurs_{Sn}$) beträgt 19,51 US$. Die tatsächliche marktbereinigte relative Wertänderung des Akquisitionssubjekts gemäß Formel 18 ist 0,026. Die Differenz zwischen erwarteter und tatsächlicher marktbereinigter relativer Wertänderung des Akquisitionssubjekts beträgt -0,047 (vgl. Abbildung 23).

Abbildung 23: Relative Wertänderung von Olin Corp.

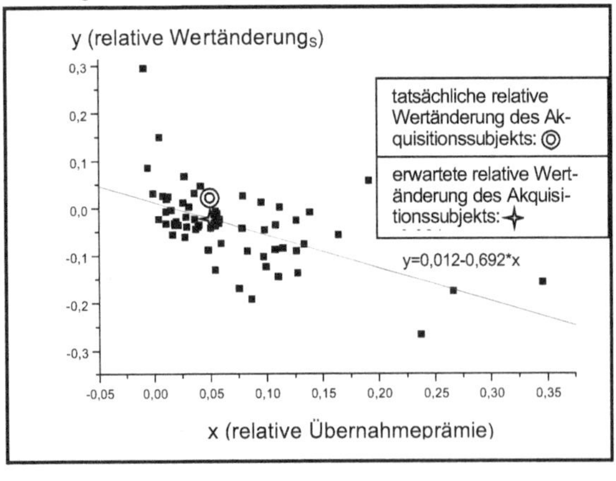

Quelle: Eigene Erstellung

4.3.16 Erwerb von East Penn Financial Corp. durch Harleysville National Corp.

Am 16.05.2007 wurde die definitive Einigung zwischen Harleysville National Corp. (NASDAQ: HNBC) und East Penn Financial Corp. (NASDAQ: EPEN) verkündet, dass Harleysville National Corp. (Akquisitionssubjekt) alle Aktien von East Penn Financial Corp. (Akquisitionsobjekt) erwirbt. Harleysville National Corp. und East Penn Financial Corp. sind Bankenholdings. Der Kaufpreis des Akquisitionsobjekts pro Aktie (Aktienkaufpreis_O) beträgt 14,50 US$, der bezahlte Gesamtwert des Akquisitionsobjekts (Wert_O) ist 91,4 Mio. US$. Der Aktienkurs des Akquisitionsobjekts einen Tag vor der Ankündigung der Akquisition (Aktienkurs_{Ov}) beträgt 8,09 US$. Die Übernahmeprämie pro Aktie des Akquisitionsobjekts beträgt 6,41 US$, die Gesamtübernahmeprämie 40,4 Mio. US$. Die Zahl der ausgegebenen Aktien des Akquisitionssubjekts (Aktienzahl_S) beträgt 29,0 Mio., der Aktienkurs des Akquisitionssubjekts einen Tag vor der Akquisitionsankündigung (Aktienkurs_{Sv}) beträgt 15,83 US$. Der Wert des Akquisitionssubjekts ist 458,3 Mio. US$. Das Wertverhältnis von Akquisitionssubjekt zu Akquisitionsobjekt ist 5,0. Gemäß Formel 16 beträgt die relative Übernahmeprämie 0,088. Gemäß Formel 25 beträgt die erwartete marktbereinigte relative Wertänderung des Akquisitionssubjekts -0,049. Die Werte des S&P 500-Indexes am Tag vor Ankündigung der Akquisition (Indexpreis_v) bzw. am Tag nach Ankündigung der Akquisition (Indexpreis_n) betragen 1501,19 bzw. 1512,75. Der Aktienkurs des Akquisitionssubjekts einen Tag nach der Ankündigung der Akquisition (Aktienkurs_{Sn}) beträgt 15,54 US$. Die tatsächliche marktbereinigte relative Wertänderung des Akquisitionssubjekts gemäß Formel 18 ist -0,026. Die Differenz zwischen erwarteter und tatsächlicher marktbereinigter relativer Wertänderung des Akquisitionssubjekts beträgt -0,023 (vgl. Abbildung 24).

Abbildung 24: Relative Wertänderung von Harleysville National Corp.

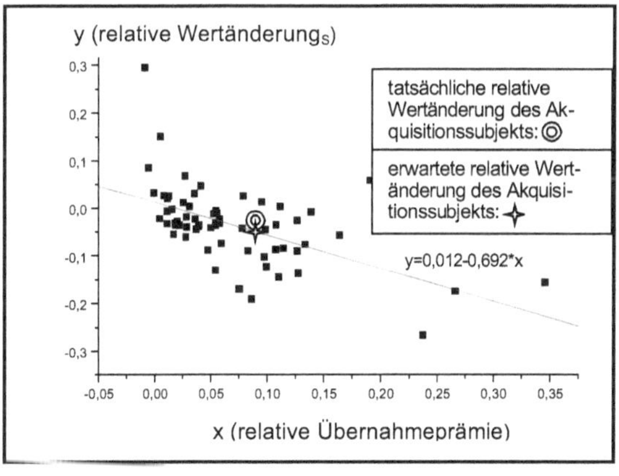

Quelle: Eigene Erstellung

4.3.17 Erwerb von Sipex Corp. durch Exar Corp.

Am 08.05.2007 wurde die definitive Einigung zwischen Exar Corp. (NASDAQ: EXAR) und Sipex Corp. (NASDAQ: SIPX) verkündet, dass Exar Corp. (Akquisitionssubjekt) alle Aktien von Sipex Corp. (Akquisitionsobjekt) erwirbt. Exar Corp. ist Hersteller von Produkten aus Silikon, Sipex Corp. ist Hersteller und Großhändler von Halbleitern. Der Kaufpreis des Akquisitionsobjekts pro Aktie ($Aktienkaufpreis_O$) beträgt 9,35 US$, der bezahlte Gesamtwert des Akquisitionsobjekts ($Wert_O$) ist 174,7 Mio. US$. Der Aktienkurs des Akquisitionsobjekts einen Tag vor der Ankündigung der Akquisition ($Aktienkurs_{Ov}$) beträgt 8,98 US$. Die Übernahmeprämie pro Aktie des Akquisitionsobjekts beträgt 0,37 US$, die Gesamtübernahmeprämie 6,9 Mio. US$. Die Zahl der ausgegebenen Aktien des Akquisitionssubjekts ($Aktienzahl_S$) beträgt 36,3 Mio., der Aktienkurs des Akquisitionssubjekts einen Tag vor der Akquisitionsankündigung ($Aktienkurs_{Sv}$) beträgt 14,00 US$. Der Wert des Akquisitionssubjekts ist 507,6 Mio. US$. Das Wertverhältnis von Akquisitionssubjekt zu Akquisitionsobjekt ist 2,9. Gemäß Formel 16 beträgt die relative Übernahmeprämie 0,014. Gemäß Formel 25 beträgt die erwartete marktbereinigte relative Wertänderung des Akquisitionssubjekts 0,003. Die Werte des S&P 500-Indexes am Tag vor Ankündigung der Akquisition ($Indexpreis_v$) bzw. am Tag nach Ankündigung der Akquisition ($Indexpreis_n$) betragen 1509,48 bzw. 1512,58. Der Aktienkurs des Akquisitionssubjekts einen Tag nach der Ankündigung der Akquisition ($Aktienkurs_{Sn}$) beträgt 14,05 US$. Die tatsächliche marktbereinigte relative Wertänderung des Akquisitionssubjekts gemäß Formel 18 ist 0,002. Die Differenz zwischen erwarteter und tatsächlicher marktbereinigter relativer Wertänderung des Akquisitionssubjekts beträgt 0,001 (vgl. Abbildung 25).

Abbildung 25: Relative Wertänderung von Exar Corp.

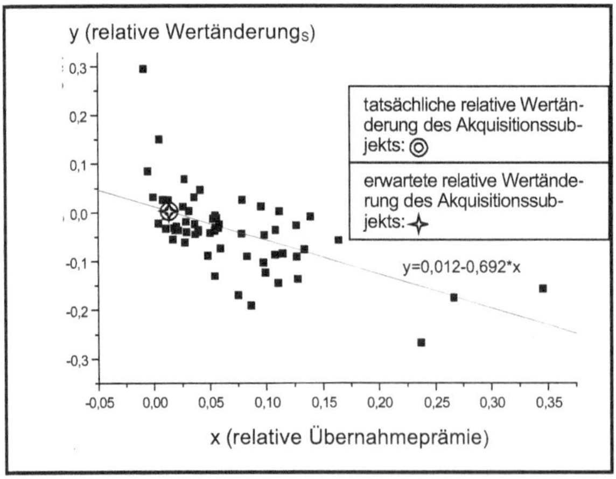

Quelle: Eigene Erstellung

4.3.18 Erwerb von Enpath Medical Inc. durch Greatbatch Inc.

Am 30.04.2007 wurde die definitive Einigung zwischen Greatbatch Inc. (NYSE: GB) und Enpath Medical Inc. (NASDAQ: NPTH) verkündet, dass Greatbatch Inc. (Akquisitionssubjekt) alle Aktien von Enpath Medical Inc. (Akquisitionsobjekt) erwirbt. Greatbatch Inc. ist Hersteller von medizinischen Geräten, Enpath Medical Inc. ist Hersteller von medizinischen Implantaten. Der Kaufpreis des Akquisitionsobjekts pro Aktie (Aktienkaufpreis$_O$) beträgt 14,38 US$, der bezahlte Gesamtwert des Akquisitionsobjekts (Wert$_O$) ist 91,6 Mio. US$. Der Aktienkurs des Akquisitionsobjekts einen Tag vor der Ankündigung der Akquisition (Aktienkurs$_{Ov}$) beträgt 11,13 US$. Die Übernahmeprämie pro Aktie des Akquisitionsobjekts beträgt 3,25 US$, die Gesamtübernahmeprämie 20,7 Mio. US$. Die Zahl der ausgegebenen Aktien des Akquisitionssubjekts (Aktienzahl$_S$) beträgt 21,8 Mio., der Aktienkurs des Akquisitionssubjekts einen Tag vor der Akquisitionsankündigung (Aktienkurs$_{Sv}$) beträgt 28,81 US$. Der Wert des Akquisitionssubjekts ist 628,1 Mio. US$. Das Wertverhältnis von Akquisitionssubjekt zu Akquisitionsobjekt ist 6,9. Gemäß Formel 16 beträgt die relative Übernahmeprämie 0,033. Gemäß Formel 25 beträgt die erwartete marktbereinigte relative Wertänderung des Akquisitionssubjekts -0,011. Die Werte des S&P 500-Indexes am Tag vor Ankündigung der Akquisition (Indexpreis$_v$) bzw. am Tag nach Ankündigung der Akquisition (Indexpreis$_n$) betragen 1494,07 bzw. 1486,40. Der Aktienkurs des Akquisitionssubjekts einen Tag nach der Ankündigung der Akquisition (Aktienkurs$_{Sn}$) beträgt 29,04 US$. Die tatsächliche marktbereinigte relative Wertänderung des Akquisitionssubjekts gemäß Formel 18 ist 0,013. Die Differenz zwischen erwarteter und tatsächlicher marktbereinigter relativer Wertänderung des Akquisitionssubjekts beträgt -0,024 (vgl. Abbildung 26).

Abbildung 26: Relative Wertänderung von Greatbatch Inc.

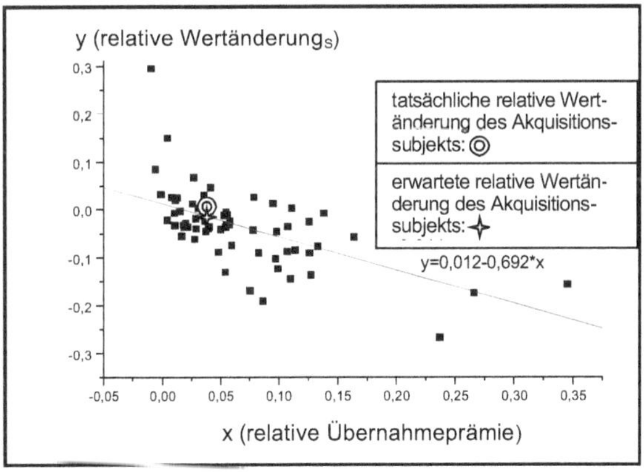

Quelle: Eigene Erstellung

4.3.19 Erwerb von K2 Inc. durch Jarden Corp.

Am 25.04.2007 wurde die definitive Einigung zwischen Jarden Corp. (NYSE: JAH) und K2 Inc. (NYSE: KTO) verkündet, dass Jarden Corp. (Akquisitionssubjekt) alle Aktien von K2 Inc. (Akquisitionsobjekt) erwirbt. Jarden Corp. ist Hersteller und Großhändler von Plastik- und Metallprodukten, K2 Inc. ist Hersteller und Großhändler von Sportausrüstung. Der Kaufpreis des Akquisitionsobjekts pro Aktie ($Aktienkaufpreis_O$) beträgt 15,55 US$, der bezahlte Gesamtwert des Akquisitionsobjekts ($Wert_O$) ist 786,5 Mio. US$. Der Aktienkurs des Akquisitionsobjekts einen Tag vor der Ankündigung der Akquisition ($Aktienkurs_{Ov}$) beträgt 12,58 US$. Die Übernahmeprämie pro Aktie des Akquisitionsobjekts beträgt 2,97 US$, die Gesamtübernahmeprämie 150,2 Mio. US$. Die Zahl der ausgegebenen Aktien des Akquisitionssubjekts ($Aktienzahl_S$) beträgt 65,4 Mio., der Aktienkurs des Akquisitionssubjekts einen Tag vor der Akquisitionsankündigung ($Aktienkurs_{Sv}$) beträgt 43,10 US$. Der Wert des Akquisitionssubjekts ist 2818,7 Mio. US$. Das Wertverhältnis von Akquisitionssubjekt zu Akquisitionsobjekt ist 3,6. Gemäß Formel 16 beträgt die relative Übernahmeprämie 0,053. Gemäß Formel 25 beträgt die erwartete marktbereinigte relative Wertänderung des Akquisitionssubjekts -0,025. Die Werte des S&P 500-Indexes am Tag vor Ankündigung der Akquisition ($Indexpreis_v$) bzw. am Tag nach Ankündigung der Akquisition ($Indexpreis_n$) betragen 1480,41 bzw. 1494,25. Der Aktienkurs des Akquisitionssubjekts einen Tag nach der Ankündigung der Akquisition ($Aktienkurs_{Sn}$) beträgt 42,09 US$. Die tatsächliche marktbereinigte relative Wertänderung des Akquisitionssubjekts gemäß Formel 18 ist -0,033. Die Differenz zwischen erwarteter und tatsächlicher marktbereinigter relativer Wertänderung des Akquisitionssubjekts beträgt 0,008 (vgl. Abbildung 27).

Abbildung 27: Relative Wertänderung von Jarden Corp.

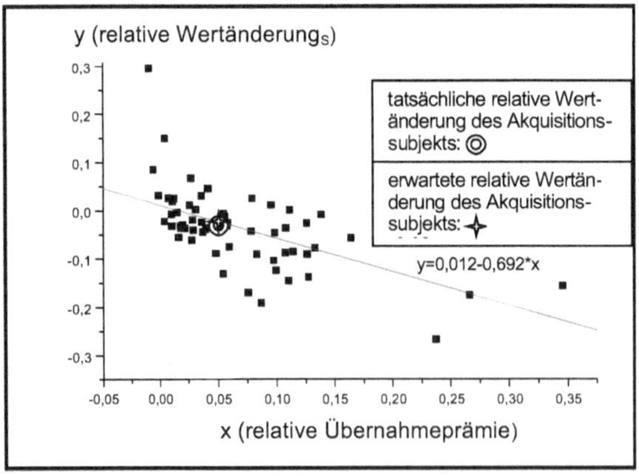

Quelle: Eigene Erstellung

4.3.20 Erwerb von Lone Star Technologies Inc. durch United States Steel Corp.

Am 29.03.2007 wurde die definitive Einigung zwischen United States Steel Corp. (NYSE: X) und Lone Star Technologies Inc. (NYSE: LSS) verkündet, dass United States Steel Corp. (Akquisitionssubjekt) alle Aktien von Lone Star Technologies Inc. (Akquisitionsobjekt) erwirbt. United States Steel Corp. ist Hersteller von Stahlprodukten, Lone Star Technologies Inc. ist Hersteller von Stahlrohren. Der Kaufpreis des Akquisitionsobjekts pro Aktie ($Aktienkaufpreis_O$) beträgt 67,50 US$, der bezahlte Gesamtwert des Akquisitionsobjekts ($Wert_O$) ist 2098,6 Mio. US$. Der Aktienkurs des Akquisitionsobjekts einen Tag vor der Ankündigung der Akquisition ($Aktienkurs_{Ov}$) beträgt 48,45 US$. Die Übernahmeprämie pro Aktie des Akquisitionsobjekts beträgt 19,05 US$, die Gesamtübernahmeprämie 592,3 Mio. US$. Die Zahl der ausgegebenen Aktien des Akquisitionssubjekts ($Aktienzahl_S$) beträgt 114,9 Mio., der Aktienkurs des Akquisitionssubjekts einen Tag vor der Akquisitionsankündigung ($Aktienkurs_{Sv}$) beträgt 97,61 US$. Der Wert des Akquisitionssubjekts ist 11217,3 Mio. US$. Das Wertverhältnis von Akquisitionssubjekt zu Akquisitionsobjekt ist 5,3. Gemäß Formel 16 beträgt die relative Übernahmeprämie 0,053. Gemäß Formel 25 beträgt die erwartete marktbereinigte relative Wertänderung des Akquisitionssubjekts -0,024. Die Werte des S&P 500-Indexes am Tag vor Ankündigung der Akquisition ($Indexpreis_v$) bzw. am Tag nach Ankündigung der Akquisition ($Indexpreis_n$) betragen 1417,23 bzw. 1420,86. Der Aktienkurs des Akquisitionssubjekts einen Tag nach der Ankündigung der Akquisition ($Aktienkurs_{Sn}$) beträgt 99,17 US$. Die tatsächliche marktbereinigte relative Wertänderung des Akquisitionssubjekts gemäß Formel 18 ist 0,013. Die Differenz zwischen erwarteter und tatsächlicher marktbereinigter relativer Wertänderung des Akquisitionssubjekts beträgt -0,038 (vgl. Abbildung 28).

Abbildung 28: Relative Wertänderung von United States Steel Corp.

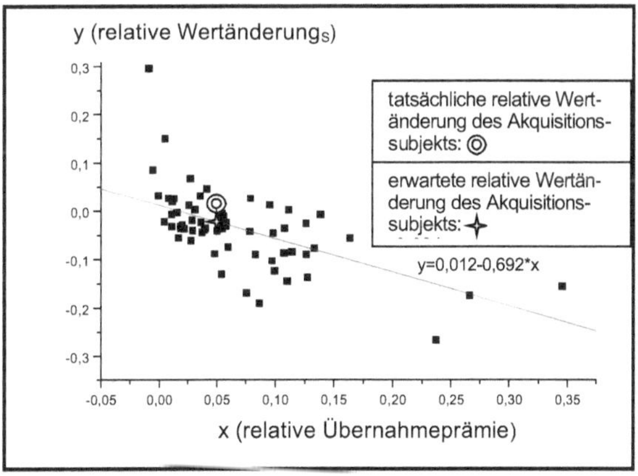

Quelle: Eigene Erstellung

4.3.21 Erwerb von Biosite Inc. durch Beckman Coulter Inc.

Am 25.03.2007 wurde die definitive Einigung zwischen Beckman Coulter Inc. (NYSE: BEC) und Biosite Inc. (NASDAQ: BSTE) verkündet, dass Beckman Coulter Inc. (Akquisitionssubjekt) alle Aktien von Biosite Inc. (Akquisitionsobjekt) erwirbt. Beckman Coulter Inc. ist Hersteller von Laborinstrumenten, Biosite Inc. ist Hersteller von medizinischer Diagnostikausrüstung. Der Kaufpreis des Akquisitionsobjekts pro Aktie (Aktienkaufpreis_O) beträgt 85,00 US$, der bezahlte Gesamtwert des Akquisitionsobjekts (Wert_O) ist 1551,6 Mio. US$. Der Aktienkurs des Akquisitionsobjekts einen Tag vor der Ankündigung der Akquisition (Aktienkurs_{Ov}) beträgt 54,17 US$. Die Übernahmeprämie pro Aktie des Akquisitionsobjekts beträgt 30,83 US$, die Gesamtübernahmeprämie 562,8 Mio. US$. Die Zahl der ausgegebenen Aktien des Akquisitionssubjekts (Aktienzahl_S) beträgt 62,6 Mio., der Aktienkurs des Akquisitionssubjekts einen Tag vor der Akquisitionsankündigung (Aktienkurs_{Sv}) beträgt 66,79 US$. Der Wert des Akquisitionssubjekts ist 4179,7 Mio. US$. Das Wertverhältnis von Akquisitionssubjekt zu Akquisitionsobjekt ist 2,7. Gemäß Formel 16 beträgt die relative Übernahmeprämie <u>0,135</u>. Gemäß Formel 25 beträgt die erwartete marktbereinigte relative Wertänderung des Akquisitionssubjekts <u>-0,081</u>. Die Werte des S&P 500-Indexes am Tag vor Ankündigung der Akquisition (Indexpreis_v) bzw. am Tag nach Ankündigung der Akquisition (Indexpreis_n) betragen 1434,54 bzw. 1437,50. Der Aktienkurs des Akquisitionssubjekts einen Tag nach der Ankündigung der Akquisition (Aktienkurs_{Sn}) beträgt 62,51 US$. Die tatsächliche marktbereinigte relative Wertänderung des Akquisitionssubjekts gemäß Formel 18 ist <u>-0,066</u>. Die Differenz zwischen erwarteter und tatsächlicher marktbereinigter relativer Wertänderung des Akquisitionssubjekts beträgt -0,015 (vgl. Abbildung 29).

Abbildung 29: Relative Wertänderung von Beckman Coulter Inc.

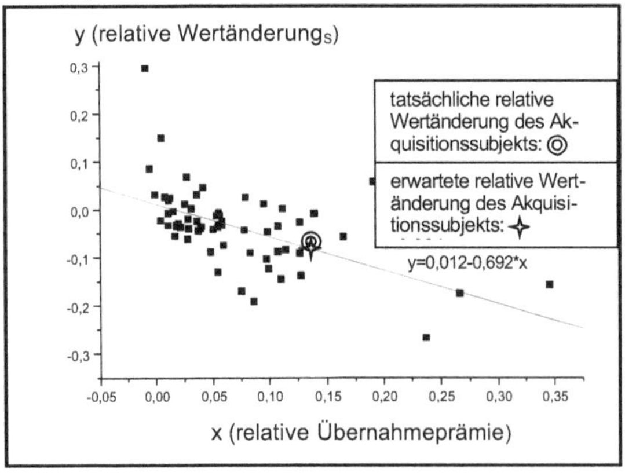

Quelle: Eigene Erstellung

4.3.22 Erwerb von Paxar Corp. durch Avery Dennison Corp.

Am 22.03.2007 wurde die definitive Einigung zwischen Avery Dennison Corp. (NYSE: AVY) und Paxar Corp. (NYSE: PXR) verkündet, dass Avery Dennison Corp. (Akquisitionssubjekt) alle Aktien von Paxar Corp. (Akquisitionsobjekt) erwirbt. Avery Dennison Corp. ist Hersteller von Papierprodukten, Paxar Corp. ist Hersteller von Etiketten und Barcodesystemen. Der Kaufpreis des Akquisitionsobjekts pro Aktie ($Aktienkaufpreis_O$) beträgt 30,50 US$, der bezahlte Gesamtwert des Akquisitionsobjekts ($Wert_O$) ist 1317,1 Mio. US$. Der Aktienkurs des Akquisitionsobjekts einen Tag vor der Ankündigung der Akquisition ($Aktienkurs_{Ov}$) beträgt 23,82 US$. Die Übernahmeprämie pro Aktie des Akquisitionsobjekts beträgt 6,68 US$, die Gesamtübernahmeprämie 288,5 Mio. US$. Die Zahl der ausgegebenen Aktien des Akquisitionssubjekts ($Aktienzahl_S$) beträgt 99,8 Mio., der Aktienkurs des Akquisitionssubjekts einen Tag vor der Akquisitionsankündigung ($Aktienkurs_{Sv}$) beträgt 65,71 US$. Der Wert des Akquisitionssubjekts ist 6557,9 Mio. US$. Das Wertverhältnis von Akquisitionssubjekt zu Akquisitionsobjekt ist 5,0. Gemäß Formel 16 beträgt die relative Übernahmeprämie 0,044. Gemäß Formel 25 beträgt die erwartete marktbereinigte relative Wertänderung des Akquisitionssubjekts -0,018. Die Werte des S&P 500-Indexes am Tag vor Ankündigung der Akquisition ($Indexpreis_v$) bzw. am Tag nach Ankündigung der Akquisition ($Indexpreis_n$) betragen 1435,04 bzw. 1436,11. Der Aktienkurs des Akquisitionssubjekts einen Tag nach der Ankündigung der Akquisition ($Aktienkurs_{Sn}$) beträgt 66,43 US$. Die tatsächliche marktbereinigte relative Wertänderung des Akquisitionssubjekts gemäß Formel 18 ist 0,010. Die Differenz zwischen erwarteter und tatsächlicher marktbereinigter relativer Wertänderung des Akquisitionssubjekts beträgt -0,028 (vgl. Abbildung 30).

Abbildung 30: Relative Wertänderung von Avery Dennison Corp.

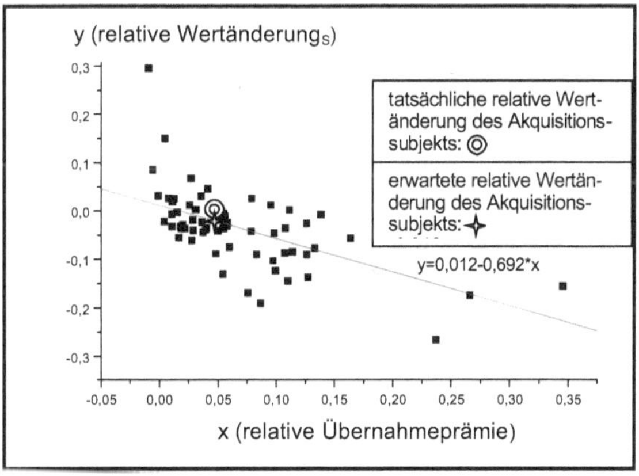

Quelle: Eigene Erstellung

4.3.23 Erwerb von InfraSource Services Inc. durch Quanta Services Inc.

Am 19.03.2007 wurde die definitive Einigung zwischen Quanta Services Inc. (NYSE: PWR) und InfraSource Services Inc. (NYSE: IFS) verkündet, dass Quanta Services Inc. (Akquisitionssubjekt) alle Aktien von InfraSource Services Inc. (Akquisitionsobjekt) erwirbt. Quanta Services Inc. und InfraSource Services Inc. bieten Vertragsberatungsdienstleisungen an. Der Kaufpreis des Akquisitionsobjekts pro Aktie ($Aktienkaufpreis_O$) beträgt 30,13 US$, der bezahlte Gesamtwert des Akquisitionsobjekts ($Wert_O$) ist 1219,1 Mio. US$. Der Aktienkurs des Akquisitionsobjekts einen Tag vor der Ankündigung der Akquisition ($Aktienkurs_{OV}$) beträgt 25,66 US$. Die Übernahmeprämie pro Aktie des Akquisitionsobjekts beträgt 4,47 US$, die Gesamtübernahmeprämie 180,9 Mio. US$. Die Zahl der ausgegebenen Aktien des Akquisitionssubjekts ($Aktienzahl_S$) beträgt 117,0 Mio., der Aktienkurs des Akquisitionssubjekts einen Tag vor der Akquisitionsankündigung ($Aktienkurs_{SV}$) beträgt 24,64 US$. Der Wert des Akquisitionssubjekts ist 2883,6 Mio. US$. Das Wertverhältnis von Akquisitionssubjekt zu Akquisitionsobjekt ist 2,4. Gemäß Formel 16 beträgt die relative Übernahmeprämie <u>0,063</u>. Gemäß Formel 25 beträgt die erwartete marktbereinigte relative Wertänderung des Akquisitionssubjekts <u>-0,031</u>. Die Werte des S&P 500-Indexes am Tag vor Ankündigung der Akquisition ($Indexpreis_v$) bzw. am Tag nach Ankündigung der Akquisition ($Indexpreis_n$) betragen 1386,95 bzw. 1410,94. Der Aktienkurs des Akquisitionssubjekts einen Tag nach der Ankündigung der Akquisition ($Aktienkurs_{Sn}$) beträgt 24,28 US$. Die tatsächliche marktbereinigte relative Wertänderung des Akquisitionssubjekts gemäß Formel 18 ist <u>-0,032</u>. Die Differenz zwischen erwarteter und tatsächlicher marktbereinigter relativer Wertänderung des Akquisitionssubjekts beträgt 0,001 (vgl. Abbildung 31).

Abbildung 31: Relative Wertänderung von Quanta Services Inc.

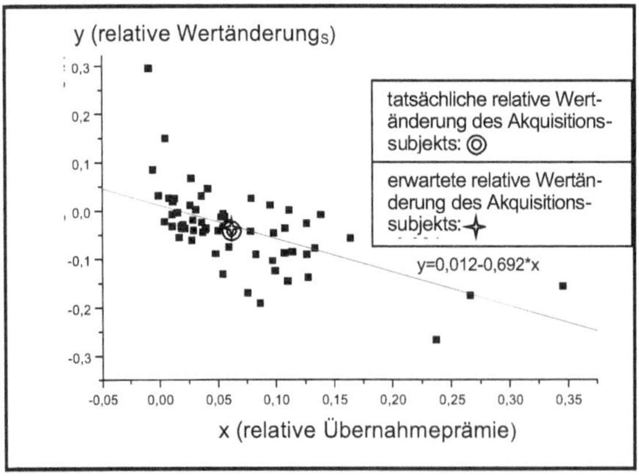

Quelle: Eigene Erstellung

4.3.24 Erwerb von Florida Rock Industries Inc. durch Vulcan Materials Co.

Am 19.02.2007 wurde die definitive Einigung zwischen Vulcan Materials Co. (NYSE: VMC) und Florida Rock Industries Inc. (NYSE: FRK) verkündet, dass Vulcan Materials Co. (Akquisitionssubjekt) alle Aktien von Florida Rock Industries Inc. (Akquisitionsobjekt) erwirbt. Vulcan Materials Co. ist Hersteller und Großhändler von Baumaterialien, Florida Rock Industries Inc. ist Hersteller und Großhändler von Beton, Sand und Kies. Der Kaufpreis des Akquisitionsobjekts pro Aktie ($Aktienkaufpreis_O$) beträgt 70,44 US$, der bezahlte Gesamtwert des Akquisitionsobjekts ($Wert_O$) ist 4817,1 Mio. US$. Der Aktienkurs des Akquisitionsobjekts einen Tag vor der Ankündigung der Akquisition ($Aktienkurs_{Ov}$) beträgt 46,96 US$. Die Übernahmeprämie pro Aktie des Akquisitionsobjekts beträgt 23,48 US$, die Gesamtübernahmeprämie 1605,7 Mio. US$. Die Zahl der ausgegebenen Aktien des Akquisitionssubjekts ($Aktienzahl_S$) beträgt 97,6 Mio., der Aktienkurs des Akquisitionssubjekts einen Tag vor der Akquisitionsankündigung ($Aktienkurs_{Sv}$) beträgt 111,81 US$. Der Wert des Akquisitionssubjekts ist 10910,4 Mio. US$. Das Wertverhältnis von Akquisitionssubjekt zu Akquisitionsobjekt ist 2,3. Gemäß Formel 16 beträgt die relative Übernahmeprämie 0,147. Gemäß Formel 25 beträgt die erwartete marktbereinigte relative Wertänderung des Akquisitionssubjekts -0,090. Die Werte des S&P 500-Indexes am Tag vor Ankündigung der Akquisition ($Indexpreis_v$) bzw. am Tag nach Ankündigung der Akquisition ($Indexpreis_n$) betragen 1455,54 bzw. 1459,68. Der Aktienkurs des Akquisitionssubjekts einen Tag nach der Ankündigung der Akquisition ($Aktienkurs_{Sn}$) beträgt 111,14 US$. Die tatsächliche marktbereinigte relative Wertänderung des Akquisitionssubjekts gemäß Formel 18 ist -0,009. Die Differenz zwischen erwarteter und tatsächlicher marktbereinigter relativer Wertänderung des Akquisitionssubjekts ist -0,081 (vgl. Abbildung 32).

Abbildung 32: Relative Wertänderung von Vulcan Materials Co.

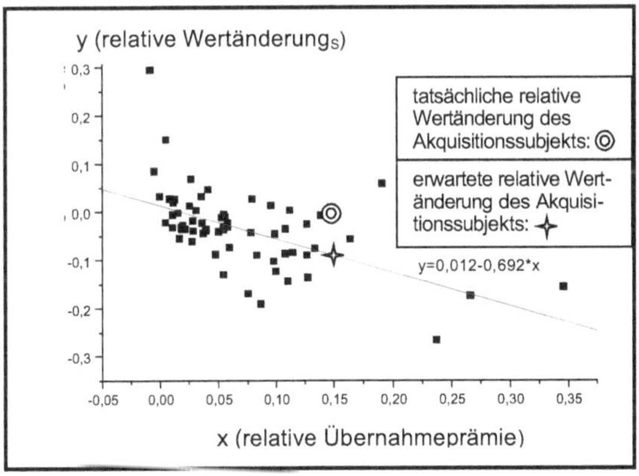

Quelle: Eigene Erstellung

4.3.25 Erwerb von Talx Corp. durch Equifax Inc.

Am 14.02.2007 wurde die definitive Einigung zwischen Equifax Inc. (NYSE: EFX) und Talx Corp. (NASDAQ: TALX) verkündet, dass Equifax Inc. (Akquisitionssubjekt) alle Aktien von Talx Corp. (Akquisitionsobjekt) erwirbt. Equifax Inc. bietet Kreditinformationsdienstleistungen an, Talx Corp. bietet Abrechnungsdienstleistungen an. Der Kaufpreis des Akquisitionsobjekts pro Aktie ($Aktienkaufpreis_O$) beträgt 35,90 US$, der bezahlte Gesamtwert des Akquisitionsobjekts ($Wert_O$) ist 1410,5 Mio. US$. Der Aktienkurs des Akquisitionsobjekts einen Tag vor der Ankündigung der Akquisition ($Aktienkurs_{Ov}$) beträgt 32,41 US$. Die Übernahmeprämie pro Aktie des Akquisitionsobjekts beträgt 3,49 US$, die Gesamtübernahmeprämie 137,1 Mio. US$. Die Zahl der ausgegebenen Aktien des Akquisitionssubjekts ($Aktienzahl_S$) beträgt 127,1 Mio., der Aktienkurs des Akquisitionssubjekts einen Tag vor der Akquisitionsankündigung ($Aktienkurs_{Sv}$) beträgt 41,69 US$. Der Wert des Akquisitionssubjekts ist 5298,8 Mio. US$. Das Wertverhältnis von Akquisitionssubjekt zu Akquisitionsobjekt ist 3,8. Gemäß Formel 16 beträgt die relative Übernahmeprämie 0,026. Gemäß Formel 25 beträgt die erwartete marktbereinigte relative Wertänderung des Akquisitionssubjekts -0,006. Die Werte des S&P 500-Indexes am Tag vor Ankündigung der Akquisition ($Indexpreis_v$) bzw. am Tag nach Ankündigung der Akquisition ($Indexpreis_n$) betragen 1444,26 bzw. 1456,81. Der Aktienkurs des Akquisitionssubjekts einen Tag nach der Ankündigung der Akquisition ($Aktienkurs_{Sn}$) beträgt 39,63 US$. Die tatsächliche marktbereinigte relative Wertänderung des Akquisitionssubjekts gemäß Formel 18 ist -0,058. Die Differenz zwischen erwarteter und tatsächlicher marktbereinigter relativer Wertänderung des Akquisitionssubjekts beträgt 0,052 (vgl. Abbildung 33).

Abbildung 33: Relative Wertänderung von Equifax Inc.

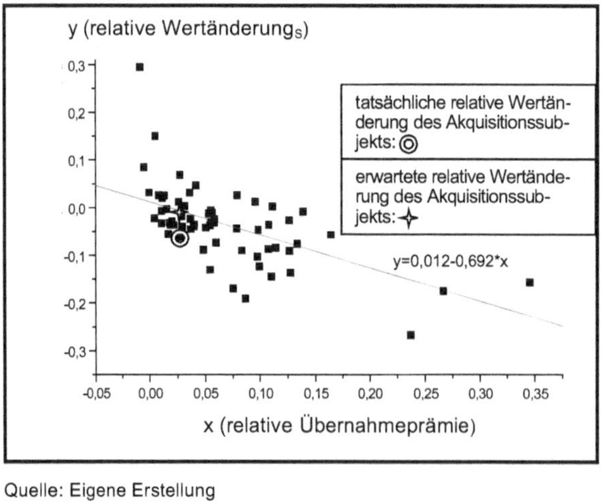

Quelle: Eigene Erstellung

4.3.26 Erwerb von Aquila Inc. durch Great Plains Energy Inc.

Am 07.02.2007 wurde die definitive Einigung zwischen Great Plains Energy Inc. (NYSE: GXP) und Aquila Inc. (NYSE: ILA) verkündet, dass Great Plains Energy Inc. (Akquisitionssubjekt) alle Aktien von Aquila Inc. (Akquisitionsobjekt) erwirbt. Great Plains Energy Inc. ist Elektrizitätsversorger, Aquila Inc. ist Gas- und Elektrizitätsversorger. Der Kaufpreis des Akquisitionsobjekts pro Aktie (Aktienkaufpreis_O) beträgt 4,56 US$, der bezahlte Gesamtwert des Akquisitionsobjekts (Wert_O) ist 2710,8 Mio. US$. Der Aktienkurs des Akquisitionsobjekts einen Tag vor der Ankündigung der Akquisition (Aktienkurs_{Ov}) beträgt 4,67 US$. Die Übernahmeprämie pro Aktie des Akquisitionsobjekts beträgt -0,11 US$, die Gesamtübernahmeprämie -65,4 Mio. US$. Die Zahl der ausgegebenen Aktien des Akquisitionssubjekts (Aktienzahl_S) beträgt 78,0 Mio., der Aktienkurs des Akquisitionssubjekts einen Tag vor der Akquisitionsankündigung (Aktienkurs_{Sv}) beträgt 32,05 US$. Der Wert des Akquisitionssubjekts ist 2500,0 Mio. US$. Das Wertverhältnis von Akquisitionssubjekt zu Akquisitionsobjekt ist 0,9. Gemäß Formel 16 beträgt die relative Übernahmeprämie -0,026. Gemäß Formel 25 beträgt die erwartete marktbereinigte relative Wertänderung des Akquisitionssubjekts 0,030. Die Werte des S&P 500-Indexes am Tag vor Ankündigung der Akquisition (Indexpreis_v) bzw. am Tag nach Ankündigung der Akquisition (Indexpreis_n) betragen 1448,00 bzw. 1448,31. Der Aktienkurs des Akquisitionssubjekts einen Tag nach der Ankündigung der Akquisition (Aktienkurs_{Sn}) beträgt 31,82 US$. Die tatsächliche marktbereinigte relative Wertänderung des Akquisitionssubjekts gemäß Formel 18 ist -0,007. Die Differenz zwischen erwarteter und tatsächlicher marktbereinigter relativer Wertänderung des Akquisitionssubjekts beträgt 0,038 (vgl. Abbildung 34).

Abbildung 34: Relative Wertänderung von Great Plains Energy Inc.

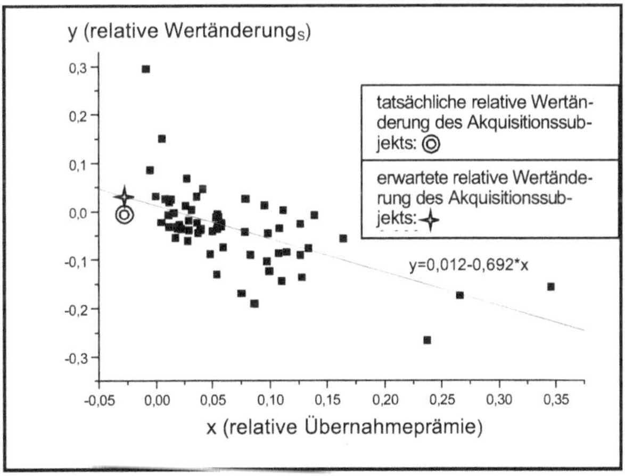

Quelle: Eigene Erstellung

4.3.27 Erwerb von Investors Financial Services Corp. durch State Street Corp.

Am 05.02.2007 wurde die definitive Einigung zwischen State Street Corp. (NYSE: STT) und Investors Financial Services Corp. (NASDAQ: IFIN) verkündet, dass State Street Corp. (Akquisitionssubjekt) alle Aktien von Investors Financial Services Corp. (Akquisitionsobjekt) erwirbt. State Street Corp. bietet Pensionsfondsservices an, Investors Financial Services Corp. bietet Finanzdienstleistungen an. Der Kaufpreis des Akquisitionsobjekts pro Aktie (Aktienkaufpreis_O) beträgt 65,01 US$, der bezahlte Gesamtwert des Akquisitionsobjekts (Wert_O) ist 4533,0 Mio. US$. Der Aktienkurs des Akquisitionsobjekts einen Tag vor der Ankündigung der Akquisition (Aktienkurs_{Ov}) beträgt 46,95 US$. Die Übernahmeprämie pro Aktie des Akquisitionsobjekts beträgt 18,06 US$, die Gesamtübernahmeprämie 1259,3 Mio. US$. Die Zahl der ausgegebenen Aktien des Akquisitionssubjekts (Aktienzahl_S) beträgt 331,4 Mio., der Aktienkurs des Akquisitionssubjekts einen Tag vor der Akquisitionsankündigung (Aktienkurs_{Sv}) beträgt 71,75 US$. Der Wert des Akquisitionssubjekts ist 23774,4 Mio. US$. Das Wertverhältnis von Akquisitionssubjekt zu Akquisitionsobjekt ist 5,2. Gemäß Formel 16 beträgt die relative Übernahmeprämie <u>0,053</u>. Gemäß Formel 25 beträgt die erwartete marktbereinigte relative Wertänderung des Akquisitionssubjekts <u>-0,024</u>. Die Werte des S&P 500-Indexes am Tag vor Ankündigung der Akquisition (Indexpreis_v) bzw. am Tag nach Ankündigung der Akquisition (Indexpreis_n) betragen 1448,39 bzw. 1448,00. Der Aktienkurs des Akquisitionssubjekts einen Tag nach der Ankündigung der Akquisition (Aktienkurs_{Sn}) beträgt 68,17 US$. Die tatsächliche marktbereinigte relative Wertänderung des Akquisitionssubjekts gemäß Formel 18 ist <u>-0,050</u>. Die Differenz zwischen erwarteter und tatsächlicher marktbereinigter relativer Wertänderung des Akquisitionssubjekts beträgt 0,025 (vgl. Abbildung 35).

Abbildung 35: Relative Wertänderung von State Street Corp.

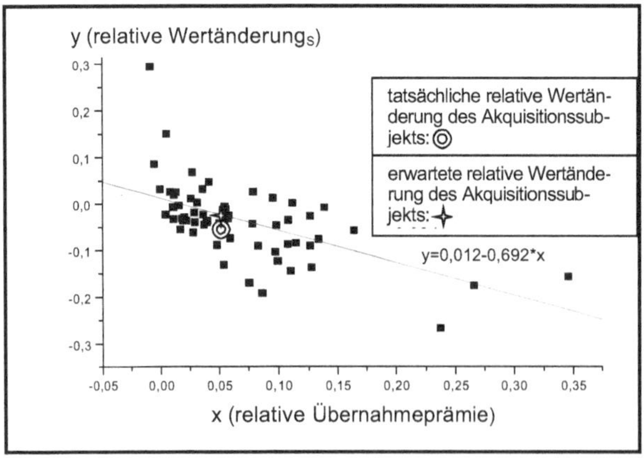

Quelle: Eigene Erstellung

4.3.28 Erwerb von Houston Exploration Co. durch Forest Oil Corp.

Am 07.01.2007 wurde die definitive Einigung zwischen Forest Oil Corp. (NYSE: FST) und Houston Exploration Co. (NYSE: THX) verkündet, dass Forest Oil Corp. (Akquisitionssubjekt) alle Aktien von Houston Exploration Co. (Akquisitionsobjekt) erwirbt. Forest Oil Corp. und Houston Exploration Co. sind Öl- und Gasproduzenten. Der Kaufpreis des Akquisitionsobjekts pro Aktie ($Aktienkaufpreis_O$) beträgt 52,48 US$, der bezahlte Gesamtwert des Akquisitionsobjekts ($Wert_O$) ist 1599,9 Mio. US$. Der Aktienkurs des Akquisitionsobjekts einen Tag vor der Ankündigung der Akquisition ($Aktienkurs_{Ov}$) beträgt 48,69 US$. Die Übernahmeprämie pro Aktie des Akquisitionsobjekts beträgt 3,79 US$, die Gesamtübernahmeprämie 115,5 Mio. US$. Die Zahl der ausgegebenen Aktien des Akquisitionssubjekts ($Aktienzahl_S$) beträgt 62,2 Mio., der Aktienkurs des Akquisitionssubjekts einen Tag vor der Akquisitionsankündigung ($Aktienkurs_{Sv}$) beträgt 31,22 US$. Der Wert des Akquisitionssubjekts ist 1942,8 Mio. US$. Das Wertverhältnis von Akquisitionssubjekt zu Akquisitionsobjekt ist 1,2. Gemäß Formel 16 beträgt die relative Übernahmeprämie 0,059. Gemäß Formel 25 beträgt die erwartete marktbereinigte relative Wertänderung des Akquisitionssubjekts -0,029. Die Werte des S&P 500-Indexes am Tag vor Ankündigung der Akquisition ($Indexpreis_v$) bzw. am Tag nach Ankündigung der Akquisition ($Indexpreis_n$) betragen 1409,71 bzw. 1412,84. Der Aktienkurs des Akquisitionssubjekts einen Tag nach der Ankündigung der Akquisition ($Aktienkurs_{Sn}$) beträgt 30,12 US$. Die tatsächliche marktbereinigte relative Wertänderung des Akquisitionssubjekts gemäß Formel 18 ist -0,037. Die Differenz zwischen erwarteter und tatsächlicher marktbereinigter relativer Wertänderung des Akquisitionssubjekts beträgt 0,009 (vgl. Abbildung 36).

Abbildung 36: Relative Wertänderung von Forest Oil Corp.

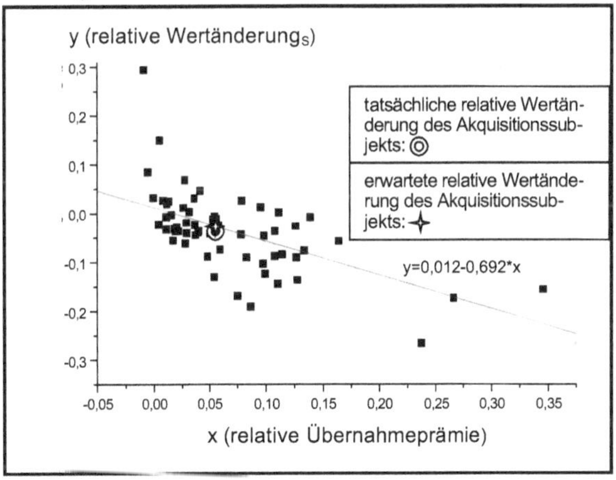

Quelle: Eigene Erstellung

4.3.29 Erwerb von National Health Realty Inc. durch National HealthCare Corp.

Am 21.12.2006 wurde die definitive Einigung zwischen National HealthCare Corp. (AMEX: NHC) und National Health Realty Inc. (AMEX: NHR) verkündet, dass National HealthCare Corp. (Akquisitionssubjekt) alle Aktien von National Health Realty Inc. (Akquisitionsobjekt) erwirbt. National HealthCare Corp. besitzt und betreibt Gesundheitszentren, National Health Realty Inc. ist eine Immobilieninvestmenttreuhand. Der Kaufpreis des Akquisitionsobjekts pro Aktie ($Aktienkaufpreis_O$) beträgt 22,58 US$, der bezahlte Gesamtwert des Akquisitionsobjekts ($Wert_O$) ist 224,9 Mio. US$. Der Aktienkurs des Akquisitionsobjekts einen Tag vor der Ankündigung der Akquisition ($Aktienkurs_{Ov}$) beträgt 21,29 US$. Die Übernahmeprämie pro Aktie des Akquisitionsobjekts beträgt 1,29 US$, die Gesamtübernahmeprämie 12,8 Mio. US$. Die Zahl der ausgegebenen Aktien des Akquisitionssubjekts ($Aktienzahl_S$) beträgt 12,2 Mio., der Aktienkurs des Akquisitionssubjekts einen Tag vor der Akquisitionsankündigung ($Aktienkurs_{Sv}$) beträgt 56,10 US$. Der Wert des Akquisitionssubjekts ist 686,7 Mio. US$. Das Wertverhältnis von Akquisitionssubjekt zu Akquisitionsobjekt ist 3,1. Gemäß Formel 16 beträgt die relative Übernahmeprämie <u>0,019</u>. Gemäß Formel 25 beträgt die erwartete marktbereinigte relative Wertänderung des Akquisitionssubjekts <u>-0,001</u>. Die Werte des S&P 500-Indexes am Tag vor Ankündigung der Akquisition ($Indexpreis_v$) bzw. am Tag nach Ankündigung der Akquisition ($Indexpreis_n$) betragen 1423,53 bzw. 1410,76. Der Aktienkurs des Akquisitionssubjekts einen Tag nach der Ankündigung der Akquisition ($Aktienkurs_{Sn}$) beträgt 55,28 US$. Die tatsächliche marktbereinigte relative Wertänderung des Akquisitionssubjekts gemäß Formel 18 ist <u>-0,006</u>. Die Differenz zwischen erwarteter und tatsächlicher marktbereinigter relativer Wertänderung des Akquisitionssubjekts beträgt 0,005 (vgl. Abbildung 37).

Abbildung 37: Relative Wertänderung von National HealthCare Corp.

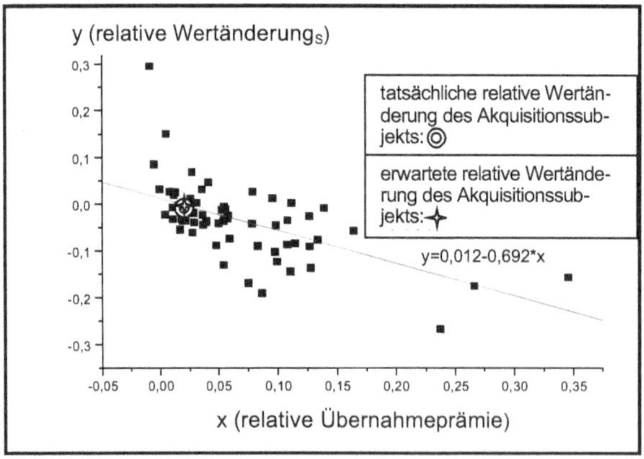

Quelle: Eigene Erstellung

4.3.30 Erwerb von Horizon Health Corp. durch Psychiatric Solutions Inc.

Am 20.12.2006 wurde die definitive Einigung zwischen Psychiatric Solutions Inc. (NASDAQ: PSYS) und Horizon Health Corp. (NASDAQ: HORC) verkündet, dass Psychiatric Solutions Inc. (Akquisitionssubjekt) alle Aktien von Horizon Health Corp. (Akquisitionsobjekt) erwirbt. Psychiatric Solutions Inc. ist Dienstleister für ambulante Patienten, Horizon Health Corp. bietet Gesundheitsdienstleistungen an. Der Kaufpreis des Akquisitionsobjekts pro Aktie (Aktienkaufpreis_O) beträgt 20,00 US$, der bezahlte Gesamtwert des Akquisitionsobjekts (Wert_O) ist 418,6 Mio. US$. Der Aktienkurs des Akquisitionsobjekts einen Tag vor der Ankündigung der Akquisition (Aktienkurs_{Ov}) beträgt 15,94 US$. Die Übernahmeprämie pro Aktie des Akquisitionsobjekts beträgt 4,06 US$, die Gesamtübernahmeprämie 85,0 Mio. US$. Die Zahl der ausgegebenen Aktien des Akquisitionssubjekts (Aktienzahl_S) beträgt 44,8 Mio., der Aktienkurs des Akquisitionssubjekts einen Tag vor der Akquisitionsankündigung (Aktienkurs_{Sv}) beträgt 35,96 US$. Der Wert des Akquisitionssubjekts ist 1610,6 Mio. US$. Das Wertverhältnis von Akquisitionssubjekt zu Akquisitionsobjekt ist 3,8. Gemäß Formel 16 beträgt die relative Übernahmeprämie 0,053. Gemäß Formel 25 beträgt die erwartete marktbereinigte relative Wertänderung des Akquisitionssubjekts -0,024. Die Werte des S&P 500-Indexes am Tag vor Ankündigung der Akquisition (Indexpreis_v) bzw. am Tag nach Ankündigung der Akquisition (Indexpreis_n) betragen 1425,55 bzw. 1418,30. Der Aktienkurs des Akquisitionssubjekts einen Tag nach der Ankündigung der Akquisition (Aktienkurs_{Sn}) beträgt 37,60 US$. Die tatsächliche marktbereinigte relative Wertänderung des Akquisitionssubjekts gemäß Formel 18 ist 0,051. Die Differenz zwischen erwarteter und tatsächlicher marktbereinigter relativer Wertänderung des Akquisitionssubjekts beträgt -0,075 (vgl. Abbildung 38).

Abbildung 38: Relative Wertänderung von Psychiatric Solutions Inc.

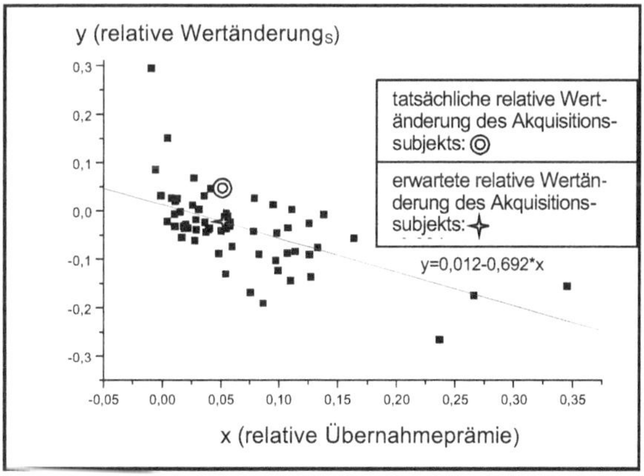

Quelle: Eigene Erstellung

4.3.31 Erwerb von Sky Financial Group Inc. durch Huntington Bancshares Inc.

Am 20.12.2006 wurde die definitive Einigung zwischen Huntington Bancshares Inc. (NASDAQ: HBAN) und Sky Financial Group (NASDAQ: SKYF) verkündet, dass Huntington Bancshares Inc. (Akquisitionssubjekt) alle Aktien von Sky Financial Group (Akquisitionsobjekt) erwirbt. Huntington Bancshares Inc. und Sky Financial Group sind Bankenholdings. Der Kaufpreis des Akquisitionsobjekts pro Aktie (Aktienkaufpreis_O) beträgt 27,20 US$, der bezahlte Gesamtwert des Akquisitionsobjekts (Wert_O) ist 3294,3 Mio. US$. Der Aktienkurs des Akquisitionsobjekts einen Tag vor der Ankündigung der Akquisition (Aktienkurs_{OV}) beträgt 24,17 US$. Die Übernahmeprämie pro Aktie des Akquisitionsobjekts beträgt 3,03 US$, die Gesamtübernahmeprämie 367,0 Mio. US$. Die Zahl der ausgegebenen Aktien des Akquisitionssubjekts (Aktienzahl_S) beträgt 230,1 Mio., der Aktienkurs des Akquisitionssubjekts einen Tag vor der Akquisitionsankündigung (Aktienkurs_{SV}) beträgt 24,77 US$. Der Wert des Akquisitionssubjekts ist 5700,6 Mio. US$. Das Wertverhältnis von Akquisitionssubjekt zu Akquisitionsobjekt ist 1,7. Gemäß Formel 16 beträgt die relative Übernahmeprämie <u>0,064</u>. Gemäß Formel 25 beträgt die erwartete marktbereinigte relative Wertänderung des Akquisitionssubjekts <u>-0,032</u>. Die Werte des S&P 500-Indexes am Tag vor Ankündigung der Akquisition (Indexpreis_v) bzw. am Tag nach Ankündigung der Akquisition (Indexpreis_n) betragen 1425,55 bzw. 1418,30. Der Aktienkurs des Akquisitionssubjekts einen Tag nach der Ankündigung der Akquisition (Aktienkurs_{Sn}) beträgt 22,96 US$. Die tatsächliche marktbereinigte relative Wertänderung des Akquisitionssubjekts gemäß Formel 18 ist <u>-0,068</u>. Die Differenz zwischen erwarteter und tatsächlicher marktbereinigter relativer Wertänderung des Akquisitionssubjekts beträgt 0,036 (vgl. Abbildung 39).

Abbildung 39: Relative Wertänderung von Huntington Bancshares Inc.

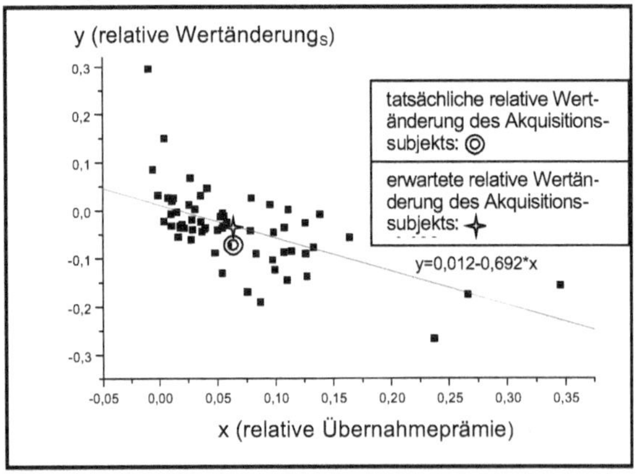

Quelle: Eigene Erstellung

4.3.32 Erwerb von Digital Insight Corp. durch Intuit Inc.

Am 30.11.2006 wurde die definitive Einigung zwischen Intuit Inc. (NASDAQ: INTU) und Digital Insight Corp. (NASDAQ: DGIN) verkündet, dass Intuit Inc. (Akquisitionssubjekt) alle Aktien von Digital Insight Corp. (Akquisitionsobjekt) erwirbt. Intuit Inc. ist Entwickler von Finanzsoftware, Digital Insight Corp. bietet Onlinebanking-Services an. Der Kaufpreis des Akquisitionsobjekts pro Aktie ($Aktienkaufpreis_O$) beträgt 39,00 US$, der bezahlte Gesamtwert des Akquisitionsobjekts ($Wert_O$) ist 1354,2 Mio. US$. Der Aktienkurs des Akquisitionsobjekts einen Tag vor der Ankündigung der Akquisition ($Aktienkurs_{Ov}$) beträgt 33,00 US$. Die Übernahmeprämie pro Aktie des Akquisitionsobjekts beträgt 6,00 US$, die Gesamtübernahmeprämie 208,3 Mio. US$. Die Zahl der ausgegebenen Aktien des Akquisitionssubjekts ($Aktienzahl_S$) beträgt 347,85 Mio., der Aktienkurs des Akquisitionssubjekts einen Tag vor der Akquisitionsankündigung ($Aktienkurs_{Sv}$) beträgt 31,89 US$. Der Wert des Akquisitionssubjekts ist 11092,9 Mio. US$. Das Wertverhältnis von Akquisitionssubjekt zu Akquisitionsobjekt ist 8,2. Gemäß Formel 16 beträgt die relative Übernahmeprämie 0,019. Gemäß Formel 25 beträgt die erwartete marktbereinigte relative Wertänderung des Akquisitionssubjekts -0,001. Die Werte des S&P 500-Indexes am Tag vor Ankündigung der Akquisition ($Indexpreis_v$) bzw. am Tag nach Ankündigung der Akquisition ($Indexpreis_n$) betragen 1399,48 bzw. 1396,71. Der Aktienkurs des Akquisitionssubjekts einen Tag nach der Ankündigung der Akquisition ($Aktienkurs_{Sn}$) beträgt 30,82 US$. Die tatsächliche marktbereinigte relative Wertänderung des Akquisitionssubjekts gemäß Formel 18 ist -0,032. Die Differenz zwischen erwarteter und tatsächlicher marktbereinigter relativer Wertänderung des Akquisitionssubjekts beträgt 0,031 (vgl. Abbildung 40).

Abbildung 40: Relative Wertänderung von Intuit Inc.

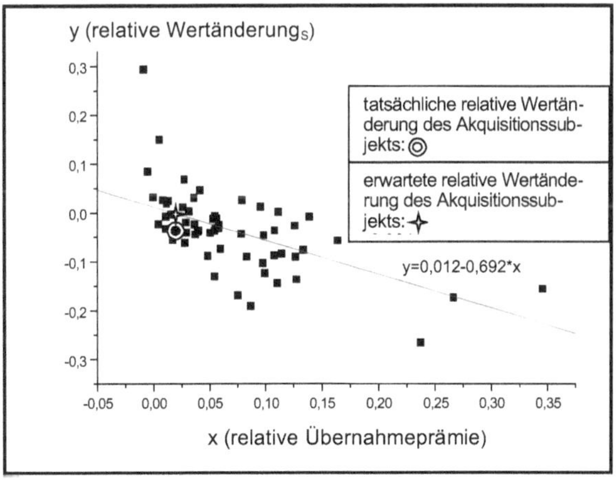

Quelle: Eigene Erstellung

4.3.33 Erwerb von Rita Medical Systems Inc. durch AngioDynamics Inc.

Am 27.11.2006 wurde die definitive Einigung zwischen Angio-Dynamics Inc. (NASDAQ: ANGO) und Rita Medical Systems Inc. (NASDAQ: RITA) verkündet, dass AngioDynamics Inc. (Akquisitionssubjekt) alle Aktien von Rita Medical Systems Inc. (Akquisitionsobjekt) erwirbt. AngioDynamics Inc. ist Hersteller von Therapeutika, Rita Medical Systems Inc. ist Hersteller und Großhändler von Produkten zur Tumorbehandlung. Der Kaufpreis des Akquisitionsobjekts pro Aktie ($Aktienkaufpreis_O$) beträgt 3,79 US$, der bezahlte Gesamtwert des Akquisitionsobjekts ($Wert_O$) ist 167,2 Mio. US$. Der Aktienkurs des Akquisitionsobjekts einen Tag vor der Ankündigung der Akquisition ($Aktienkurs_{Ov}$) beträgt 4,00 US$. Die Übernahmeprämie pro Aktie des Akquisitionsobjekts beträgt -0,21 US$, die Gesamtübernahmeprämie -9,3 Mio. US$. Die Zahl der ausgegebenen Aktien des Akquisitionssubjekts ($Aktienzahl_S$) beträgt 12,4 Mio., der Aktienkurs des Akquisitionssubjekts einen Tag vor der Akquisitionsankündigung ($Aktienkurs_{Sv}$) beträgt 22,01 US$. Der Wert des Akquisitionssubjekts ist 272,5 Mio. US$. Das Wertverhältnis von Akquisitionssubjekt zu Akquisitionsobjekt ist 1,6. Gemäß Formel 16 beträgt die relative Übernahmeprämie -0,034. Gemäß Formel 25 beträgt die erwartete marktbereinigte relative Wertänderung des Akquisitionssubjekts 0,036. Die Werte des S&P 500-Indexes am Tag vor Ankündigung der Akquisition ($Indexpreis_v$) bzw. am Tag nach Ankündigung der Akquisition ($Indexpreis_n$) betragen 1400,95 bzw. 1386,72. Der Aktienkurs des Akquisitionssubjekts einen Tag nach der Ankündigung der Akquisition ($Aktienkurs_{Sn}$) beträgt 22,23 US$. Die tatsächliche marktbereinigte relative Wertänderung des Akquisitionssubjekts gemäß Formel 18 ist 0,020. Die Differenz zwischen erwarteter und tatsächlicher marktbereinigter relativer Wertänderung des Akquisitionssubjekts beträgt 0,016 (vgl. Abbildung 41).

Abbildung 41: Relative Wertänderung von Angio-Dynamics Inc.

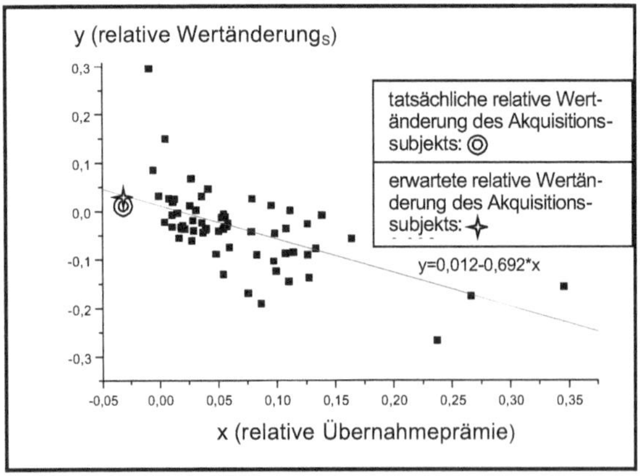

Quelle: Eigene Erstellung

4.3.34 Erwerb von Trammell Crow Co. durch CB Richard Ellis Group Inc.

Am 30.10.2006 wurde die definitive Einigung zwischen CB Richard Ellis Group Inc. (NYSE: CBG) und Trammell Crow Co. (NYSE: TCC) verkündet, dass CB Richard Ellis Group Inc. (Akquisitionssubjekt) alle Aktien von Trammell Crow Co. (Akquisitionsobjekt) erwirbt. CB Richard Ellis Group Inc. bietet Immobiliendienstleistungen an, Trammell Crow Co. ist Immobilienverwalter. Der Kaufpreis des Akquisitionsobjekts pro Aktie ($Aktienkaufpreis_O$) beträgt 49,51 US$, der bezahlte Gesamtwert des Akquisitionsobjekts ($Wert_O$) ist 1970,9 Mio. US$. Der Aktienkurs des Akquisitionsobjekts einen Tag vor der Ankündigung der Akquisition ($Aktienkurs_{Ov}$) beträgt 38,65 US$. Die Übernahmeprämie pro Aktie des Akquisitionsobjekts beträgt 10,86 US$, die Gesamtübernahmeprämie 432,3 Mio. US$. Die Zahl der ausgegebenen Aktien des Akquisitionssubjekts ($Aktienzahl_S$) beträgt 222,1 Mio., der Aktienkurs des Akquisitionssubjekts einen Tag vor der Akquisitionsankündigung ($Aktienkurs_{Sv}$) beträgt 28,72 US$. Der Wert des Akquisitionssubjekts ist 6379,6 Mio. US$. Das Wertverhältnis von Akquisitionssubjekt zu Akquisitionsobjekt ist 3,2. Gemäß Formel 16 beträgt die relative Übernahmeprämie <u>0,068</u>. Gemäß Formel 25 beträgt die erwartete marktbereinigte relative Wertänderung des Akquisitionssubjekts <u>-0,035</u>. Die Werte des S&P 500-Indexes am Tag vor Ankündigung der Akquisition ($Indexpreis_v$) bzw. am Tag nach Ankündigung der Akquisition ($Indexpreis_n$) betragen 1377,34 bzw. 1377,94. Der Aktienkurs des Akquisitionssubjekts einen Tag nach der Ankündigung der Akquisition ($Aktienkurs_{Sn}$) beträgt 30,03 US$. Die tatsächliche marktbereinigte relative Wertänderung des Akquisitionssubjekts gemäß Formel 18 ist <u>0,045</u>. Die Differenz zwischen erwarteter und tatsächlicher marktbereinigter relativer Wertänderung des Akquisitionssubjekts beträgt -0,080 (vgl. Abbildung 42).

Abbildung 42: Relative Wertänderung von CB Richard Ellis Group Inc.

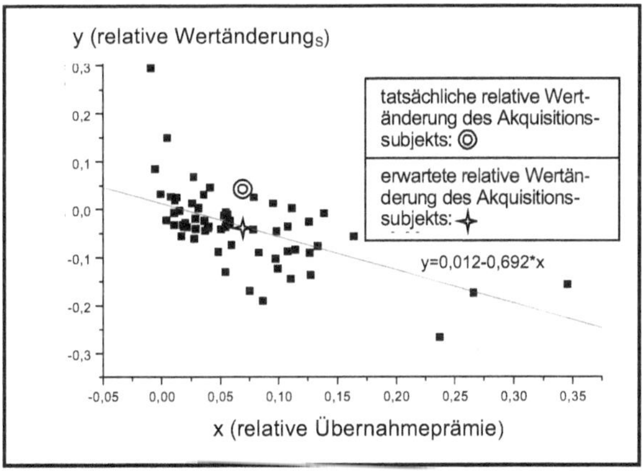

Quelle: Eigene Erstellung

4.3.35 Erwerb von CBOT Holdings Inc. durch Chicago Mercantile Exchange Holdings Inc.

Am 17.10.2006 wurde die definitive Einigung zwischen Chicago Mercantile Exchange Holdings Inc. (NYSE: CME) und CBOT Holdings Inc. (NYSE: BOT) verkündet, dass Chicago Mercantile Exchange Holdings Inc. (Akquisitionssubjekt) alle Aktien von CBOT Holdings Inc. (Akquisitionsobjekt) erwirbt. Chicago Mercantile Exchange Holdings Inc. und CBOT Holdings sind Börsen. Der Kaufpreis des Akquisitionsobjekts pro Aktie (Aktienkaufpreis$_{O}$) beträgt 151,28 US$, der bezahlte Gesamtwert des Akquisitionsobjekts (Wert$_{O}$) ist 8014,8 Mio. US$. Der Aktienkurs des Akquisitionsobjekts einen Tag vor der Ankündigung der Akquisition (Aktienkurs$_{Ov}$) beträgt 134,51 US$. Die Übernahmeprämie pro Aktie des Akquisitionsobjekts beträgt 16,77 US$, die Gesamtübernahmeprämie 888,5 Mio. US$. Die Zahl der ausgegebenen Aktien des Akquisitionssubjekts (Aktienzahl$_{S}$) beträgt 34,3 Mio., der Aktienkurs des Akquisitionssubjekts einen Tag vor der Akquisitionsankündigung (Aktienkurs$_{Sv}$) beträgt 503,25 US$. Der Wert des Akquisitionssubjekts ist 17271,5 Mio. US$. Das Wertverhältnis von Akquisitionssubjekt zu Akquisitionsobjekt ist 2,2. Gemäß Formel 16 beträgt die relative Übernahmeprämie 0,051. Gemäß Formel 25 beträgt die erwartete marktbereinigte relative Wertänderung des Akquisitionssubjekts -0,023. Die Werte des S&P 500-Indexes am Tag vor Ankündigung der Akquisition (Indexpreis$_{v}$) bzw. am Tag nach Ankündigung der Akquisition (Indexpreis$_{n}$) betragen 1369,06 bzw. 1365,80. Der Aktienkurs des Akquisitionssubjekts einen Tag nach der Ankündigung der Akquisition (Aktienkurs$_{Sn}$) beträgt 507,25 US$. Die tatsächliche marktbereinigte relative Wertänderung des Akquisitionssubjekts gemäß Formel 18 ist 0,010. Die Differenz zwischen erwarteter und tatsächlicher marktbereinigter relativer Wertänderung des Akquisitionssubjekts beträgt -0,034 (vgl. Abbildung 43).

Abbildung 43: Relative Wertänderung von Chicago Mercantile Exchange Holdings Inc.

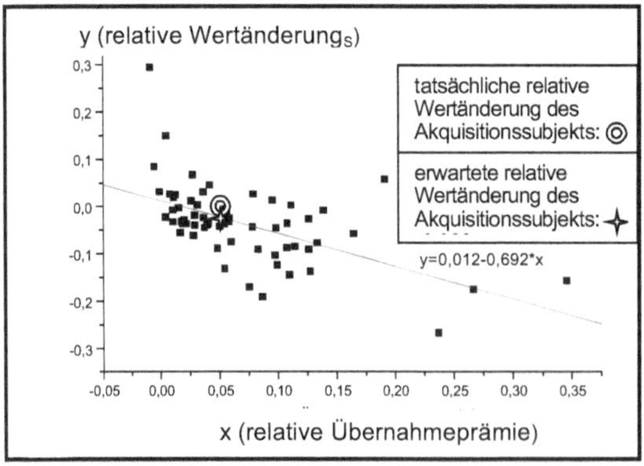

Quelle: Eigene Erstellung

4.3.36 Erwerb von Mercantile Bankshares Corp. durch PNC Financial Services Group Inc.

Am 09.10.2006 wurde die definitive Einigung zwischen PNC Financial Services Group Inc. (NYSE: PNC) und Mercantile Bankshares Corp. (NASDAQ: MRBK) verkündet, dass PNC Financial Services Group Inc. (Akquisitionssubjekt) alle Aktien von Mercantile Bankshares Corp. (Akquisitionsobjekt) erwirbt. PNC Financial Services Group Inc. und Mercantile Bankshares Corp. sind Bankenholdings. Der Kaufpreis des Akquisitionsobjekts pro Aktie (Aktienkaufpreis_O) beträgt 47,24 US$, der bezahlte Gesamtwert des Akquisitionsobjekts (Wert_O) ist 5981,8 Mio. US$. Der Aktienkurs des Akquisitionsobjekts einen Tag vor der Ankündigung der Akquisition (Aktienkurs_{Ov}) beträgt 36,78 US$. Die Übernahmeprämie pro Aktie des Akquisitionsobjekts beträgt 10,46 US$, die Gesamtübernahmeprämie 1324,5 Mio. US$. Die Zahl der ausgegebenen Aktien des Akquisitionssubjekts (Aktienzahl_S) beträgt 286,0 Mio., der Aktienkurs des Akquisitionssubjekts einen Tag vor der Akquisitionsankündigung (Aktienkurs_{Sv}) beträgt 73,60 US$. Der Wert des Akquisitionssubjekts ist 21049,6 Mio. US$. Das Wertverhältnis von Akquisitionssubjekt zu Akquisitionsobjekt ist 3,5. Gemäß Formel 16 beträgt die relative Übernahmeprämie 0,063. Gemäß Formel 25 beträgt die erwartete marktbereinigte relative Wertänderung des Akquisitionssubjekts -0,031. Die Werte des S&P 500-Indexes am Tag vor Ankündigung der Akquisition (Indexpreis_v) bzw. am Tag nach Ankündigung der Akquisition (Indexpreis_n) betragen 1349,59 bzw. 1353,42. Der Aktienkurs des Akquisitionssubjekts einen Tag nach der Ankündigung der Akquisition (Aktienkurs_{Sn}) beträgt 70,26 US$. Die tatsächliche marktbereinigte relative Wertänderung des Akquisitionssubjekts gemäß Formel 18 ist -0,048. Die Differenz zwischen erwarteter und tatsächlicher marktbereinigter relativer Wertänderung des Akquisitionssubjekts beträgt 0,017 (vgl. Abbildung 44).

Abbildung 44: Relative Wertänderung von PNC Financial Services Group Inc.

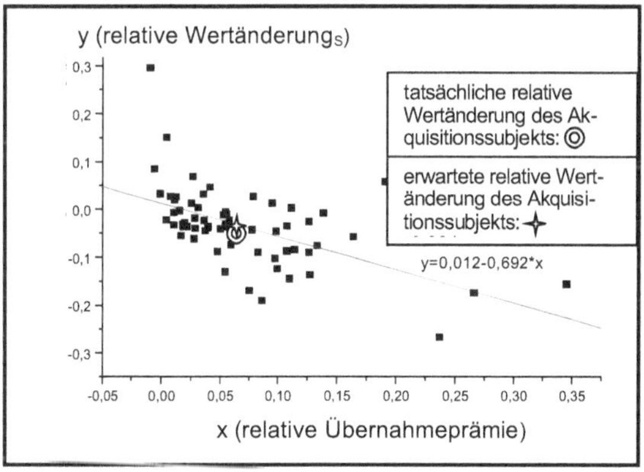

Quelle: Eigene Erstellung

4.3.37 Erwerb von Commonwealth Telephone Enterprises Inc. durch Citizens Communications Co.

Am 18.09.2006 wurde die definitive Einigung zwischen Citizens Communications Co. (NYSE: CZN) und Commonwealth Telephone Enterprises Inc. (NASDAQ: CTCO) verkündet, dass Citizens Communications Co. (Akquisitionssubjekt) alle Aktien von Commonwealth Telephone Enterprises Inc. (Akquisitionsobjekt) erwirbt. Citizens Communications Co. und Commonwealth Telephone Enterprises Inc. bieten Telekommunikationsdienstleistungen an. Der Kaufpreis des Akquisitionsobjekts pro Aktie (Aktienkaufpreis_O) beträgt 41,72 US\$, der bezahlte Gesamtwert des Akquisitionsobjekts (Wert_O) ist 884,3 Mio. US\$. Der Aktienkurs des Akquisitionsobjekts einen Tag vor der Ankündigung der Akquisition (Aktienkurs_{Ov}) beträgt 38,52 US\$. Die Übernahmeprämie pro Aktie des Akquisitionsobjekts beträgt 3,20 US\$, die Gesamtübernahmeprämie 67,8 Mio. US\$. Die Zahl der ausgegebenen Aktien des Akquisitionssubjekts (Aktienzahl_S) beträgt 337,1 Mio., der Aktienkurs des Akquisitionssubjekts einen Tag vor der Akquisitionsankündigung (Aktienkurs_{Sv}) beträgt 13,55 US\$. Der Wert des Akquisitionssubjekts ist 4567,3 Mio. US\$. Das Wertverhältnis von Akquisitionssubjekt zu Akquisitionsobjekt ist 5,2. Gemäß Formel 16 beträgt die relative Übernahmeprämie 0,015. Gemäß Formel 25 beträgt die erwartete marktbereinigte relative Wertänderung des Akquisitionssubjekts 0,002. Die Werte des S&P 500-Indexes am Tag vor Ankündigung der Akquisition (Indexpreis_v) bzw. am Tag nach Ankündigung der Akquisition (Indexpreis_n) betragen 1319,66 bzw. 1317,64. Der Aktienkurs des Akquisitionssubjekts einen Tag nach der Ankündigung der Akquisition (Aktienkurs_{Sn}) beträgt 13,43 US\$. Die tatsächliche marktbereinigte relative Wertänderung des Akquisitionssubjekts gemäß Formel 18 ist -0,007. Die Differenz zwischen erwarteter und tatsächlicher marktbereinigter relativer Wertänderung des Akquisitionssubjekts beträgt 0,009 (vgl. Abbildung 45).

Abbildung 45: Relative Wertänderung von Citizens Communications Co.

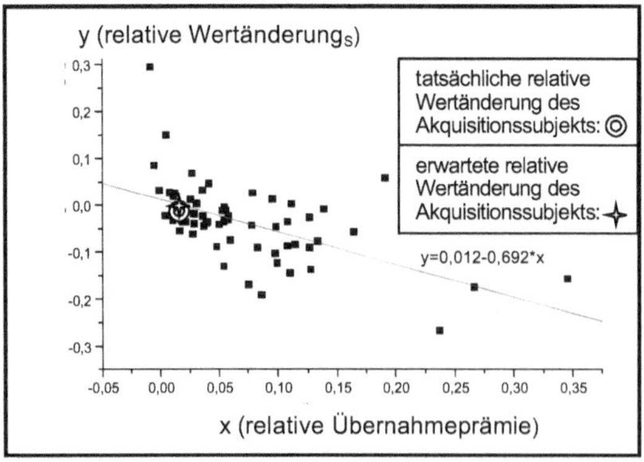

Quelle: Eigene Erstellung

4.3.38 Erwerb von Pocahontas Bancorp Inc. durch Iberiabank Corp.

Am 27.07.2006 wurde die definitive Einigung zwischen Iberiabank Corp. (NASDAQ: IBKC) und Pocahontas Bancorp Inc. (NASDAQ: PFSL) verkündet, dass Iberiabank Corp. (Akquisitionssubjekt) alle Aktien von Pocahontas Bancorp Inc. (Akquisitionsobjekt) erwirbt. Iberiabank Corp. und Pocahontas Bancorp Inc. sind Bankenholdings. Der Kaufpreis des Akquisitionsobjekts pro Aktie (Aktienkaufpreis_O) beträgt 16,44 US$, der bezahlte Gesamtwert des Akquisitionsobjekts (Wert_O) ist 76,3 Mio. US$. Der Aktienkurs des Akquisitionsobjekts einen Tag vor der Ankündigung der Akquisition (Aktienkurs_{Ov}) beträgt 15,76 US$. Die Übernahmeprämie pro Aktie des Akquisitionsobjekts beträgt 0,68 US$, die Gesamtübernahmeprämie 3,2 Mio. US$. Die Zahl der ausgegebenen Aktien des Akquisitionssubjekts (Aktienzahl_S) beträgt 9,2 Mio., der Aktienkurs des Akquisitionssubjekts einen Tag vor der Akquisitionsankündigung (Aktienkurs_{Sv}) beträgt 57,23 US$. Der Wert des Akquisitionssubjekts ist 523,7 Mio. US$. Das Wertverhältnis von Akquisitionssubjekt zu Akquisitionsobjekt ist 6,9. Gemäß Formel 16 beträgt die relative Übernahmeprämie 0,006. Gemäß Formel 25 beträgt die erwartete marktbereinigte relative Wertänderung des Akquisitionssubjekts 0,008. Die Werte des S&P 500-Indexes am Tag vor Ankündigung der Akquisition (Indexpreis_v) bzw. am Tag nach Ankündigung der Akquisition (Indexpreis_n) betragen 1268,88 bzw. 1278,55. Der Aktienkurs des Akquisitionssubjekts einen Tag nach der Ankündigung der Akquisition (Aktienkurs_{Sn}) beträgt 57,39 US$. Die tatsächliche marktbereinigte relative Wertänderung des Akquisitionssubjekts gemäß Formel 18 ist -0,005. Die Differenz zwischen erwarteter und tatsächlicher marktbereinigter relativer Wertänderung des Akquisitionssubjekts beträgt 0,013 (vgl. Abbildung 46).

Abbildung 46: Relative Wertänderung von Iberiabank Corp.

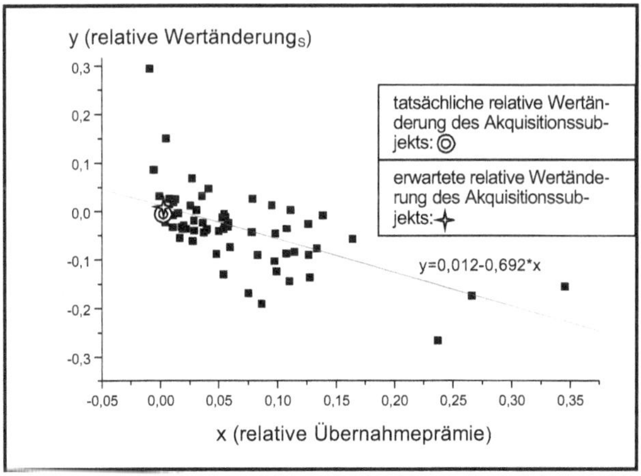

Quelle: Eigene Erstellung

4.4 Untersuchung der prognostischen Relevanz des Modells

4.4.1 Vergleich der Abweichungen der tatsächlichen von den vorhergesagten marktbereinigten relativen Wertänderungen der Akquisitionssubjekte

Als Maß für die Abweichungen der tatsächlichen von den vorhergesagten marktbereinigten relativen Wertänderungen der Akquisitionssubjekte werden die durchschnittlichen quadrierten Abweichungen verwendet. Dieser Wert liegt bei den 63 untersuchten Akquisitionen des Zeitraums September 2001 bis Dezember 2003 bei 0,0668, bei den nun untersuchten 38 Akquisitionen des Zeitraums Juli 2006 bis Juli 2007 sogar bei nur 0,0376. Damit sagt die ermittelte Regressionsgerade die marktbereinigten relativen Wertänderungen von Akquisitionssubjekten bei Anwendung auf den neuen Datensatz sogar noch besser vorher, als es aufgrund des Ursprungsdatensatzes zu erwarten gewesen wäre. Man kann dieses Ergebnis auch in den Abbildungen 9 bis 46 erkennen, denn die neuen Stichprobenpunkte liegen alle innerhalb der Streuung der Stichprobenpunkte, mit denen die Regressionsanalyse in Kapitel 3 durchgeführt wurde. Damit konnte die prognostische Relevanz des vorgestellten Regressionsmodells bei Anwendung auf einen unbekannten Datensatz bestätigt werden.

4.4.2 Untersuchung von Handelsstrategien, welche sich die Ergebnisse der empirischen Studie zunutze machen

In diesem Kapitel wird untersucht, welche Gewinne durch Handelsstrategien erzielt werden können, die sich die Ergebnisse des Modells zunutze machen, indem Aktien derjenigen Akquisitionssubjekte leerverkauft werden, für die hohe negative marktbereinigte relative Wertänderungen aufgrund des Modells vorhergesagt werden.

Eine standardmäßig angewandte Handelsstrategie ist, Akquisitionssubjekte bei Ankündigung der Akquisition leerzuverkaufen. Wendet man diese Strategie an und verwendet als Kaufkurs den Schlusskurs des Handelstags vor Akquisitionsankündigung und schließt man die Position zum Handelsschluss des auf die Akquisitionsankündigung folgenden Tags, so konnten bei ungehebelten Leerverkäufen folgende Ergebnisse erzielt werden:

Bei den 63 Akquisitionen des Zeitraums September 2001 bis Dezember 2003 wurde mit dieser Strategie tatsächlich eine durchschnittliche positive Performance von 3,56 % erzielt. Bei den 38 Akquisitionen des Zeitraums Juli 2006 bis Juli 2007 konnte ebenfalls eine durchschnittliche positive Performance erzielt werden, die in diesem Zeitraum aber bei nur 1,25 % lag.

Der höhere Gewinn durch Leerverkäufe des Akquisitionssubjekts bei den früheren Akquisitionen kann dadurch erklärt werden, dass im Zeitraum September 2001 bis Dezember 2003 eine negative Grundstimmung an den Börsen herrschte und daher

Akquisitionen für das Akquisitionssubjekt als wertvernichtender angesehen wurden als im weitaus positiveren Börsenumfeld der Monate Juli 2006 bis Juli 2007. Diese Stimmungsunterschiede sind auch unmittelbar am S&P 500-Aktienindex der beiden Zeiträume zu erkennen. So verzeichnete der S&P 500-Aktienindex im ersten Zeitraum einen durchschnittlichen monatlichen Wertverlust von 0,07 % (von 1132,94 auf 1119,92 Zähler in 27 Monaten), im zweiten Zeitraum dagegen einen durchschnittlichen monatlichen Wertzuwachs von 0,99 % (von 1280,19 auf 1455,27 Zähler in 13 Monaten).

Als Modifikationen dieser Standardleerverkaufsstrategie sollen nun Strategien angewendet werden, die sich die Ergebnisse der entwickelten Regressionsgerade (Formel 20) zunutze machen. Dazu werden nur solche Akquisitionssubjekte leerverkauft, für die gemäß Formel 20 marktbereinigte relative Wertverluste von mindestens 0 %, 1 %, 2 %, 3 % oder 4 % vorhergesagt werden. In der Praxis wird die Marktbereinigung dadurch erreicht, dass parallel dazu eine gleich große Long-Position auf den S&P 500-Aktienindex eingegangen wird, die zum Schluss des Handelstags nach Akquisitionsankündigung wieder geschlossen wird. Die Ergebnisse sind in Abbildung 47 in einem Schaubild aufgetragen.

Abbildung 47: Durchschnittliche Performance bei Leerverkaufsstrategien (Akquisitionssubjekte)

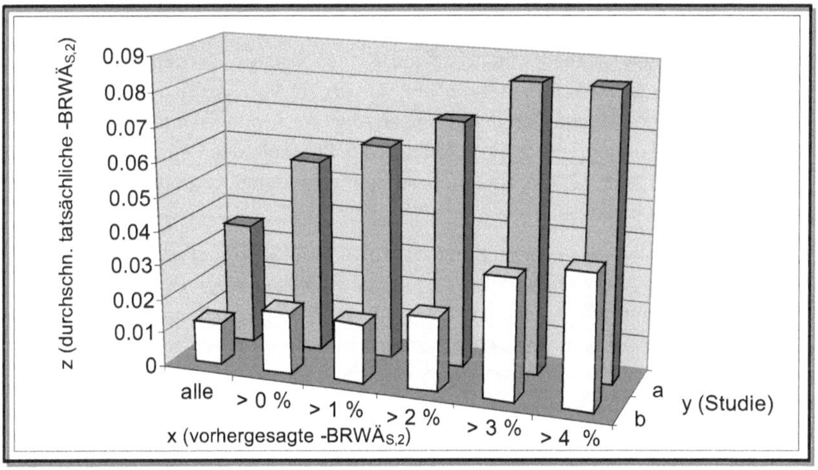

Quelle: Eigene Erstellung

Auf der x-Achse sind die aufgrund des Modells vorhergesagten marktbereinigten relativen Wertverluste der Akquisitionssubjekte aufgetragen, auf der z-Achse sind die durchschnittlichen tatsächlichen marktbereinigten relativen Wertverluste der Akquisitionssubjekte aufgetragen. Die hinteren Balken veranschaulichen die Ergebnisse der

Anwendung der Leerverkaufsstrategien im Zeitraum September 2001 bis Dezember 2003 (a), die vorderen Balken im Zeitraum Juli 2006 bis Juli 2007 (b). Der erste Balken zeigt dabei jeweils die durchschnittliche Performance beim Leerverkauf aller 63 bzw. 38 Akquisitionssubjekte.

Man erkennt, dass sich durch Leerverkäufe ausschließlich der Akquisitionssubjekte, für die aufgrund der Formel 20 marktbereinigte relative Wertverluste vorhergesagt werden, eine deutliche durchschnittliche Gewinnsteigerung erzielen lässt, die mit zunehmend vorhergesagten Wertverlusten noch weiter zunimmt:

x	alle	> 0 %	> 1 %	> 2 %	> 3 %	> 4 %
z (a)	3,6 %	5,7 %	6,3 %	7,2 %	8,4 %	8,4 %
z (b)	1,2 %	1,8 %	1,7 %	2,2 %	3,5 %	3,9 %

Da die marktbereinigten relativen Wertverluste im ersten Zeitraum für alle Akquisitionen höher liegen als im zweiten Zeitraum und im Unterschied zum zweiten Zeitraum z. B. auch sehr hohe marktbereinigte relative Wertverluste von über 10 % mehrmals auftreten, sind auch die durchschnittlichen tatsächlichen marktbereinigten relativen Wertverluste in den einzelnen Intervallen im ersten Zeitraum höher. Dennoch werden die durchschnittlichen marktbereinigten relativen Wertverluste auch im Zeitraum Juli 2006 bis Juli 2007 (mit Ausnahme des Intervalls > 4 %, bei dem nur ein durchschnittlicher marktbereinigter relativer Wertverlust von 3,9 % auftritt) korrekt vorhergesagt.

Da die Strategie des Leerverkaufs aller Akquisitionssubjekte in beiden Zeiträumen zu unterschiedlichen Gewinnen führt, empfiehlt es sich zur Veranschaulichung der möglichen Performancesteigerungen durch Anwendung der Ergebnisse des Modells, alle Performanceerzielungen auf die Performance der Strategie des Leerverkaufens aller Akquisitionssubjekte im jeweiligen Untersuchungszeitraum zu beziehen. Dies wird in Abbildung 48 veranschaulicht.

Auf der x-Achse sind wiederum die aufgrund des Modells vorhergesagten marktbereinigten relativen Wertverluste der Akquisitionssubjekte aufgetragen, auf der z-Achse sind aber nun die durchschnittlichen tatsächlichen marktbereinigten relativen Wertverluste der Akquisitionssubjekte bezogen auf die durchschnittlichen tatsächlichen marktbereinigten relativen Wertverluste bei Leerverkäufen aller Akquisitionssubjekte aufgetragen. Die hinteren Balken veranschaulichen die Ergebnisse der Anwendung der Leerverkaufsstrategien im Zeitraum September 2001 bis Dezember 2003 (a), die vorderen Balken im Zeitraum Juli 2006 bis Juli 2007 (b). Der erste Balken erhält dadurch jeweils einen Wert von 1, mit dem die Ergebnisse der jeweiligen Leerverkaufsstrategien verglichen werden können.

Abbildung 48: Durchschnittliche Performancesteigerung bei Leerverkaufsstrategien (Akquisitionssubjekte)

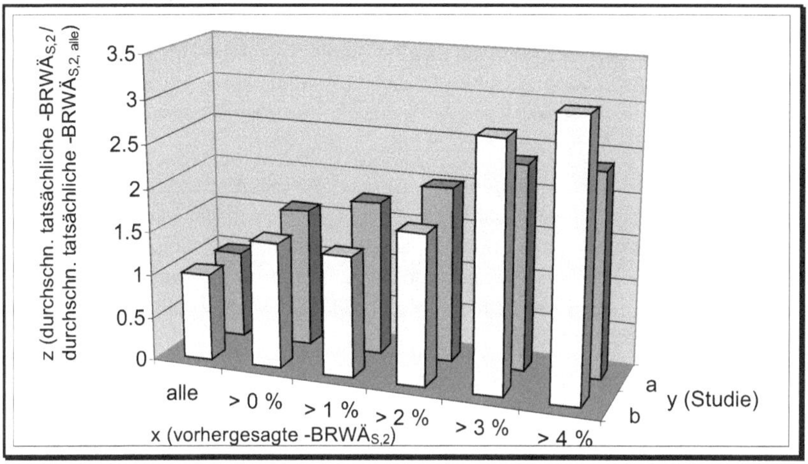

Quelle: Eigene Erstellung

Man erkennt, dass sich durch Leerverkäufe nur derjenigen Akquisitionssubjekte, für die aufgrund des Modells marktbereinigte relative Wertverluste von x vorhergesagt werden, die Gewinne gegenüber den Leerverkäufen aller Akquisitionssubjekte mit dem Faktor z steigern lassen:

x	alle	> 0 %	> 1 %	> 2 %	> 3 %	> 4 %
z (a)	1,0	1,6	1,8	2,0	2,4	2,4
z (b)	1,0	1,4	1,4	1,7	2,8	3,1

Man erkennt aus dieser Zusammenstellung: Die Anwendungen der Strategien, nur solche Akquisitionssubjekte leerzuverkaufen, für die aufgrund des Modells marktbereinigte relative Wertverluste von mehr als 0 %, 1 %, 2 %, 3 % oder 4 % vorhergesagt werden, führen für beide Zeiträume zu sukzessive stark zunehmenden Performanceverbesserungen. Insbesondere sind die Performancesteigerungen für beide Zeiträume in etwa übereinstimmend, wobei im oberen Prozentbereich sogar für die neuen Akquisitionen noch bessere Ergebnisse erzielt werden als für die Akquisitionen des Zeitraums September 2001 bis Dezember 2003. Damit konnte die prognostische Relevanz des entwickelten Modells auch in praktischer Anwendung bestätigt werden. Denn die Ergebnisse zeigen, dass sich durch Anwendung des Modells beachtliche Renditesteigerungen gegenüber Leerverkäufen aller Akquisitionssubjekte auch bei „unbekannten“ Unternehmensakquisitionen erzielen lassen.

4.5 Zusammenfassung von Kapitel 4

Die Ergebnisse der Regressionsanalyse wurden auf 38 US-amerikanische Akquisitionen des Zeitraums Juli 2006 bis Juli 2007 angewendet. Es konnte gezeigt werden, dass die mithilfe der 63 Akquisitionen des Zeitraums September 2001 bis Dezember 2003 abgeleitete Beziehung zwischen relativer Übernahmeprämie und akquisitionsbedingter marktbereinigter relativer Wertänderung des Akquisitionssubjekts zu prognostisch relevanten Aussagen führt.

Denn die durchschnittliche quadrierte Abweichung zwischen erwarteter und tatsächlicher marktbereinigter relativer Wertänderung des Akquisitionssubjekts war im jüngsten Beobachtungszeitraum sogar noch geringer als bei der ursprünglichen Regression. Sie lag bei den 63 untersuchten Akquisitionen des Zeitraums September 2001 bis Dezember 2003 bei 0,0668, bei den 38 Akquisitionen des Zeitraums Juli 2006 bis Juli 2007 bei nur 0,0376.

Schließlich konnte gezeigt werden, dass aufgrund der Vorhersagen des Modells starke Performanceverbesserungen durch die dargestellten Leerverkaufsstrategien erzielt werden. Hierzu werden Aktien derjenigen Akquisitionssubjekte bei Akquisitionsankündigungen leerverkauft, für die hohe negative marktbereinigte relative Wertänderungen aufgrund des Modells vorhergesagt werden. Parallel dazu wird eine gleich große Long-Position auf den S&P 500-Aktienindex eingegangen, da die dargestellten Ergebnisse marktbereinigt sind.

Der Vergleich mit einer häufig angewandten Handelsstrategie, alle Akquisitionssubjekte bei Ankündigung der Akquisition leerzuverkaufen, zeigte, dass erhebliche Performancesteigerungen möglich sind, wenn man nur solche Akquisitionssubjekte leerverkauft, für die gemäß Formel 20 marktbereinigte relative Wertverluste von mindestens 0 %, 1 %, 2 %, 3 % oder 4 % vorhergesagt wurden. So konnten die Gewinne aus dieser Strategie von durchschnittlich 1,2 % bei Leerverkauf aller Akquisitionssubjekte auf durchschnittlich 1,8 %, 1,7 %, 2,2 %, 3,5 % und 3,9 % gesteigert werden. Dies entspricht einer Performancesteigerung von 40 %, 40 %, 70 %, 180 % und 210 % gegenüber den Leerverkäufen aller Akquisitionssubjekte. Diese Ergebnisse der Anwendung auf die neuen Akquisitionen korrespondieren mit den Ergebnissen bei Anwendung auf die alten Akquisitionen, bei denen Performancesteigerungen von 60 %, 80 %, 100 %, 140 % und 140 % gegenüber der Standardstrategie erzielt werden konnten.

Durch diese Ergebnisse konnte die prognostische Relevanz des vorgestellten Modells auch in praktischer Anwendung bestätigt werden.

5 Zusammenfassung der Ergebnisse

Akquisitionssubjekte haben oftmals einen akquisitionsbedingten Wertverlust hinzunehmen, dessen Erklärung im Zentrum des wissenschaftlichen Interesses steht. Die Akquisitionsforschung behandelt zahlreiche Faktoren, die diese Wertänderung determinieren können, ohne jedoch hohe Korrelationen nachzuweisen. Diese Faktoren werden häufig ohne Rückhalt eines theoretischen Modells aus Beobachtungen der Praxis abgeleitet. Ziel der Arbeit war es daher, ein Modell zur Erklärung der Marktwertänderung des Eigenkapitals von Akquisitionssubjekten zu entwickeln und empirisch zu untersuchen. Als wertbeeinflussende Faktoren für Akquisitionssubjekte wurden aus den in der Literatur genannten Akquisitionsmotiven die Nettosynergie und die Übernahmeprämie abgeleitet.

Gesamtnettosynergien (d. h. Nettosynergien für Akquisitionssubjekt und Akquisitionsobjekt) ergeben sich aus der Differenz von Bruttosynergien und Dyssynergien. Bruttosynergien sind auf Unternehmensebene wertmäßig positive Folgen der Integration von Ressourcen. Dieser höhere Wert kann z. B. aus einer Leistungssteigerung resultieren, in der Gewinn- und Verlustrechnung (GuV) Ertragsbruttosynergien, oder einer Senkung der Grundkosten, in der GuV Aufwandsbruttosynergien. Dyssynergien sind auf Unternehmensebene wertmäßig negative Folgen der Integration von Ressourcen. Dieser niedrigere Wert kann z. B. aus einer Leistungsminderung resultieren, in der GuV Ertragsdyssynergien, oder einer Erhöhung der Grundkosten, in der GuV Aufwandsdyssynergien.

Integration ist der Prozess der Ausdehnung der Nutzung von Ressourcen der zuvor selbstständigen Akquisitionspartner auf das andere Unternehmen. Dies geschieht z. B. im Rahmen der Zusammenlegung von Wertschöpfungsstufen (Leistungszentralisierung) oder der Finanzmittelbeschaffung bzw. einer neu ermöglichten Wertschöpfungsstufe (Leistungserweiterung). Unter Ressourcen eines Unternehmens werden dabei alle Mittel verstanden, die für das Unternehmen deshalb einen Wert besitzen, weil es im Rahmen seiner Existenz auf diese Mittel zurückgreifen und einen finanziellen Nutzen daraus ziehen kann.

Es wurde ein Synergiequadermodell entwickelt, in dem die neu gestalteten Leistungsprozesse, die neu gestaltete Beschaffung von Finanzmitteln und die veränderte Marktmacht eines Unternehmens sowie die Produkte und Ressourcen dieser Prozesse betrachtet werden. Diese sind Betriebsmittel und Werkstoffe, Arbeit, Finanzmittel und die Marktmacht. Für jeden dieser Prozesse werden Bruttosynergien in der ersten Dimension, Dyssynergien in der zweiten Dimension und Gesamtnettosynergien in der dritten Dimension aufgetragen. Aus dem Synergiequader lässt sich durch Addition sämtlicher z-Achsenabschnitte, die durch Prozesspunkte gebildet werden, die Gesamtnettosynergie der Akquisition bestimmen, welche der Gesamtwertänderung von Akquisitionssubjekt und Akquisitionsobjekt entspricht.

Mithilfe des ressourcenbasierten Ansatzes des strategischen Managements wurde erklärt, dass Nettosynergie durch Marktpreisbeeinflussung von Produkten und Ressourcen infolge von Wettbewerbsbeschränkung und Vorteilen durch Nutzenausdehnung strategischer Ressourcen im Unternehmenseigentum entsteht. Nettosynergie für die Eigentümer des Akquisitionssubjekts entsteht, wenn die auf das andere Unternehmen ausgedehnten strategischen Ressourcen im Eigentum des Akquisitionssubjekts stehen. Die Nettosynergie durch strategische Ressourcen macht nur einen kleinen Prozentsatz des Werts des Akquisitionssubjekts aus, zumal nur wenige der in seinem Eigentum befindlichen Ressourcen eines Unternehmens strategisch sind. Als erster Bestimmungsfaktor der Wertänderung von Akquisitionssubjekten konnte damit die begrenzte Nettosynergie für die Eigentümer des Akquisitionssubjekts festgehalten werden.

Als weiterer Bestimmungsfaktor der Wertänderung von Akquisitionssubjekten wurde ein eventueller irrationaler Teil der Übernahmeprämie ermittelt. Nach vorherrschendem Verständnis ist die Übernahmeprämie der Zuschlag, den ein Akquisitionssubjekt bereit ist, über die Marktkapitalisierung für das Akquisitionsobjekt zu bezahlen, um Kontrolle über dieses ausüben zu können und die angestrebten Nettosynergien erzielen zu können. Nettosynergien für die Eigentümer des Akquisitionsobjekts sind nach den Ergebnissen der Arbeit aber nur dann rational begründet, wenn eine Nutzenausdehnung strategischer Ressourcen im Eigentum des Akquisitionsobjekts erfolgen kann, wodurch zusätzliche Marktpreisbeeinflussungen möglich werden. Es wurde daher abgeleitet, dass nur die diese Aufteilung der Gesamtnettosynergie bewirkende Übernahmeprämie rational begründet ist, darüber hinausgehende Übernahmeprämien sind irrational. Anhand der Managerhypothese und der Prozesshypothese wurde erklärt, wie ein irrationaler Teil der Übernahmeprämie zustande kommen kann.

Die theoretisch ermittelten Modellaussagen wurden in einer empirischen Studie, welche Kapitalmarktdaten verwendet, bestätigt. In der durchgeführten Untersuchung, bestehend aus 63 US-amerikanischen Akquisitionen des Zeitraums von September 2001 bis Dezember 2003, wurde eine Beziehung gefunden, die den linearen Zusammenhang zwischen relativer (auf den Wert des Akquisitionssubjekts bezogener) Übernahmeprämie und relativer Wertänderung des Akquisitionssubjekts mit hohem Bestimmtheitsmaß (R^2 = 0,318) wie folgt beschreibt:

$$(\text{relative Wertänderung}_S) = 0{,}012 - 0{,}692 * (\text{relative Übernahmeprämie})$$

Damit ist als praktische Konsequenz eine Vorhersage der relativen Wertänderung des Akquisitionssubjekts aus der Höhe der bezahlten relativen Übernahmeprämie möglich. Es wurde gezeigt, dass bei Unternehmensakquisitionen ab einer kritischen Höhe der Übernahmeprämie von 1,7 % des Werts des Akquisitionssubjekts nicht mehr mit einer Wertsteigerung des Akquisitionssubjekts gerechnet werden kann.

Aus dem Ergebnis konnten andere Beobachtungen erklärt werden: Feindliche Übernahmen sind für das Akquisitionssubjekt häufig weniger erfolgreich als freundliche Übernahmen, da im ersten Fall häufig höhere relative Übernahmeprämien bezahlt werden. Der Erwerb eines großen Unternehmens bezogen auf den Wert des Akquisitionssubjekts bringt eine verminderte Erwartung einer Wertsteigerung des Akquisitionssubjekts mit sich als der Erwerb eines kleinen Unternehmens; denn im ersten Fall wird bei prozentual auf das Akquisitionsobjekt bezogenen gleich hohen Übernahmeprämien bei Bezug auf das Akquisitionssubjekt eine höhere relative Übernahmeprämie bezahlt.

In der Studie wurde die folgende Hypothese empirisch belegt: Die relative Übernahmeprämie besitzt einen hoch signifikant negativen Einfluss ($t = -5{,}333$) auf die akquisitionsbedingte relative Wertsteigerung des Akquisitionssubjekts. Dieses Ergebnis bestätigte die Irrationalität der in der Praxis gewährten Übernahmeprämien im Sinne des Modells. Denn es wurde gezeigt, dass rationale Übernahmeprämien diesen negativen Einfluss nicht besitzen können.

Es wurde empirisch bestätigt, dass das Absolutglied der obigen Beziehung bzw. die relative Nettosynergie für die Eigentümer des Akquisitionssubjekts mit guter Näherung als Konstante beschrieben werden kann. Diese Nettosynergie ist begrenzt, wie aufgrund des Modells erwartet wurde, und besitzt einen Erwartungswert von 1,2 % des Werts des Akquisitionssubjekts und eine obere Grenze von 7,8 % ($\alpha = 0{,}000001$).

Manager akquirierender Unternehmen können die Chancen auf eine erfolgreiche Akquisition erhöhen, indem sie erkennen, dass Nettosynergien nur sehr begrenzt erzielt werden können. Die Erniedrigung der gebotenen Übernahmeprämie in Abhängigkeit der durch strategische Ressourcen im Eigentum des Akquisitionsobjekts erzeugten Nettosynergie wird zwar dazu führen, dass manche Akquisition nicht getätigt wird. Die unter Beachtung der dargestellten Zusammenhänge durchgeführten Akquisitionen lassen aber tatsächliche Wertsteigerungen des Akquisitionssubjekts erwarten.

Sirower stellte fest, dass empirische Studien bisher allgemein weniger als 10 % der Varianz der akquisitionsbedingten Wertänderung akquirierender Unternehmen erklären konnten. Mithilfe des im Rahmen der vorliegenden Arbeit entwickelten, empirisch untermauerten synergie- und übernahmeprämiebasierten Modells konnte ein Beitrag zur Lösung dieses Problems geleistet werden. Denn es wurde gezeigt, dass durch die relative Übernahmeprämie als alleinige unabhängige Variable 31,8 % der Varianz der akquisitionsbedingten relativen Wertänderung von Akquisitionssubjekten erklärt werden kann.

Um die Prognoserelevanz des Modells auch bei Anwendung auf aktuelle Akquisitionen zu bestätigen, wurden die Ergebnisse schließlich auf 38 US-amerikanische Akquisitionen des Zeitraums Juli 2006 bis Juli 2007 angewendet.

Es wurde eine durchschnittliche quadrierte Abweichung der tatsächlichen von der prognostizierten relativen Wertänderung des Akquisitionssubjekts von 0,0376 für den Zeitraum Juli 2006 bis Juli 2007 gegenüber einer durchschnittlichen quadrierten Abweichung von 0,0668 für den Zeitraum September 2001 bis Dezember 2003 ermittelt. Die Abweichungen zwischen erwarteten und tatsächlichen relativen Wertänderungen des Akquisitionssubjekts waren im jüngsten Beobachtungszeitraum damit sogar noch geringer als bei der ursprünglichen Regression.

Der Vergleich mit einer häufig angewendeten Handelsstrategie, alle Akquisitionssubjekte bei Ankündigung der Akquisition leerzuverkaufen, zeigte, dass erhebliche Performancesteigerungen erzielt werden, wenn man nur solche Akquisitionssubjekte leerverkauft, für die durch das Modell relative Wertverluste von mindestens 0 %, 1 %, 2 %, 3 % oder 4 % vorhergesagt wurden. Parallel dazu wird eine gleich große Long-Position auf den S&P 500-Aktienindex eingegangen, da die dargestellten Ergebnisse marktbereinigt sind. Auf diese Weise konnten die Gewinne aus dieser Strategie von durchschnittlich 1,2 % bei Leerverkauf aller Akquisitionssubjekte auf durchschnittlich 1,8 %, 1,7 %, 2,2 %, 3,5 % und 3,9 % gesteigert werden. Diese Ergebnisse konnten die prognostische Relevanz des vorgestellten Modells auch in praktischer Anwendung bestätigen.

6 Literaturverzeichnis

Achtmeyer, William F. / Daniell, Mark H.: Integration Planning: Pathway to Acquisition Success, in: *M&A Europe* 1 (2), 1988, S. 29-36 (zit. Achtmeyer/Daniell, Integration Planning, in: M&A Europe 1 (2), 1988, S. 29 ff.).

Agrawal, Anup / Jaffe, Jeffrey F. / Mandelker, Geherson N.: The Post-Merger Performance of Acquiring Firms: A Re-examination of an Anomaly, in: *Journal of Finance* 47 (4), S. 1605-1621 (zit. Agrawal/Jaffe/Mandelker, Anomaly, in: Journal of Finance 47 (4), 1992, S. 1605 ff.).

Allen III., Stephen: Corporate-divisional Relationships in Highly Diversified Firms, in: *Lorsch, Jay W. / Lawrence, Paul R.*: Studies in Organizational Design, Homewood et al., 1970, S. 16-36 (zit. Allen, Relationships, in: Lorsch/Lawrence, Studies, 1970, S. 16 ff.).

Anastasiadis, Constantin: Mergers & Acquisitions: Auswirkungen auf die Informatik, in: *IO-Management* 65 (12), 1996, S. 27-31 (zit. Anastasiadis, Mergers & Acquisitions, in: IO-Management 65 (12), 1996, S. 27 ff.).

Ansoff, Harry Igor: Corporate Strategy: An Analytic Approach to Business Policy for Growth and Expansion, New York et al., 1965 (zit. Ansoff, Corporate Strategy, 1965).

Ansoff, Harry Igor: Managing Strategic Surprise by Response to Weak Signals, in: *California Management Review* 18 (2), 1975, S. 21-33 (zit. Ansoff, Strategic Surprise, in: California Management Review 18 (2), 1975, S. 21 ff.).

Ansoff, Harry Igor: Synergy and Capabilities, in: *Campbell, Andrew / Sommers Luchs, Kathleen*: Strategic Synergy, 2. Auflage, London et al., 1998, S. 22-40 (zit. Ansoff, Synergy, in: Campbell/Sommers Luchs, Strategic Synergy, 1998, S. 22 ff.).

Ansoff, Harry Igor / Brandenburg, Richard G. / Portner, Fred E. / Radosevich, Raymond: Acquisition Behaviour of U. S. Manufacturing Firms 1946-1965, Nashville, 1971 (zit. Ansoff/Brandenburg/Portner/Radosevich, Acquisition Behaviour, 1971).

Arntz, Klaus H.: Wertorientierte Unternehmenssteuerung mit differenzierten Kapitalkosten, in: *Zeitschrift für betriebswirtschaftliche Forschung* 48 (6), 1996, S. 543-578 (zit. Arntz, Wertorientierte Unternehmenssteuerung, in: Zeitschrift für betriebswirtschaftliche Forschung 48 (6), 1996, S. 543 ff.).

Ashkenas, Ronald N. / DeMonaco, Lawrence J. / Francis, Suzanne C.: Making the Deal Real: How GE Capital Integrates Acquisitions, in: *Harvard Business Review* 76 (1), 1998, S. 165-178 (zit. Ashkenas/DeMonaco/Francis, GE Capital, in: Harvard Business Review 76 (1), 1998, S. 165 ff.).

Asquith, Paul / Bruner, Robert F. / Mullins Jr., David W.: Merger Returns and the Form of Financing, Working paper, Harvard Business School, Boston, 1987 (zit. Asquith/Bruner/Mullins, Merger Returns, 1987).

Avruch, Kevin / Black, Peter W.: Conflict Resolution and Intercultural Settings: Problems and Prospects, in: *Sandole, Dennis J. D. / Merwe, Hug van der*: Conflict Resolution Theory and Practice: Integration and Application, 3. Auflage, Manchester et al., 1993, S. 131-145 (zit. Avruch/Black, Conflict, in: Sandole/ Merwe, Conflict Resolution, 1993, S. 131 ff.).

Bachmann, Christian W. R.: Synergie- und Nutzungspotenziale von Unternehmenszusammenschlüssen: Definition – Realisierung – Messung, Dissertation Universität Innsbruck 2001, Wiesbaden, 2001 (zit. Bachmann, Synergie- und Nutzungspotenziale, 2001).

Bamberg, Günter / Baur, Franz: Statistik, 12. Auflage, München et al., 2002 (zit. Bamberg/Baur, Statistik, 2002).

Bamberger, Burkhard: Der Erfolg von Unternehmensakquisitionen in Deutschland: Eine theoretische und empirische Untersuchung, Dissertation Universität Bamberg 1993, Bergisch Gladbach et al., 1994 (zit. Bamberger, Erfolg, 1994).

Banerjee, Ajeyo / Owers, James E.: Wealth Reduction in White Knight Bids, in: *Financial Management* 21 (3), 1992, S. 48-57 (zit. Banerjee/Owers, White Knight, 1992).

Bark, Cyrus B.: Integrationscontrolling bei Unternehmensakquisitionen: Ein Ansatz zur Einbindung der Post-Merger-Integration in die Planung, Steuerung und Kontrolle von Unternehmensakquisitionen, Dissertation Europa-Universität Frankfurt (Oder) 2002, Frankfurt a. M. et al., 2002 (zit. Bark, Integrationscontrolling, 2002).

Barney, Jay B.: Returns to Bidding Firms in Mergers and Acquisitions: Reconsidering the Relatedness Hypothesis, in: *Strategic Management Journal* 9, 1988, S. 71-78 (zit. Barney, Returns, in: Strategic Management Journal 9, 1988, S. 71 ff.).

Barney, Jay B.: Firm Resources and Sustained Competitive Advantage, in: *Journal of Management*, 17 (1), 1991, S. 99-120 (zit. Barney, Firm Resources, in: Journal of Management 17 (1), 1991, S. 99 ff.).

Barney, Jay B.: The Resource-based Theory of the Firm, in: *Organization Science: A Journal of the Institute of Management Sciences* 7 (5), 1996, S. 469 (zit. Barney, Resource-based Theory, in: Organization Science 7 (5), 1996, S. 469).

Baroncelli, Alessandro: Telecom Italia: Merging Five Companies into One, in: *Long Range Planning* 31 (3), 1998, S. 377-395 (zit. Baroncelli, Failure, in: Long Range Planning 31 (3), 1998, S. 377 ff.).

Baucus, David A. / Golec, Joseph H. / Cooper, Juett R.: Estimating Risk-Return Relationships: An Analysis of Measures, in: *Strategic Management Journal* 14 (5), 1993, S. 387 (zit. Baucus/Golec/Cooper, Risk-Return, 1993, S. 387).

Bazerman, Max H. / Neale, Margaret A.: Heuristics in Negotiation: Limitations to Effective Dispute Resolution, in: *Bazerman, Max H. / Lewicki, Roy*: Negotiating in Organizations, Beverly Hills, 1983, S. 51-67 (zit. Bazerman/Neale, Heuristics, in: Bazerman/Lewicki: Negotiating, 1983, S. 51 ff.).

Becker, Helmut / Fritzsche, David J.: Business Ethics: A Cross-Cultural Comparison of Managers' Attitudes, in: *Journal of Business Ethics* 6 (4), 1987, S. 289-295 (zit. Becker/Fritzsche, Comparison, in: Journal of Business Ethics 6 (4), 1987, S. 289 ff.).

Beisel, Daniel / Klumpp, Hans-Hermann / Theysohn-Wadle, Jutta: Der Unternehmenskauf: Gesamtdarstellung der zivil- und steuerrechtlichen Vorgänge einschließlich gesellschafts-, arbeits- und kartellrechtlicher Fragen bei der Übertragung eines Unternehmens, 5. Auflage, München, 2006 (zit. Beisel/Klumpp/Theysohn-Wadle, Unternehmenskauf, 2006).

Benston, George J.: The Validity of Profit-Structure Studies with Particular Reference to the FTC's Line of Business Data, in: *American Economic Review* 75 (1), 1985, S. 37-67 (zit. Benston, Validity, in: American Economic Review 75 (1), 1985, S. 37 ff.).

Berens, Wolfgang / Mertes, Martin / Strauch, Joachim: Unternehmensakquisitionen, in: *Berens, Wolfgang / Brauner, Hans U. / Strauch, Joachim*: Due Diligence bei Unternehmensakquisitionen, 4. Auflage, Stuttgart, 2005, S. 25-74 (zit. Berens/Mertes/Strauch, Unternehmensakquisitionen, in: Berens/Brauner/Strauch, Due Diligence, 2005, S. 25 ff.).

Berens, Wolfgang / Strauch, Joachim: Herkunft und Inhalt des Begriffes Due Diligence, in: *Berens, Wolfgang / Brauner, Hans U. / Strauch, Joachim*: Due Diligence bei Unternehmensakquisitionen, 4. Auflage, Stuttgart, 2005, S. 3-23 (zit. Berens/ Strauch, Herkunft, in: Berens/Brauner/Strauch, Due Diligence, 2005, S. 3 ff.).

Berensmann, Dirk / Spang, Stefan: IT-Integration nach Unternehmenszusammenschlüssen – Eine Herausforderung auch an das Topmanagement, in: *Information Management & Consulting* 13 (4), 1998, S. 35-42 (zit. Berensmann/Spang, IT-Integration, in: Information Management & Consulting 13 (4), 1998, S. 35 ff.).

Berle, Adolf A. / Means, Gardiner C.: The Modern Corporation and Private Property, 3. Nachdruck, New Brunswick et al., 1999 (zit. Berle/Means, Modern Corporation, 1999).

Biggadike, Ralph: The Risky Business of Diversification, in: *Harvard Business Review* 57 (3), 1979, S. 103-111 (zit. Biggadike, Diversification, 1979).

Bischoff, Jörg: Das Shareholder-Value-Konzept: Darstellung, Probleme, Handlungsmöglichkeiten, Dissertation Universität München 1994, 2. Nachdruck, Wiesbaden, 1998 (zit. Bischoff, Shareholder-Value-Konzept, 1998).

Black, Bernhard: Bidder Overpayment in Takeovers, in: *Stanford Law Review* 41, 1989, S. 597-660 (zit. Black, Overpayment, in: Stanford Law Review 41, 1989, S. 597 ff.).

Blex, Winfried / Marchal, Guenter: Risiken im Akquisitionsprozess – Ein Überblick, in: *Betriebswirtschaftliche Forschung und Praxis* 42 (2), 1990, S. 85-103 (zit. Blex/Marchal, Risiken, in: Betriebswirtschaftliche Forschung und Praxis 42 (2), 1990, S. 85 ff.).

Bohley, Peter: Statistik: Einführendes Lehrbuch für Wirtschafts- und Sozialwissenschaftler, 7. Auflage, München et al., 2000 (zit. Bohley, Statistik, 2000).

Bradley, Michael / Desai, Anand / Kim, E. Han: Synergistic Gains from Corporate Acquisitions and their Division Between the Stockholders of Target and Acquiring Firms, in: *Journal of Financial Economics* 21 (1), 1988, S. 3-40 (zit. Bradley/Desai/ Kim, Synergistic Gains, 1988).

Brealey, Richard A. / Myers, Stewart C.: Principles of Corporate Finance, 6. Auflage, New York et al., 2000 (zit. Brealey/Myers, Principles, 2000).

Bressmer, Claus / Moser, Anton C. / Sertl, Walter: Vorbereitung und Abwicklung der Übernahme von Unternehmen, Stuttgart et al., 1989 (zit. Bressmer/Moser/Sertl, Vorbereitung, 1989).

Brooks, John: The Takeover Game: The Men, the Moves, and the Wallstreet Money Behind Today's Nationwide Merger Wars, New York, 1987 (zit. Brooks, Game, 1987).

Bühner, Rolf: Das Management-Wert-Konzept: Strategien zur Schaffung von mehr Wert im Unternehmen, Stuttgart, 1990 (zit. Bühner, Management-Wert-Konzept, 1990).

Bühner, Rolf: Unternehmerische Führung mit Shareholder Value, in: *Bühner, Rolf*: Der Shareholder-Value-Report, Landsberg/Lech, 1994, S. 9-75 (zit. Bühner, Unternehmerische Führung, in: Bühner, Shareholder-Value-Report, 1994, S. 9 ff.).

Bühner, Rolf: Kapitalmarktorientierte Unternehmenssteuerung: Aktionärsorientierte Unternehmensführung, in: *Wirtschaftswissenschaftliches Studium* 25 (7), 1996, S. 334-338 (zit. Bühner, Kapitalmarktorientierte Unternehmenssteuerung, in: Wirtschaftswissenschaftliches Studium 25 (7), 1996, S. 334 ff.).

Bühner, Rolf / Weinberger, Hans-Joachim: Cash-Flow und Shareholder Value, in: *Betriebswirtschaftliche Forschung und Praxis* 43 (3), 1991, S. 187-208 (zit. Bühner/ Weinberger, Cash-Flow, in: Betriebswirtschaftliche Forschung und Praxis 43 (3), 1991, S. 187 ff.).

Buono, Anthony F. / Bowditch, James L. / Lewis III, John W.: When Cultures Collide: The Anatomy of a Merger, in: *Human Relations* 38 (5), 1985, S. 477-500 (zit. Buono/Bowditch/Lewis, Cultures, in: Human Relations 38 (5), 1985, S. 477 ff.).

Bürki, Daniel M.: Der „resource-based view" Ansatz als neues Denkmodell des strategischen Managements, Dissertation Hochschule St. Gallen 1996, Bamberg, 1996 (zit. Bürki, Denkmodell, 1996).

Byrd, John W. / Hickman, Kent A.: Do Outside Directors Monitor Managers? Evidence from Tender Offer Bids, in: *Journal of Financial Economics* 32 (2), 1994, S. 195-221 (zit. Byrd/Hickman, Outside Directors, 1994).

Cannella Jr., Albert A.: Executive Departures from Acquired Firms: Antecedents and Performance Implications, Dissertation, Columbia, 1991 (zit. Cannella, Departures, 1991).

Cartwright, Sue / Cooper, Cary L.: Mergers & Acquisitions: The Human Factor, Oxford, 1992 (zit. Cartwright/Cooper, Human Factor, 1992).

Cartwright, Sue / Cooper, Cary L.: Managing Mergers, Acquisitions and Strategic Alliances: Integrating People and Cultures, 2. Auflage, Nachdruck, Oxford, 2004 (zit. Cartwright/Cooper, Integrating, 2004).

Caves, Richard E.: Mergers, Takeovers, and Economic Efficiency: Foresight vs. Hindsight, in: *International Journal of Industrial Organization* 7 (1), 1989, S. 151-174 (zit. Caves, Mergers, in: International Journal of Industrial Organization 7 (1), 1989, S. 151 ff.).

Chakrabarti, Alok K.: Organizational Factors in Post-Acquisition Performance, in: *IEEE Transactions on Engineering Management*, 1990, S. 259-268 (zit. Chakrabarti, Factors, in: IEEE Transactions on Engineering Management, 1990, S. 259 ff.).

Chatterjee, Sayan: Types of Synergy and Economic Value: The Impact of Acquisitions on Merging and Rival Firms, in: *Strategic Management Journal* 7 (2), 1986, S. 119-139 (zit. Chatterjee, Synergy, 1986).

Chatterjee, Sayan / Lubatkin, Michael H. / Schweiger, David M. / Weber, Yaakov: Cultural Differences and Shareholder Value: Explaining the Variability in the Performance of Related Mergers, Beitrag zur 49. Jahresversammlung der Academy of Management, Washington, 1989 (zit. Chatterjee/Lubatkin/Schweiger/Weber, Differences, 1989).

Chaudhuri, Saikat / Tabrizi, Behnam: Capturing the Real Value in High-Tech Acquisitions, in: *Harvard Business Review* 77 (5), 1999, S. 123-130 (zit. Chaudhuri/Tabrizi, Capturing, in: Harvard Business Review 77 (5), 1999, S. 123 ff.).

Chmielewicz, Klaus: Forschungskonzeptionen der Wirtschaftswissenschaft, 3. Auflage, Stuttgart, 1994 (zit. Chmielewicz, Forschungskonzeptionen, 1994).

Clemente, Mark N. / Greenspan, David S.: Winning at Mergers and Acquisitions: The Guide to Market-focussed Planning and Integration, New York et al., 1998 (zit. Clemente/Greenspan, Winning, 1998).

Coenenberg, Adolf G. / Sautter, Michael T.: Strategische und finanzielle Bewertung von Unternehmensakquisitionen, in: *Die Betriebswirtschaft* 48 (6), 1988, S. 691-710 (zit. Coenenberg/Sautter, Bewertung, in: Die Betriebswirtschaft 48 (6), 1988, S. 691 ff.).

Collis, David J. / Montgomery, Cynthia A.: Wettbewerbsstärke durch hervorragende Ressourcen, in: *Harvard Business Manager* 18 (2), 1996, S. 47-58 (zit. Collis/Montgomery, Ressourcen, in: Harvard Business Manager 18 (2), 1996, S. 47 ff.).

Conner, Kathleen R.: A Historical Comparison of Resource-based Theory and Five Schools of Thought Within Industrial Organization Economics – Do We Have a New Theory of the Firm? In: *Journal of Management* 17 (1), 1991. S. 121-154 (zit. Conner, Thought, in: Journal of Management 17 (1), 1991, S. 121 ff.).

Conner, Kathleen R. / Prahalad, Coimbatore K.: A Resource-based Theory of the Firm – Knowledge Versus Opportunism, in: *Organization Science: A Journal of the Institute of Management Science* 7 (5), 1996, S. 477-501 (zit. Conner/Prahalad, Knowledge, in: Organization Science 7 (5), 1996, S. 477 ff.).

Copeland, Thomas E. / Koller, Tim / Murrin, Jack: Unternehmenswert: Methoden und Strategien für eine wertorientierte Unternehmensführung, hrsg. v. McKinsey & Company Inc., 3. Auflage, Frankfurt a. M. et al., 2002 (zit. Copeland/Koller/Murrin, Unternehmenswert, 2002).

Datta, Deepak K.: Organizational Fit and Acquisition Performance: Effects of Post-Acquisition Integration, in: *Strategic Management Journal* 12 (4), 1991, S. 281-297 (zit. Datta, Organizational Fit, in: Strategic Management Journal 12 (4), 1991, S. 281 ff.)

Datta, Deepak K. / Pinches, George E. / Narayanan, V. K.: Factors Influencing Wealth Creation from Mergers and Acquisitions: A Meta-analysis, in: *Strategic Management Journal* 13 (1), 1992 (zit. Datta/Pinches/Narayanan, Meta-analysis).

Dierickx, Ingemar / Cool, Karel: Asset Stock Accumulation and Sustainability of Competitive Advantage, in: *Management Science* 35 (12), 1989, S. 1504-1511 (zit. Dierickx/Cool, Asset Stock, in: Management Science 35 (12), 1989, S. 1504 ff.).

Donaldson, Thomas / Preston, Lee E.: The Stakeholder Theory of the Corporation: Concepts, Evidence, and Implications, in: *Academy of Management Review* 20 (1), 1995, S. 65-91 (vgl. Donaldson/Preston, Stakeholder Theory, in: Academy of Management Review 20 (1), 1995, S. 65 ff.).

Donlon, James D. / Weber, Axel: Wertorientierte Unternehmensführung im Daimler-Chrysler-Konzern, in: *Controlling* 8/9, 1999, S. 381-388 (zit. Donlon/Weber, Wertorientierte Unternehmensführung, in: Controlling 8/9, 1999, S. 381 ff.).

Dreyling, Georg / Süßmann, Rainer: Die Vorgehensweise des BAWe im Insiderverdachtsfall, in: *M&A Review*, 1996, S. 485-488 (zit. Dreyling/Süßmann, Insiderverdachtsfall, in: M&A Review, 1996, S. 485 ff.).

Dubofsky, Paulette / Varadarajan, P. Rajan: Diversification and Measures of Performance: Additional Empirical Evidence, in: *Academy of Management Journal* 30 (3), 1987, S. 597-608 (zit. Dubofsky/Varadarajan, Diversification, in: Academy of Management Journal 30 (3), 1987, S. 597 ff.).

Eberhardt, Stefan: Wertorientierte Unternehmensführung: Der modifizierte Stakeholder-Value-Ansatz, Dissertation Universität Hohenheim 1998, Wiesbaden, 1998 (zit. Eberhardt, Wertorientierte Unternehmensführung, 1998).

Eccles, Robert G. / Lanes, Kersten L. / Wilson, Thomas C.: Akquisitionen: Häufig viel zu teuer bezahlt, in: *Harvard Business Manager* 22, 2000, S. 81-90 (zit. Eccles/ Lanes/Wilson, Akquisitionen, in: Harvard Business Manager 22, 2000, S. 81 ff.).

Eisenhardt, Kathleen M. / Galunic, D. Charles: Coevolving – At Last a Way to Make Synergies Work, in: *Harvard Business Review* 78 (1), 2000, S. 91-101 (zit. Eisenhardt/Galunic, Coevolving, in: Harvard Business Review 78 (1), 2000, S. 91 ff.).

Elsass, Priscilla / Veiga, John F.: Acculturation in Merged Organizations: A Force-Field Perspective, Beitrag zur 51. Jahresversammlung der Academy of Management, Miami, 1991 (zit. Elsass/Veiga, Acculturation, 1991).

Fama, Eugene F.: Efficient Capital Markets: A Review of Theory and Empirical Work, in: *Journal of Finance* 25 (2), 1970, S. 383-417 (zit. Fama, Efficient Capital Markets, in: Journal of Finance 25 (2), 1970, S. 383 ff.).

Feldman, Mark L. / Spratt, Michael F.: Five Frogs on a Log: A CEO's Field Guide to Accelerating the Transition in Mergers, Acquisitions, and Gut Wrenching Change, Chichester, 1999 (zit. Feldman/Spratt, Accelerating, 1999).

Firth, Michael: Corporate Takeovers, Stockholder Returns and Executive Rewards, in: *Managerial and Decision Economics* 12 (6), 1991, S. 421-428 (zit. Firth, Corporate Takeovers, in: Managerial and Decision Economics 12 (6), 1991, S. 421 ff.).

Foss, Nicolai J.: Resources, Firms, and Strategies: A Reader in the Resource-based Perspective, Oxford et al., Nachdruck, 2003 (zit. Foss, Resources, 2003).

Fowler, Karen L. / Schmidt, Dennis R.: Tender Offers, Acquisitions, and Subsequent Performance in Manufacturing Firms, in: *Academy of Management Journal* 31 (4), 1988, S. 962-974 (zit. Fowler/Schmidt, Performance, 1988).

Fowler, Karen L. / Schmidt, Dennis R.: Determinants of Tender Offer Post-Acquisition Financial Performance, in: *Strategic Management Journal* 10 (4), 1989, S. 339-350 (zit. Fowler/Schmidt, Determinants, in: Strategic Management Journal 10 (4), 1989, S. 339 ff.).

Franz, Dieter: Statistik: Eine Einführung in die Wahrscheinlichkeitsrechnung, Qualitätskontrolle und Zuverlässigkeit für Techniker und Ingenieure, Heidelberg, 1991 (zit. Franz, Statistik, 1991).

Funk, Joachim: Aspekte der Unternehmensbewertung in der Praxis, in: *Schmalenbachs Zeitschrift für betriebswirtschaftliche Forschung* 47 (5), 1995, S. 491-514 (zit. Funk, Unternehmensbewertung, in: Schmalenbachs Zeitschrift für betriebswirtschaftliche Forschung 47 (5), 1995, S. 491 ff.).

Gaughan, Patrick A.: Mergers, Acquisitions, and Corporate Restructurings, 3. Auflage, New York, 2002 (zit. Gaughan, Mergers, 2002).

Gerke, Wolfgang / Bank, Matthias: Finanzierung: Grundlagen für Investitions- und Finanzierungsentscheidungen in Unternehmen, 2. Auflage, Stuttgart et al., 2003 (zit. Gerke/Bank, Finanzierung, 2003).

Gerpott, Torsten J.: Integrationsgestaltung und Erfolg von Unternehmensakquisitionen, Stuttgart, 1993 (zit. Gerpott, Erfolg, 1993).

Goldstein, Arnold S.: The Complete Guide to Buying and Selling a Business, New York et al., 1983 (zit. Goldstein, Guide, 1983).

Gomez, Peter: Wertsteigerung durch Akquisition, in: *Die Unternehmung* 43 (6), 1989, S. 441-452 (zit. Gomez, Wertsteigerung, in: Die Unternehmung 43 (6), 1989, S. 441 ff.).

Gomez, Peter: Wertorientierte Strategieplanung, in: *Der Schweizer Treuhänder* 64 (11), 1990, S. 557-562 (zit. Gomez, Wertorientierte Strategieplanung, in: Der Schweizer Treuhänder 64 (11), 1990, S. 557 ff.).

Gomez, Peter: Wertmanagement: Vernetzte Strategien für Unternehmen im Wandel, Düsseldorf et al., 1993 (zit. Gomez, Wertmanagement, 1993).

Gomez, Peter / Murarotto, Flavio: Shareholder Value, in: *Gerke, Wolfgang / Steiner, Manfred*: Handwörterbuch des Bank- und Finanzwesens, 3. Auflage, Stuttgart, 2001, Sp. 1927-1935 (zit. Gomez/Murarotto, Shareholder Value, in: Gerke/Steiner, Handwörterbuch, 2001, Sp. 1927 ff.).

Gomez, Peter / Weber, Bruno: Akquisitionsstrategie: Wertsteigerung durch Übernahme von Unternehmungen, Stuttgart, 1989 (zit. Gomez/Weber, Akquisitionsstrategie, 1989).

Gort, Michael: An Economic Disturbance Theory of Mergers, in: *Quarterly Journal of Economics* 83 (4), 1969, S. 624-642 (zit. Gort, Economic Disturbance Theory, in: Quarterly Journal of Economics 83 (4), 1969, S. 624 ff.).

Grant, Robert M.: The Resource-based Theory of Competitive Advantage: Implications for Strategy Formulation, in: *California Management Review* 33 (3), 1991, S. 114-135 (zit. Grant, Competitive Advantage, in: California Management Review 33 (3), 1991, S. 114 ff.).

Grant, Robert M.: Toward a Knowledge-based Theory of the Firm, in: *Strategic Management Journal* 17, Special Issue, 1996, S. 109-122 (zit. Grant, Knowledge-based Theory, in: Strategic Management Journal 17, 1996, S. 109 ff.).

Green, Milford B.: Mergers and Acquisitions: Geographical and Spatial Perspectives, London et al., 1990 (zit. Green, Mergers and Acquisitons, 1990).

Grimm, Andrea: Motive konglomerater Zusammenschlüsse: Analyse der theoretischen Erklärungsansätze und Fallstudien großer Zusammenschlüsse in den USA, Dissertation Universität Hamburg 1986, Göttingen, 1987 (zit. Grimm, Motive, 1987).

Gruber, Joseph: Ökonometrie 1: Teil 1: Einführung in die multiple Regression und Ökonometrie, Hagen, 1995 (zit. Gruber, Ökonometrie 1, 1993).

Grüter, Hans: Unternehmensakquisitionen: Bausteine eines Integrationsmanagements, Dissertation Universität Zürich 1990, Bern et al., 1991 (zit. Grüter, Bausteine, 1991).

Günther, Thomas: Zur Notwendigkeit des Wertsteigerungs-Managements, in: *Höfner, Klaus / Pohl, Andrea*: Wertsteigerungs-Management: Das Shareholder Value-Konzept: Methoden und erfolgreiche Beispiele, Frankfurt a. M. et al., 1994, S. 13-58 (zit. Günther, Notwendigkeit, in: Höfner/Pohl, Wertsteigerungs-Management, 1994, S. 13 ff.).

Günther, Thomas: Unternehmenswertorientiertes Controlling, 2. Auflage, München, 1997 (zit. Günther, Unternehmenswertorientiertes Controlling, 1997).

Hall, Richard H.: The Strategic Analysis of Intangible Resources, in: *Strategic Management Journal* 13 (2), 1992, S. 135-144 (zit. Hall, Intangible Resources, in: Strategic Management Journal 13 (2), 1992, S. 135 ff.).

Hamel, Gary / Heene, Aime: Competence-based Competition, Nachdruck, Chichester et al., 1998 (zit. Hamel/Heene, Competition, 1998).

Hamel, Gary / Prahalad, Coimbatore K.: Competing for the Future, Nachdruck, Boston, 2003 (zit. Hamel/Prahalad, Competing, 2003).

Hardtmann, Guido: Die Wertsteigerungsanalyse im Managementprozeß, Dissertation Universität Köln 1995, Wiesbaden, 1996 (zit. Hardtmann, Wertsteigerungsanalyse, 1996).

Hase, Stefan: Integration akquirierter Unternehmen: Planung, Konzeption, Bewertung und Kontrolle, 2. Auflage, Dissertation Universität Frankfurt a. M. 1995, Berlin, 2002 (zit. Hase, Integration, 2002).

Haspeslagh, Philippe C. / Jemison, David B.: Acquisitions – Myths and Reality, in: *Sloan Management Review* 28 (2), 1987, S. 53-58 (zit. Haspeslagh/Jemison, Acquisitions, in: Sloan Management Review 28 (2), 1987, S. 53 ff.).

Haspeslagh, Philippe C. / Jemison, David B.: Managing Acquisitions: Creating Value Through Corporate Renewal, New York et al., 1991 (zit. Haspeslagh/Jemison, Managing, 1991).

Haspeslagh, Philippe C. / Jemison, David B.: The Crucial Early Steps in Postmerger Integration, in: *M&A Europe*, 1991, S. 47-57 (zit. Haspeslagh/Jemison, Postmerger Integration, 1991, in: M&A Europe, 1991, S. 47 ff.).

Hering, Thomas: Konzeptionen der Unternehmensbewertung und ihre Eignung für mittelständische Unternehmen, in: *Betriebswirtschaftliche Forschung und Praxis* 52 (5), 2000, S. 433-453 (zit. Hering, Konzeptionen, in: Betriebswirtschaftliche Forschung und Praxis 52 (5), 2000, S. 433 ff.).

Herter, Ronald N.: Unternehmenswertorientiertes Management (UwM): Strategische Erfolgsbeurteilung von dezentralen Organisationseinheiten auf der Basis der Wertsteigerungsanalyse, Dissertation Universität Stuttgart 1994, München, 1994 (zit. Herter, Unternehmenswertorientiertes Management, 1994).

Higgins, Robert C.: Analysis for Financial Management, 8. Auflage, Boston et al., 2005 (zit. Higgins, Analysis, 2005).

Higgins, Robert C. / Schall, Lawrence D.: Corporate Bancruptcy and Conglomerate Merger, in: *Journal of Finance* 30 (1), 1975, S. 93-113 (zit. Higgins/Schall, Corporate Bancruptcy, in: Journal of Finance 30 (1), 1975, S. 93 ff.).

Hinterhuber, Andreas: Strategische Erfolgsfaktoren bei der Unternehmensbewertung: Ein konzeptionelles Rahmenmodell, Dissertation Wirtschaftsuniversität Wien 1996, 2. Auflage, Wiesbaden, 2002 (zit. Hinterhuber, Unternehmensbewertung, 2002).

Hofstede, Geert H.: Culture's Consequences: International Differences in Work-Related Values, 5. Nachdruck, Newbury Park et al., 2000 (zit. Hofstede, Consequences, 2000).

Holderness, Clifford G. / Sheehan, Dennis P.: Raiders or Saviors? The Evidence on Six Controversial Investors, in: *Journal of Financial Economics* 14 (4), 1985, S. 555-579 (zit. Holderness/Sheehan, Raiders or Saviors, in: Journal of Financial Economics 14 (4), 1985, S. 555 ff.).

Holzapfel, Hans-Joachim / Pöllath, Reinhard: Unternehmenskauf in Recht und Praxis: Rechtliche und steuerliche Aspekte, 12. Auflage, Köln, 2005 (zit. Holzapfel/ Pöllath, Unternehmenskauf, 2005).

Hooke, Jeffrey: Mergers and Acquisitions: A Practical Guide to Doing the Deal, New York, 1996 (zit. Hooke, Mergers, 1996).

Houlder, Vanessa: The Secret of Living Happily Ever After: A Post-merger Business Depends on the Calibre of its Management, in: *Financial Times*, May 26, 1997, S. 14 (zit. Houlder, Secret, in: Financial Times, May 26, 1997, S. 14).

Hovers, Johannes: Wachstum durch Firmenkauf und Zusammenschluß, München, 1973 (zit. Hovers, Wachstum, 1973).

Huemer, Friedrich: Mergers & Acquisitions: Strategische und finanzielle Analyse von Unternehmensübernahmen, Dissertation Wirtschaftsuniversität Wien 1990, Frankfurt a. M., 1991 (zit. Huemer, Mergers & Acquisitions, 1991).

Hunt, John W. / Lees, S.: Hidden Extras: How People Get Over-looked in Takeovers, in: *Personnel Management* 19 (7), 1987, S. 24-28 (zit. Hunt/Lees, Hidden Extras, 1987).

Hunt, John W. / Lees, S. / Grumbar, J. / Vivian, P.: Acquisitions – The Human Factor, London, 1987 (zit. Hunt/Lees/Grumbar/Vivian, Acquisitions, 1987).

Itami, Hiroyuki / Roehl, Thomas: Mobilizing Invisible Assets, Cambridge, 1987 (zit. Itami/Roehl, Assets, 1987).

Izraeli, Dove: Ethical Beliefs and Behavior Among Managers: A Cross-Cultural Perspective, in: *Journal of Business Ethics* 7 (4), 1988, S. 263-271 (zit. Izraeli, Ethical Beliefs, in: Journal of Business Ethics 7 (4), 1988, S. 263 ff.).

Jamin, Wolfgang: Tax Due Diligence/Steuerliche Aspekte, Vortragspapier anlässlich der Konferenz „Praxisfragen des Unternehmenskaufs" des Institute for International Research in Offenbach, 16.6.1998, S. 1-31 (zit. Jamin, Tax Due Diligence, in: Konferenz, 1998, S. 1 ff.).

Janis, Irving L.: Crucial Decisions: Leadership in Policymaking and Crisis Management, New York, 1989 (zit. Janis, Crucial Decisions, 1989).

Janisch, Monika: Das strategische Anspruchsgruppenmanagement: Vom Shareholdor Value zum Stakeholder Value, Dissertation Hochschule St. Gallen 1992, Bern et al., 1993 (zit. Janisch, Anspruchsgruppenmanagement, 1993).

Jansen, Stephan A.: Mergers & Acquisitions: Unternehmensakquisitionen und -kooperationen, 4. Auflage, Wiesbaden, 2001 (zit. Jansen, Mergers & Acquisitions, 2001).

Jarrell, Gregg A. / Brickley, James A. / Netter, Jeffrey M.: The Market for Corporate Control: The Empirical Evidence Since 1980, in: *Journal of Economic Perspectives* 2 (1), 1988, S. 49-68 (zit. Jarrell/Brickley/Netter, Corporate Control, in: Journal of Economic Perspectives 2 (1), 1988, S. 49 ff.).

Jemison, David B.: Value Creation and Acquisition Integration: The Role of Strategic Capability Transfer, in: *Libecap, Gary*: Corporate Reorganization through Mergers, Acquisitions and Leveraged Buyouts, Advances in the Study of Entrepreneurship, Innovation, and Economic Growth, Supplement I, Greenwich et al., 1988, S. 191-218 (zit. Jemison, Value Creation, in: Libecap, Corporate Reorganization, 1988, S. 191 ff.).

Jemison, David B. / Sitkin, Sim B.: Corporate Acquisitions: A Process Perspective, in: *Academy of Management Review* 11 (1), 1986, S. 145-163 (zit. Jemison/Sitkin, Acquisitions, 1986).

Jennings, Robert H. / Mazzeo, Michael A.: Stock Price Movements Around Acquisition Announcements and Management's Response, in: *Journal of Business* 64 (2), 1991, S. 139-163 (zit. Jennings/Mazzeo, Stock Price Movements, 1991).

Jensen, Michael C.: Agency Costs of Free Cash Flow, Corporate Finance, and Takeovers, in: *American Economic Review* 76 (2), 1986, S. 323-329 (zit. Jensen, Corporate Finance, 1986).

Jensen, Michael C.: Comment on Characteristics of Targets of Hostile and Friendly Takeovers, in: *Auerbach, Alan J.*: Corporate Takeovers: Causes and Consequences, Chicago et al., 1988, S. 134-136 (zit. Jensen, Comment, in: Auerbach, Corporate Takeovers, 1988, S. 134 ff.).

Jensen, Michael C.: Takeovers: Their Causes and Consequences: in: *Journal of Economic Perspectives* 2 (1), 1988, S. 21-28 (zit. Jensen, Takeovers, in: Journal of Economic Perspectives 2 (1), 1988, S. 21 ff.).

Jensen, Michael C.: The Modern Industrial Revolution, Exit, and the Failure of Internal Control Systems, in: *Journal of Finance* 48 (3), 1993, S. 831-880 (zit. Jensen, Industrial Revolution, in: Journal of Finance 48 (3), 1993, S. 831 ff.).

Jensen, Michael C. / Ruback, Richard S.: The Market for Corporate Control: The Scientific Evidence, in: *Journal of Financial Economics* 11 (1-4), 1983, S. 5-50 (zit. Jensen/Ruback, Corporate Control, in: Journal of Financial Economics 11 (1-4), 1983, S. 5 ff.).

Jung, Helga: Erfolgsfaktoren von Unternehmensakquisitionen, Dissertation Universität Augsburg 1993, Stuttgart, 1993 (Jung, Erfolgsfaktoren, 1993).

Jung, Willi: Praxis des Unternehmenskaufs: Eine systematische Darstellung der Planung und Durchführung einer Akquisition, 2. Auflage, Stuttgart, 1993 (Jung, Praxis, 1993).

Kasperzak, Rainer: Unternehmensbewertung, Kapitalmarktgleichgewichtstheorie und Komplexitätsreduktion, in: *Betriebswirtschaftliche Forschung und Praxis* 52 (5), 2000, S. 466-477 (zit. Kasperzak, Unternehmensbewertung, in: Betriebwirtschaftliche Forschung und Praxis 52 (5), 2000, S. 466 ff.).

Kirchner, Jörg: Rechtliche Due Diligence: Ziele, Bestandteile und Umsetzung, Vortragspapier anläßlich der Konferenz „Praxisfragen des Unternehmenskaufs" des Institute for International Research in Offenbach, 16.6.1998, S. 1-22 (zit. Kirchner, Rechtliche Due Diligence, in: Konferenz, 1998, S. 1 ff.).

Kirchner, Martin: Strategisches Akquisitionsmanagement im Konzern, Dissertation Universität Köln 1990, Wiesbaden, 1991 (zit. Kirchner, Konzern, 1991).

Kitching, John: Why Do Mergers Miscarry? In: *Harvard Business Review* 45 (6), 1967, S. 84-101 (zit. Kitching, Mergers Miscarry, in: Harvard Business Review 45 (6), 1967, S. 84 ff.).

Klemm, Michael: Die Nutzung synergetischer Potentiale als Ziel strategischen Managements unter besonderer Berücksichtigung von Konzernen, Dissertation Universität Köln 1990, Bergisch Gladbach et al., 1990 (zit. Klemm, Potentiale, 1990).

Klien, Wolfgang: Wertsteigerungsanalyse und Messung von Managementleistungen: Technik, Logik und Anwendung, Dissertation Wirtschaftsuniversität Wien 1993, Wiesbaden, 1995 (zit. Klien, Wertsteigerungsanalyse, 1995).

Knyphausen, Dodo zu: Wertorientiertes Strategisches Management, in: *Zeitschrift für Planung* 3 (4), 1992, S. 331-352 (zit. Knyphausen, Strategisches Management, in: Zeitschrift für Planung 3 (4), 1992, S. 331 ff.).

Kogeler, Ralf: Synergiemanagement im Akquisitions- und Integrationsprozess von Unternehmungen: Eine empirische Untersuchung anhand branchenübergreifender Fallstudien, Dissertation Universität Basel 1991, München, 1992 (zit. Kogeler, Synergiemanagement, 1992).

König, Thomas / Fink, Peter: Zusatznutzen durch erweiterte Umwelt-Due-Diligence – über die Altlastenproblematik hinaus, in: *M&A Review* 11 (6), 2000, S. 220-224 (zit. König/Fink, Umwelt-Due-Diligence, in: M&A Review 11 (6), 2000, S. 220 ff.).

Krämer, Walter: Kapitalmarkteffizienz, in: *Gerke, Wolfgang / Steiner, Manfred*: Handwörterbuch des Bank- und Finanzwesens, 3. Auflage, Stuttgart, 2001, Sp. 1267-1274 (zit. Krämer, Kapitalmarkteffizienz, in: Gerke/Steiner, Handwörterbuch, 2001, Sp. 1267 ff.).

Krüger, Wilfried: Management von Akquisitionsprojekten: Probleme, Erfolgsfaktoren und Aufgaben bei der Durchführung von Unternehmenszusammenschlüssen, in: *Zeitschrift Führung und Organisation* 57 (6), 1988, S. 371-377 (zit. Krüger, Akquisitionsprojekte, in: Zeitschrift Führung und Organisation 57 (6), 1988, S. 371 ff.).

Krystek, Ulrich: Unternehmenskultur und Akquisition, in: *Zeitschrift für Betriebswirtschaft* 62 (5), 1992, S. 539-565 (zit. Krystek, Unternehmenskultur, in: Zeitschrift für Betriebswirtschaft 62 (5), 1992, S. 539 ff.).

Kusewitt Jr., John B.: An Exploratory Study of Strategic Acquisition Factors Relating to Performance, in: *Strategic Management Journal* 6 (2), 1985, S. 151-169 (zit. Kusewitt, Performance, 1985).

Küting, Karlheinz: Zur Bedeutung und Analyse von Verbundeffekten im Rahmen der Unternehmensbewertung, in: *Betriebswirtschaftliche Forschung und Praxis* 33 (2), 1981, S. 175-189 (zit. Küting, Verbundeffekte, in: Betriebswirtschaftliche Forschung und Praxis 33 (2), 1981, S. 175 ff.).

Lammerskitten, Mark / Langenbach, Wilm / Wertz, Boris: Operationalisierungsprobleme des Shareholder Value-Ansatzes, in: *Zeitschrift für Planung* 11 (3), 1997, S. 221-242 (zit. Lammerskitten/Langenbach/Wertz, Operationalisierungsprobleme, in: Zeitschrift für Planung 11 (3), 1997, S. 221 ff.).

Lang, Larry P. / Stulz, René M. / Walkling, Ralph A.: A Test of the Free Cash Flow Hypothesis: The Case of Bidder Returns, in: *Journal of Financial Economics* 29 (2), 1991 (zit. Lang/Stulz/Walkling, Free Cash Flow, 1991).

Lenz, Robert T.: Strategic Capability: A Concept and Framework for Analysis, in: *Academy of Management Review* 5 (2), 1980, S. 225-234 (zit. Lenz, Capability, in: Academy of Management Review 5 (2), 1980, S. 225 ff.).

Leonard-Barton, Dorothy: Core Capabilities and Core Rigidities: A Paradox in Managing New Product Development, in: *Strategic Management Journal* 13 (5), 1992, S. 111-125 (zit. Leonard-Barton, Core Capabilities, in: Strategic Management Journal 13 (5), 1992, S. 111 ff.).

Leoprechting, Gunter von: Commercial Due Diligence, in: *Transaktion & Finanzierung*, 2000, S. 78-79 (zit. Leoprechting, Due Diligence, in: Transaktion & Finanzierung, 2000, S. 78 f.).

Lewellen, Wilbur G.: A Pure Financial Rationale for the Conglomerate Merger, in: *Journal of Finance* 26 (2), 1971, S. 521-537 (zit. Lewellen, Pure Financial Rationale, in: Journal of Finance 26 (2), 1971, S. 521 ff.).

Lewis, Thomas G. / Stelter, Daniel M. / Casata, Thomas / Reiter, Monika: Steigerung des Unternehmenswerts: Total-Value-Management, 2. Auflage, Landsberg/Lech, 1995 (zit. Lewis/Stelter/Casata/Reiter, Steigerung, 1995).

Lingnau, Volker: Kritischer Rationalismus und Betriebswirtschaftslehre, in: *Wirtschaftswissenschaftliches Studium* 24 (3), 1995, S. 124-129 (zit. Lingnau, Kritischer Rationalismus, in: Wirtschaftswissenschaftliches Studium 24 (3), 1995, S. 124 ff.).

Linn, Scott C. / Rozeff, Michael S.: The Effect of Voluntary Spin-Offs on Stock Prices: The Anergy Hypothesis, in: *Advances in Financial Planning and Forecasting* 1 (1), 1985, S. 265-292 (zit. Linn/Rozeff, Anergy, in: Advances in Financial Planning and Forecasting 1 (1), 1985, S. 265 ff.).

Lorson, Peter: Shareholder Value-Ansätze: Zweck, Konzepte und Entwicklungstendenzen, in: *Der Betrieb* 52 (27), 1999, S. 1329-1339 (zit. Lorson, Shareholder Value-Ansätze, in: Der Betrieb 52 (27), 1999, S. 1329 ff.).

Lubatkin, Michael: Mergers and the Performance of the Acquiring Firm, in: *Academy of Management Review* 8 (2), 1983, S. 218-225 (zit. Lubatkin, Mergers, in: Academy of Management Review 8 (2), 1983, S. 218 ff.).

Lubatkin, Michael: Merger Strategies and Stockholder Value, in: *Strategic Management Journal* 8 (1), 1987, S. 39-53 (zit. Lubatkin, Merger, 1987).

Lubatkin, Michael / Shrieves, Ronald E.: Towards Reconciliation of Market Performance Measures to Strategic Management Research, in: *Academy of Management Review* 11 (3), 1986, S. 497-512 (zit. Lubatkin/Shrieves, Reconciliation, in: Academy of Management Review 11 (3), 1986, S. 497 ff.).

Lücke, Wolfgang: Investitionsrechnung auf der Basis von Ausgaben oder Kosten? In: *Zeitschrift für handelswissenschaftliche Forschung* 7, 1955, S. 310-324 (zit. Lücke, Investitionsrechnung, in: Zeitschrift für handelswissenschaftliche Forschung 7, 1955, S. 310 ff.).

Lysonski, Steven / Gaidis, William: A Cross-Cultural Comparison of the Ethics of Business Students, in: *Journal of Business Ethics* 10 (2), 1991, S. 141-150 (zit. Lysonski/Gaidis, Comparison, in: Journal of Business Ethics 10 (2), 1991, S. 141 ff.).

MacTaggart, James M. / Kontes, Peter W. / Mankins, Michael C.: The Value Imperative: Managing for Superior Shareholder Returns, New York, 1994 (MacTaggart/Kontes/Mankins, Value Imperative, 1994).

Magenheim, Ellen B. / Mueller, Dennic C.: Are Acquiring-Firm Shareholders Better Off After an Acquisition? In: *Coffee Jr., John C. / Lowenstein, Louis / Rose-Ackerman, Susan*: Knights, Raiders, and Targets: The Impact of the Hostile Takeover, New York et al., 1988, S. 171-193 (zit. Magenheim/Mueller, Better Off, in: Coffee/Lowenstein/Rose-Ackerman, Knights, 1988, S. 171 ff.).

Mahoney, Joseph T. / Pandian, J. Rajendram: The Resource-based View Within the Conversation of Strategic Management, in: *Strategic Management Journal* 13 (5), 1992, S. 363-380 (zit. Mahoney/Pandian, Resource-based view, in: Strategic Management Journal 13 (5), 1992, S. 363 ff.).

Marks, Mitchell L.: Organizational and Individual Response to Corporate Acquisition Impact, Ann Arbor, 1981 (zit. Marks, Acquisition Impact, 1981).

Marks, Mitchell L.: Merging Human Resources: A Review of Current Research, in: *Mergers and Acquisitions 17* (2), 1982, S. 38-44 (zit. Marks, Merging, in: Mergers and Acquisitions 17 (2), 1982, S. 38 ff.).

Marks, Mitchell L.: Merger Management HR's way, in: *Human Resource Magazine* 36 (5), 1991, S. 60-66 (zit. Marks, Merger Management, in: Human Resource Magazine 36 (5), 1991, S. 60 ff.).

Marks, Mitchell L. / Mirvis, Philip H.: Corporate Acquisition: Models of Organizational and Individual Response, Boston, 1983 (zit. Marks/Mirvis, Corporate Acquisitions, 1983).

Marks, Mitchell L. / Mirvis, Philip H.: Joining Forces: Making One Plus One Equal Three in Mergers, Acquisitions and Alliances, San Francisco, 1997 (zit. Marks/Mirvis, Acquisitions, 1997).

Marren, Joseph H.: Mergers and Acquisitions: A Valuation Handbook, Burr Ridge et al., 1992 (zit. Marren, Mergers, 1992).

Mayerhofer, Helene: Der Mensch als Aktivposten, in: *Mitbestimmung* 6-7, 1999, S. 70-72 (zit. Mayerhofer, Aktivposten, in: Mitbestimmung 6-7, 1999, S. 70 ff.).

Metz, Matthias: Controlling des Integrationsprozesses bei Mergers & Acquisitions, Dissertation Universität Lüneburg 2001, Wiesbaden, 2002 (zit. Metz, Controlling, 2002).

Michel, Allen / Shaked, Israel: Does Business Diversification Affect Performance? In: *Financial Management* 13 (4), S. 18-24 (zit. Michel/Shaked, Business Diversification, in: Financial Management 13 (4), 1984, S. 18 ff.).

Mintzberg, Henry: Power in and Around Organizations, Englewood Cliffs et al., 1983 (zit. Mintzberg, Power, 1983).

Mirvis, Philip H. / Marks, Mitchell L.: Managing the Merger: Making it Work, Englewood Cliffs, 1992 (zit. Mirvis/Marks, Managing, 1992).

Modigliani, Franco / Miller, Merton H.: The Cost of Capital, Corporation Finance, and the Theory of Investment, in: *American Economic Review* 48, 1958, S. 261-297 (zit. Modigliani/Miller, Corporation Finance, 1958).

Möller, Wolf-Peter: Der Erfolg von Unternehmenszusammenschlüssen: Eine empirische Untersuchung, Dissertation Universität Saarbrücken 1982, München, 1983 (zit. Möller, Erfolg, 1983).

Montgomery, Cynthia A.: Product-Market Diversification and Market Power, in: *Academy of Management Journal* 28, 1985, S. 789-798 (zit. Montgomery, Product-Market Diversification, in: Academy of Management Journal 28, 1985, S. 789 ff.).

Morck, Randall / Shleifer, Andrei / Vishny, Robert W.: Characteristics of Targets of Hostile and Friendly Takeovers, in: *Auerbach, Alan J.*: Corporate Takeovers: Causes and Consequences, Chicago et al., 1988, S. 101-134 (zit. Morck/Shleifer/Vishny, Takeovers, in: Auerbach, Corporate Takeovers, 1988, S. 101 ff.).

Morck, Randall / Shleifer, Andrei / Vishny, Robert W.: Do Managerial Objectives Drive Bad Acquisitions? In: *Journal of Finance* 45 (1), 1990, S. 31-48 (zit. Morck/ Shleifer/Vishny, Managerial Objectives, 1990).

Mueller, Dennis C.: A Theory of Conglomerate Mergers, in: *Quarterly Journal of Economics* 83 (4), 1969, S. 643-659 (zit. Mueller, Conglomerate Mergers, in: Quarterly Journal of Economics 83 (4), 1969, S. 643 ff.).

Mueller, Dennis C.: Mergers and Market Share, in: *Review of Economics and Statistics* 67 (2), 1985, S. 259-267 (zit. Mueller, Market Share, in: Review of Economics and Statistics 67 (2), 1985, S. 259 ff.).

Mueller, Dennis C.: Profits in the Long Run, 1. Nachdruck, Cambridge, 1988 (zit. Mueller, Profits, 1988).

Mueller, Dennis C.: Mergers: Theory and Evidence, in: *Mussati, Giuliano*: Mergers, Markets and Public Policy, Netherlands: Kluwer, 1995, S. 9-43 (zit. Mueller, Mergers, in: Mussati, Mergers, 1995, S. 9 ff.).

Muth, John F.: Optimal Properties of Exponentially Weighted Forecasts, in: *Journal of American Statistical Association* 55 (290), 1960, S. 299-306 (zit. Muth, Optimal Properties, in: Journal of American Statistical Association 55 (290), 1960, S. 299 ff.).

Muth, John F.: Rational Expectations and the Theory of Price Movements, in: *Econometrica* 29 (6), 1961, S. 315-335 (zit. Muth, Price Movements, Econometrica 29 (6), 1961, S. 315 ff.).

Myers, Stewart C. / Majluf, Nicholas S.: Corporate Financing and Investment Decisions When Firms Have Information that Investors Do Not Have, in: *Journal of Financial Economics* 13 (2), 1984, S. 187-221 (zit. Myers/Majluf, Investment Decisions, 1984).

Nagel, Frank: Keine Auktion wie jede andere – Mit der fertigen Due Diligence den Verkauf vorbereiten und den Preis sichern, in: *Transaktion & Finanzierung* 9, 2000, S. 76-77 (zit. Nagel, Auktion, in: Transaktion & Finanzierung 9, 2000, S. 76 f.).

Nahavandi, Afsaneh / Malekzadeh, Ali R.: Acculturation in Mergers and Acquisitions, in: *Academy of Management Review* 13 (1), 1988, S. 79-90 (zit. Nahavandi/Malekzadeh, Acculturation, in: Academy of Management Review 13 (1), 1988, S. 79 ff.).

Nathanson, Daniel A.: The Strategic Diversity Classification System: A Framework for Decision Making, in: *Guth, William, D.*: Handbook of Business Strategy, Boston et al., 1985, S. 1-20 (zit. Nathanson, Diversity, in: Guth, Handbook, 1985, S. 1 ff.).

Neubauer, Werner / Bellgardt, Egon / Behr, Andreas: Statistische Methoden, 2. Auflage, München, 2002 (zit. Neubauer/Bellgardt/Behr, Statistische Methoden, 2002).

Nill, Alexander L. / Shultz, Clifford J.: Marketing Ethics Across Cultures: Decision Making Guidelines and the Emergence Dialogic Idealism, in: *Journal of Macromarketing* 17 (2), 1997, S. 4-19 (zit. Nill/Shultz, Dialogic Idealism, in: Journal of Macromarketing 17 (2), 1997, S. 4 ff.).

Nonaka, Ikujiro / Takeuchi, Hirotaka: The Knowledge-creating Company, New York et al., 1995 (zit. Nonaka/Takeuchi, Knowledge-creating Company, 1995).

Nupponen, Pertti: Post-acquisition Performance: Combination, Management, and Performance Measurement in Horizontal Integration, Helsinki, 1995 (zit. Nupponen, Performance, 1995).

Oliver, Christine: Sustainable Competitive Advantage: Combining Institutional and Resource-based Views, in: *Strategic Management Journal* 18 (9), 1997, S. 697-713 (zit. Oliver, Competitive Advantage, in: Strategic Management Journal 18 (9), 1997, S. 697 ff.).

Orpen, Christopher: The Attitudes of United States and South African Managers to Corporate Social Responsibility, in: *Journal of Business Ethics* 6 (2), 1987, S. 89-96 (zit. Orpen, Attitudes, in: Journal of Business Ethics 6 (2), 1987, S. 89 ff.).

Ossadnik, Wolfgang: Die Aufteilung von Synergieeffekten bei Fusionen, Stuttgart, 1995 (zit. Ossadnik, Synergieeffekte, 1995).

Ottersbach, Dieter / Kolbe, Christoph: Integrationsrisiken bei Unternehmensakquisitionen, in: *Betriebswirtschaftliche Forschung und Praxis* 42 (2), 1990, S, 140-150 (zit. Ottersbach/Kolbe, Integrationsrisiken, in: Betriebswirtschaftliche Forschung und Praxis 42 (2), 1990, S. 140 ff.).

Pampel, Jochen R.: Shareholder Value, in: *Datenverarbeitung, Steuer, Wirtschaft, Recht* 27 (11), 1998, S. 309-310 (zit. Pampel, Shareholder Value, in: Datenverarbeitung, Steuer, Wirtschaft, Recht 27 (11), 1998, S. 309 f.).

Pape, Ulrich: Wertorientierte Unternehmensführung und Controlling, Dissertation Technische Universität Berlin 1996, 3. Auflage, Sternenfels et al., 2004 (zit. Pape, Wertorientierte Unternehmensführung, 2004).

Pausenberger, Ehrenfried: Akquisitionsplanung, in: *Szyperski, Norbert / Winand, Udo*: Handwörterbuch der Planung, Stuttgart, 1989, Sp. 18-26 (zit. Pausenberger, Akquisitionsplanung, in: Szyperski, Handwörterbuch der Planung, 1989, Sp. 18 ff.).

Penrose, Edith T.: The Theory of the Growth of the Firm, 3. Auflage, Oxford et al., 1997 (zit. Penrose, Growth, 1997).

Penzel, Hans-Gert / Pietig, Christian: MergerGuide: Handbuch für die Integration von Banken, Wiesbaden, 2000 (zit. Penzel/Pietig, Handbuch, 2000).

Perridon, Louis / Steiner, Manfred: Finanzwirtschaft der Unternehmung, 13. Auflage, München, 2004 (zit. Perridon/Steiner, Finanzwirtschaft, 2004).

Peteraf, Margaret A.: The Cornerstones of Competitive Advantage: A Resource-based View, in: *Strategic Management Journal* 14 (3), 1993, S. 179-191 (zit. Peteraf, Cornerstones, in: Strategic Management Journal 14 (3), 1993, S. 179 ff.).

Picot, Gerhard: Unternehmenskauf und Restrukturierung: Handbuch zum Wirtschaftsrecht, 3. Auflage, München, 2004 (zit. Picot, Unternehmenskauf, 2004).

Popper, Karl R.: Logik der Forschung, 11. Auflage, Tübingen, 2005 (zit. Popper, Logik, 2005).

Porter, Michael E.: Diversifikation – Konzerne ohne Konzept, in: *Harvard Business Manager* 9 (4), 1987, S. 30-49 (zit. Porter, Diversifikation, in: Harvard Business Manager 9 (4), 1987, S. 30 ff.).

Porter, Michael E.: Wettbewerbsvorteile: Spitzenleistungen erreichen und behaupten, 7. Auflage, Frankfurt a. M. et al., 2002 (zit. Porter, Wettbewerbsvorteile, 2002).

Prahalad, Coimbatore K. / Hamel, Gary: Nur Kernkompetenzen sichern das Überleben, in: *Harvard Business Manager* 13 (2), 1991, S. 66-78 (zit. Prahalad/Hamel, Kernkompetenzen, in: Harvard Business Manager 13 (2), 1991, S. 66 ff.).

PricewaterhouseCoopers: Speed Makes the Difference: A Survey of Mergers and Acquisitions, London, 2000 (zit. PricewaterhouseCoopers, Speed, 2000).

Pritchett, Price / Robinson, Donald / Clarkson, Russell: After the Merger: The Authorative Guide for Integration Success, 2. Auflage, New York et al., 1997 (zit. Pritchett/Robinson/Clarkson, After the Merger, 1997).

Pümpin, Cuno: Management strategischer Erfolgspositionen: Das SEP-Konzept als Grundlage wirkungsvoller Unternehmensführung, 3. Auflage, Bern et al., 1986 (zit. Pümpin, Strategische Erfolgspositionen, 1986).

Rädler, Albert J. / Pöllath, Reinhard: Handbuch der Unternehmensakquisition, Frankfurt a. M., 1982 (zit. Rädler/Pöllath, Handbuch, 1982).

Rankine, Denzil: A Practical Guide to Acquisitions: How to Increase Your Chances of Success, New York, 1997 (zit. Rankine, Chances, 1997).

Rappaport, Alfred: Shareholder Value: Ein Handbuch für Manager und Investoren, 2. Auflage, Stuttgart, 1999 (zit. Rappaport, Handbuch, 1999).

Rasche, Christoph: Wettbewerbsvorteile durch Kernkompetenzen: Ein ressourcenorientierter Ansatz, Dissertation Universität Bayreuth 1994, Wiesbaden, 1994 (zit. Rasche, Kernkompetenzen, 1994).

Raster, Max: Shareholder-Value-Management: Ermittlung und Steigerung des Unternehmenswerts, Dissertation Universität der Bundeswehr Hamburg 1995, Wiesbaden, 1995 (zit. Raster, Shareholder-Value-Management, 1995).

Rätsch, Herbert: Fusion, in: *Büschgen, Hans E.*: Handwörterbuch der Finanzwirtschaft, 2. Auflage, Stuttgart 1988, Sp. 665-674 (zit. Rätsch, Fusion, in: Büschgen, Handwörterbuch, 1988, Sp. 665 ff.).

Ravenscraft, David J. / Scherer, Frederic M.: Mergers, Sell-Offs, and Economic Efficiency, Washington D.C., 1987 (zit. Ravenscraft/Scherer, Mergers, 1987).

Ravenscraft, David J. / Scherer, Frederic M.: The Profitability of Mergers, in: *International Journal of Industrial Organization* 7 (1), S. 101-116 (zit. Ravenscraft/Scherer, Profitability, in: International Journal of Industrial Organization 7 (1), 1989, S. 101 ff.).

Reed, Stanley F. / Lajoux, Alexandra: The Art of M&A: A Merger Acquisition Buyout Guide, 3. Auflage, Illinois, 1999 (zit. Reed/Lajoux, Art, 1999).

Reineke, Rolf-Dieter: Akkulturation von Auslandsakquisitionen: Eine Untersuchung zur unternehmenskulturellen Anpassung, Dissertation Universität Münster (Westfalen) 1989, Wiesbaden, 1989 (zit. Reineke, Akkulturation, 1989).

Reißner, Stefan: Synergiemanagement und Akquisitionserfolg, Dissertation Universität Gießen 1992, Wiesbaden et al., 1992 (zit. Reißner, Synergiemanagement, 1992).

Richter, Frank: Konzeption eines marktwertorientierten Steuerungs- und Monitoringsystems, Dissertation Universität Regensburg 1996, 2. Auflage, Frankfurt a. M. et al., 1999 (zit. Richter, Marktwertorientiertes Steuerungs- und Monitoringsystem, 1999).

Robins, James / Wiersema, Margarethe F.: A Resource-based Approach to the Multibusiness Firm: Empirical Analysis of Portfolio Interrelationships and Corporate Financial Performance, in: *Strategic Management Journal* 16 (4), 1995, S. 277-299 (zit. Robins/Wiersema, Multibusiness Firm, in: Strategic Management Journal 16 (4), 1995, S. 277 ff.).

Rodermann, Marcus: Das Problem Synergieplanung versus Synergierealisierung und die Notwendigkeit zur konzeptionellen Klärung des Synergiebegriffs, in: *Schertler, Walter*: Management von Unternehmenskooperationen, Wien, 1995, S. 251-315 (zit. Rodermann, Synergieplanung, in: Schertler, Management, 1995, S. 251 ff.).

Rodermann, Marcus: Strategisches Synergiemanagement, Dissertation Universität Trier 1997, Wiesbaden, 1999 (zit. Rodermann, Synergiemanagement, 1999).

Roll, Richard: The Hubris Hypothesis of Corporate Takeovers, in: *Journal of Business* 59, 1986, S. 197-216 (zit. Roll, Hubris Hypothesis, in: Journal of Business 59, 1986, S. 197 ff.).

Roll, Richard: Empirical Evidence on Takeover Activity and Shareholder Wealth, in: *Coffee Jr., John C. / Lowenstein, Louis / Rose-Ackerman, Susan*: Knights, Raiders, and Targets: The Impact of the Hostile Takeover, New York et al., 1988, S. 241-252 (zit. Roll, Takeover Activity, in: Coffee/Lowenstein/Rose-Ackerman, Knights, 1988, S. 241 ff.).

Ropella, Wolfgang: Synergie als strategisches Ziel der Unternehmung, Dissertation Universität Bochum 1988, Berlin et al., 1989 (zit. Ropella, Synergie, 1989).

Ross, Stephen A. / Westerfield, Randolph W. / Jaffe, Jeffrey F.: Corporate Finance, 7. Auflage, Boston et al., 2004 (zit. Ross/Westerfield/Jaffe, Corporate Finance, 2004).

Rouse, Michael J. / Daellenbach, Urs S.: Rethinking Research Methods for the Resource-based Perspective: Isolating Sources of Sustainable Competitive Advantage, in: *Strategic Management Journal* 20 (5), 1999, S. 487-494 (zit. Rouse/Daellenbach, Perspective, in: Strategic Management Journal 20 (5), 1999, S. 487 ff.).

Rubinstein, Mark E.: A Mean-Variance Synthesis of Corporate Financial Theory, in: *Journal of Finance* 28 (1), 1973, S. 167-181 (zit. Rubinstein, Mean-Variance Synthesis, in: Journal of Finance 28 (1), 1973, S. 167 ff.).

Rühli, Edwin: Ressourcenmanagement: Strategischer Erfolg dank Kernkompetenzen, in: *Die Unternehmung* 49 (2), 1995, S. 91-105 (zit. Rühli, Ressourcenmanagement, in: Die Unternehmung 49 (2), 1995, S. 91 ff.).

Rühli, Edwin / Sachs, Sybille: Die zentralen Kernkompetenzen der diversifizierten Unternehmung, in: *Hinterhuber, Hans H. / Friedrich, Stephan A. / Matzler, Kurt / Pechlaner, Harald*: Die Zukunft der diversifizierten Unternehmung, München, 2000, S. 127-145 (zit. Rühli/Sachs, Kernkompetenzen, in: Hinterhuber/Friedrich/Matzler/ Pechlaner: Diversifizierte Unternehmung, 2000, S. 127 ff.).

Rumelt, Richard P.: Diversification Strategy and Profitability, in: *Strategic Management Journal* 3 (4), 1982, S. 359-369 (zit. Rumelt, Diversification Strategy, in: Strategic Management Journal 3 (4), 1982, S. 359 ff.).

Salter, Malcolm S. / Weinhold, Wolf A.: Diversification via Acquisition: Creating Value", in: *Harvard Business Review* 56 (4), 1978, S. 166-176 (zit. Salter/Weinhold, Diversification, in: Harvard Business Review 56 (4), 1978, S. 166 ff.).

Sanchez, Ron / Heene, Aimé: A System-view of the Firm in Competence-based Competition, in: *Sanchez, Ron / Heene, Aimé / Thomas, Howard*: Dynamics of Competence-based Competition, Kidlington et al., 1996, S. 39-62 (zit. Sanchez/ Heene, System-view, in: Sanchez/Heene/Thomas, Competence-based Competition, 1996, S. 39 ff.).

Sautter, Michael T.: Strategische Analyse von Unternehmensakquisitionen: Entwurf und Bewertung von Akquisitionsstrategien, Dissertation Universität Augsburg 1988, Frankfurt a. M. et al., 1989 (zit. Sautter, Unternehmensakquisitionen, 1989).

Scanlon, Kevin P. / Trifts, Jack W. / Pettway, Richard H.: Impacts of Relative Size and Industrial Relatedness on Returns to Shareholders of Acquiring Firms, in: *Journal of Financial Research* 12 (2), 1989, S. 103-112 (zit. Scanlon/Trifts/Pettway, Relatedness, 1989).

Scharlemann, Ulrich: Finanzwirtschaftliche Synergiepotentiale von Mergers und Acquisitons: Analyse und Bewertung nicht güterwirtschaftlicher Wertsteigerungseffekte von Unternehmenstransaktionen, Dissertation Universität Zürich 1996, Bern et al., 1996 (zit. Scharlemann, Finanzwirtschaftliche Synergiepotentiale, 1996).

Scheiter, Dietmar: Die Integration akquirierter Unternehmen, Dissertation Hochschule St. Gallen 1989, St. Gallen 1989 (zit. Scheiter, Integration, 1989).

Schertler, Walter: Unternehmensorganisation: Lehrbuch der Organisation und strategischen Unternehmensführung, 7. Auflage, München et al., 1998 (zit. Schertler, Unternehmensorganisation, 1998).

Schertler, Walter: Methodische Konzepte für die Bewertung strategischer Alternativen zu Unternehmensakquisitionen, in: *Wurl, Hans-Jürgen:* Industrielles Beteiligungscontrolling, Stuttgart, 2003, S. 35-53 (zit. Schertler, Alternativen, in: Wurl, Beteiligungscontrolling, 2003, S. 35 ff.).

Schira, Josef: Statistische Methoden der VWL und BWL: Theorie und Praxis, 2. Auflage, München et al., 2005 (zit. Schira, Methoden, 2005).

Schlegelmilch, Bodo B. / Robertson, Diana C.: The Influence of Country and Industry on Ethical Perceptions of Senior Executives in the U. S. and Europe, in: *Journal of International Business Studies* 26 (4), 1995, S. 859-881 (zit. Schlegelmilch/Robertson, Ethical Perceptions, in: Journal of International Business Studies 26 (4), 1995, S. 859 ff.).

Schmidt, Sascha L. / Schettler, Marc A.: Ziele von Unternehmenszusammenschlüssen, in: *Zeitschrift Führung und Organisation* 68 (6), 1999, S. 312-317 (zit. Schmidt/Schettler, Ziele, in: Zeitschrift Führung und Organisation 68 (6), 1999, S. 312 ff.).

Schönfeld, Peter: Regressions- und Varianzanalyse, Hagen, 1982 (zit. Schönfeld, Regressions- und Varianzanalyse, 1982).

Schwetzler, Bernhard: Stochastische Verknüpfung und implizite bzw. maximal zulässige Risikozuschläge bei der Unternehmensbewertung in: *Betriebswirtschaftliche Forschung und Praxis* 52 (5), 2000, S. 478-492 (zit. Schwetzler, Stochastische Verknüpfung, in: Betriebswirtschaftliche Forschung und Praxis 52 (5), 2000, S. 478 ff.).

Selznik, Phillip: Leadership in Administration: A Sociological Interpretation, Berkeley et al., 1957 (zit. Selznik, Leadership, 1957).

Semler, Franz-Jörg: Der Unternehmens- und Beteiligungskaufvertrag, in: *Hölters, Wolfgang*: Handbuch des Unternehmens- und Beteiligungskaufs: Grundfragen, Bewertung, Finanzierung, Steuerrecht, Arbeitsrecht, Vertragsrecht, Kartellrecht, Börsenrecht, Vertragsbeispiele, 5. Auflage, Köln, 2005, S. 649-745 (zit. Semler, Unternehmens- und Beteiligungskaufvertrag, in: Hölters, Handbuch, 2005, S. 649 ff.).

Servaes, Henri: Tobin's Q and the Gains from Takeovers, in: *Journal of Finance* 46 (1), 1991, S. 409-419 (zit. Servaes, Tobin's Q, 1991).

Seth, Anju: Value Creation in Acquisitions: A Reexamination of Performance Issues, in: *Strategic Management Journal* 11 (2), 1990, S. 99-115 (zit. Seth, Value Creation, in: Strategic Management Journal 11 (2), 1990, S. 99 ff.).

Seth, Anju: Sources of Value Creation in Acquisitions: An Empirical Investigation, in: *Strategic Management Journal* 11 (6), 1990, S. 431-446 (zit. Seth, Sources, in: Strategic Management Journal 11 (6), 1990, S. 431 ff.).

Shelton, Lois M.: Strategic Business Fits and Corporate Acquisition: Empirical Evidence, in: *Strategic Management Journal* 9 (3), 1988, S. 279-287 (zit. Shelton, Business Fits, 1988).

Shleifer, Andrei / Vishny, Robert W.: Management Entrenchment: The Case of Manager-Specific Investments, in: *Journal of Financial Economics* 25 (1), 1989, S. 123-139 (zit. Shleifer/Vishny, Management Entrenchment, in: Journal of Financial Economics 25 (1), 1989, S. 123 ff.).

Shrivastava, Paul: Postmerger Integration, in: *The Journal of Business Strategy* 7 (1), 1986, S. 65-76 (zit. Shrivastava, Postmerger, 1986).

Sieben, Günter: Betriebswirtschaftliche Aspekte eines wertorientierten Versorgungssystems der betrieblichen Altersvorsorge, in: *Förster, Wolfgang*: Betriebliche Altersvorsorge in der Diskussion zwischen Praxis und Wissenschaft: Festschrift zum 60. Geburtstag von Peter Ahrend, Köln, 1992, S. 333-362 (zit. Sieben, Betriebswirtschaftliche Aspekte, in: FS Ahrend, 1992, S. 333 ff.).

Singh, Harbir / Montgomery, Cynthia A.: Corporate Acquisition Strategies and Economic Performance, in: *Strategic Management Journal* 8 (4), 1987, S. 377-386 (zit. Singh/Montgomery, Acquisition, 1987).

Sirower, Mark L.: Acquisition Behavior, Strategic Resource Commitments and the Acquisition Game: A New Perspective on Performance and Risk in Acquiring Firms, Ph. D. dissertation, Graduate School of Business, Columbia University, 1994 (zit. Sirower, Acquisition Behavior, 1994).

Sirower, Mark L.: Imagined Synergy: A Prescription for a No-win Deal, in: *Mergers & Acquisitions* 32 (4), 1998, S. 23-29 (zit. Sirower, No-win Deal, in: Mergers & Acquisitions 32 (4), 1998, S. 23 ff.).

Sirower, Mark L.: Der Synergieeffekt: Chancen und Risiken von Fusionen für Unternehmen und Anleger, München, 2001 (zit. Sirower, Synergieeffekt, 2001).

Staudt, Thomas A.: Program for Product Diversification, in: *Harvard Business Review* 32 (6), 1954, S. 121-131 (zit. Staudt, Program, in: Harvard Business Review 32 (6), 1954, S. 121 ff.).

Steiner, Peter O.: Mergers: Motives, Effects, Policies, Ann Arbor, 1984 (zit. Steiner, Mergers, 1984).

Stewart III., G. Bennett: The Quest for Value, Nachdruck, New York, 2005 (zit. Stewart, Quest, 2005).

Süverkrüp, Christian: Internationaler technologischer Wissenstransfer durch Unternehmensakquisitionen: Eine empirische Untersuchung am Beispiel deutsch-amerikanischer und amerikanisch-deutscher Akquisitionen, Dissertation Universität Kiel 1992, Frankfurt a. M. et al., 1992 (zit. Süverkrüp, Wissenstransfer, 1992).

Tetenbaum, Toby J.: Beating the Odds of Merger & Acquisition Failure: Seven Key Practices that Improve the Chance for Expected Integration and Synergies, in: *Organizational Dynamics* 28 (2), 1999, S. 22-36 (zit. Tetenbaum, Beating, in: Organizational Dynamics 28 (2), 1999, S. 22 ff.).

Trautwein, Friedrich: Merger Motives and Merger Prescriptions, in: *Strategic Management Journal* 11 (4), 1990, S. 283-295 (zit. Trautwein, Merger Motives, in: Strategic Management Journal 11 (4), 1990, S. 283 ff.).

Travlos, Nickolaos G.: Corporate Takeover Bids, Methods of Payment, and Bidding Firms' Stock Returns, in: Journal of Finance 42 (4), 1987 (zit. Travlos, Stock Return, 1987).

Varadarajan, P. Rajan / Ramanujam, Vasudevan: Diversification and Performance: A Reexamination Using a New Two-dimensional Conceptualization of Diversity in Firms, in: *Academy of Management Journal* 30 (2), S. 380-393 (zit. Varadarajan/Ramanujam, Diversification, in: Academy of Management Journal 30 (2), 1987, S. 380 ff.).

Varaiya, Nikhil P.: The 'Winner's Curse' Hypothesis and Corporate Takeovers, in: *Managerial and Decision Economics* 9 (3), S. 209-219 (zit. Varaiya, Winner's Curse, in: Managerial and Decision Economics 9 (3), 1988, S. 209 ff.).

Varaiya, Nikhil P. / Ferris, Kenneth R.: Overpaying in Corporate Takeovers: The Winner's Curse, in: *Financial Analysts' Journal* 43 (3), 1987, S. 64-70 (zit. Varaiya/Ferris, Overpaying, 1987).

Viscio, Albert J. / Harbison, John R. / Asin, Amy / Vitaro, Richard P.: Post-Merger Integration: What Makes Mergers Work? In: *Strategy & Business* 17, 1999 (zit. Viscio/Harbison/Asin/Vitaro, Integration, in: Strategy & Business 17, 1999, S. 26 ff.).

Vizjak, Andrej: Wachstumspotentiale durch Strategische Partnerschaften: Bausteine einer Theorie der externen Synergie, Dissertation Universität München 1990, Herrsching, 1990 (zit. Vizjak, Wachstumspotentiale, 1990).

Vizjak, Andrej: Exploiting Your Synergy Potential: Promoting Collaboration Between Business Units, in: *Long Range Planning* 27 (1), 1994, S. 25-35 (zit. Vizjak, Synergy Potential, in: Long Range Planning 27 (1), 1994, S. 25 ff.).

Walsh, James P.: Top Management Turnover Following Mergers and Acquisitions, in: *Strategic Management Journal* 9 (2), 1988, S. 173-183 (zit. Walsh, Turnover, 1988).

Wasserstein, Bruce: Big Deal: The Battle for Control of America's Leading Corporations, New York, 1998 (zit. Wasserstein, Big Deal, 1998).

Welge, Martin K.: Synergie, in: *Grochla, Erwin / Wittmann, Waldemar*: Handwörterbuch der Betriebswirtschaft, 4. Auflage, Stuttgart, 1976, Sp. 3800-3810 (zit. Welge, Synergie, in: Grochla/Wittmann, Handwörterbuch, 1976, Sp. 3800 ff.).

Wenger, Ekkehard: Unternehmenskontrolle, externe, in: *Gerke, Wolfgang / Steiner, Manfred*: Handwörterbuch des Bank- und Finanzwesens, 3. Auflage, Stuttgart, 2001, Sp. 2095-2107 (zit. Wenger, Unternehmenskontrolle, in: Gerke/Steiner, Handbuch, 2001, Sp. 2095 ff.).

Wernerfelt, Birger: The Resource-based View of the Firm: Ten Years After, in: *Strategic Management Journal* 16 (3), 1995, S. 171-174 (zit. Wernerfelt, Ten Years After, in: Strategic Management Journal 16 (3), 1995, S. 171 ff.).

Werther Jr., William B. / Kerr, Jeffrey L.: The Shifting Sands of Competitive Advantage, in: *Business Horizons* 38 (3), 1995, S. 11-17 (zit. Werther/Kerr, Shifting Sands, in: Business Horizons 38 (3), 1995, S. 11 ff.).

Wöhe, Günter / Döring, Ulrich: Einführung in die Allgemeine Betriebswirtschaftslehre, 22. Auflage, München, 2005 (zit. Wöhe/Döring, Einführung, 2005).

Yeoh, Poh-Lin / Roth, Kendall: An Empirical Analysis of Sustained Advantage in the U. S. Pharmaceutical Industry: Impact of Firm Resources and Capabilities, in: *Strategic Management Journal* 20 (7), 1999, S. 637-653 (zit. Yeoh/Roth, Sustained Advantage, in: Strategic Management Journal 20 (7), 1999, S. 637 ff.).

Young, David / Sutcliffe, Brigid: Value Gaps – Who is Right? – The Raiders, the Market or the Managers? In: *Long Range Planning* 23 (4), 1990, S. 20-34 (zit. Young/ Sutcliffe, Value Gaps, in: Long Range Planning 23 (4), 1990, S. 20 ff.).

Zingel, Harry: IFRS – Formelsammlung, Weinheim, 2006 (zit. Zingel, IFRS, 2006).

Anhang: Daten Akquisitionsobjekte

Nr.	Ankündigungs-Datum	Akquisitionsobjekt			
		Name	Wert in Mio. $	Aktienkaufpr.$	Kurs in $ 1 Tag vor
1	18.11.03	RMH Teleservices Inc.	75,9	5,5	4,24
2	03.11.03	GlobeSpanVirata Inc.	1005,6	6,7	6,16
3	03.11.03	Southern Financial Bancorp	247,5	44,89	37,26
4	03.11.03	Rogue Wave Software Inc.	69,7	11,21	5,8
5	16.10.03	Pacific Crest Capital Inc.	137,1	26	23,6
6	20.10.03	Docent Inc.	59,5	4,14	4,1
7	08.10.03	Vixel Corp.	316,4	10	8,36
8	28.09.03	John Hancock Fin. Srvcs. Inc.	11062,6	35,72	34,3
9	02.09.03	AdvancePCS	5548,1	54,03	40,18
10	18.08.03	SPS Technologies Inc.	586,2	44,57	34,3
11	28.08.03	JNI Corp.	193,9	7	5,76
12	15.08.03	Integrated Defense Tech.	548,2	17,5	15,15
13	12.08.03	California Ind. Bancorp	81,7	35,5	28,9
14	11.08.03	Troy Financial Corp.	330,2	35,5	28,9
15	06.08.03	iManage Inc.	167,1	6,23	5,05
16	23.07.03	Brio Software	141,9	3,44	2,7
17	23.07.03	Pinnacor Inc.	104,8	2,42	2,22
18	15.07.03	Klamath First Bancorp	148	20,44	17,45
19	22.07.03	Neuberger Berman Inc.	2971,1	41,48	40,44
20	14.07.03	OfficeMax Inc.	1155,2	9	7,18
21	14.07.03	Apex Mortgage Cptl Inc.	202,5	6,78	5,58
22	07.07.03	Nautica Enterprises Inc.	589,6	17	13,19
23	27.06.03	Roslyn Bancorp Inc.	1614,4	20,33	20,81
24	18.06.03	Mid-Atlantic Realty Trust	445,2	21	19,43
25	04.06.03	Handspring Inc.	171	1,09	1,11
26	02.06.03	JD Edwards & Co.	1745,5	14,1	11,81
27	07.05.03	GBC Bancorp	450	35,08	30,11
28	05.05.03	Oak Technology Inc.	340,3	5,9	4,74
29	24.04.03	SpeechWorks Int'l. Inc.	166,3	4,78	2,59
30	09.04.03	Ramsay Youth Services	78	4,82	3,5

31	07.04.03	Bruker AXS Inc.	104,56	1,86	1,29
32	04.02.03	Concord EFS	6935,93	13,87	11,87
33	26.03.03	Whitman Education Group Inc.	244,6	14,25	10
34	21.03.03	Bedford Bancshares	50,2	23,81	18,03
35	25.02.03	Corvas International	80	2,61	1,42
36	24.02.03	Ocean Energy	5442,1	19,97	20
37	24.02.03	Oregon Trail Financial Corp.	68,1	21	20,5
38	18.02.03	Allen Telecom Inc.	488,5	15,33	13,23
39	10.02.03	Cell Pathways Inc.	54,1	0,81	0,51
40	03.02.03	3TEC Energy Corp.	280,6	16,97	14,35
41	17.12.02	Fidelity Bancorp Inc.	98,9	31	27,1
42	18.11.02	Bridge View Bancorp	87,3	21,2	19,99
43	08.11.02	Granite State Bancshares	252,5	46	36,88
44	08.11.02	Dianon Systems Inc.	601,1	47,5	40,88
45	01.11.02	CoVest Bancshares Inc.	134,1	27,61	20,82
46	26.09.02	ACTV Inc.	95,4	1,65	1,02
47	23.09.02	Acadiana Bancshares	61,6	39,38	23,76
48	22.08.02	American Fin. Holdings	746,4	33,06	31,08
49	28.08.02	CNBC	62,6	29,57	25,25
50	15.07.02	Pharmacia Corp.	59515	45,08	32,59
51	12.06.03	Hispanic Broadcasting	3537,9	32,05	24,45
52	23.05.02	Datum Inc.	111,5	16,84	11,41
53	09.05.02	Dynacare Inc.	688,8	23,2	18,24
54	29.04.02	Trigon Healthcare	3980,8	105,08	84,25
55	29.04.02	HNC Software Inc.	826	22,18	17,44
56	05.04.02	Viant Corp.	96,2	1,91	1,3
57	02.04.02	Unilab Corp.	1177,6	26,99	25
58	19.03.02	Oplink Communications	295,5	1,76	1,73
59	19.02.02	Digene Corp.	558,4	28,81	25,51
60	10.02.02	Toymax International	56,4	4,5	3,05
61	17.12.01	Immunex Corp.	16900	29,2	25,62
62	03.12.01	Aviron	1607,9	47,41	37,05
63	04.09.01	Compaq Computer Corp.	25263,4	14,68	12,42

Quelle: Eigene Erstellung

Anhang: Daten Akquisitionssubjekte

Nr.	Akquisitionssubjekt				
	Name	Aktien in Mio.	Kurs in $ 1 Tag vor	Kurs in $ 1 Tag nach	Wert in Mio. $
1	NCO Group Inc.	25,99	23	22,05	597,77
2	Conexant Systems	276,13	5,83	5,6	1609,8379
3	Provident Bankshares	24,56	31,03	30,14	762,0968
4	Quovadx Inc.	38,94	5,26	4,97	204,8244
5	Pacific Capital Bancorp	33,96	32,69	33,08	1110,1524
6	click2learn Inc.	28,973	4,1	4,74	118,7893
7	Emulex Corp.	82,47	28,72	27,65	2368,5384
8	Manulife Financial Corp.	806,5	29,86	28,86	24082,09
9	Caremark Rx Inc.	447,53	25,13	23,3	11246,429
10	Precision Castparts Corp.	52,16	32,77	34	1709,2832
11	Applied Micro Circuits Corp.	303,75	5,96	5,81	1810,35
12	DRS Technologies Inc.	22,81	29,27	25,3	667,6487
13	Humboldt Bancorp	12,19	15,9	15,27	193,821
14	First Niagara Fin. Grp.	67,722	15,64	15,34	1059,1721
15	Interwoven Inc.	102,54	2,42	2,11	248,1468
16	Hyperion Solutions Corp.	36,11	15,88	15,83	573,4268
17	MarketWatch.com Inc.	17,48	9,1	8,7	159,068
18	Sterling Financial Corp.	14,86	26,55	26,13	394,533
19	Lehman Brothers Hldgs. Inc.	266,68	64,5	63,7	17200,86
20	Boise Cascade Corp.	87,14	23,43	21,5	2041,6902
21	Am. Home Mtg. Hldgs. Inc.	17,727	21,19	21,5	375,63513
22	VF Corp.	108,17	34,04	35,86	3682,1068
23	NY Comm. Bancorp Inc.	256,65	27,1	29,09	6955,215
24	Kimco Realty Corp.	111,05	37,55	37,9	4169,9275
25	Palm Inc.	29,23	12,15	15,96	355,1445
26	PeopleSoft Inc.	359,84	16,36	15,04	5886,9824
27	Cathay Bancorp	24,8	42,99	39,13	1066,152
28	Zoran Corp.	27,4	17,6	17,53	482,24
29	ScanSoft Inc.	102,59	5,56	5,01	570,4004
30	Psychiatric Solutions Inc.	13,64	8,2	8,6	111,848

31	Bruker Daltonics Inc.	86,01	2,95	2,87	253,7295
32	First Data Corp.	716,5	34,68	34,14	24848,22
33	Career Education Corp.	100,19	25,37	24,7	2541,8203
34	FNB Corp.	7,26	29,93	29,19	217,2918
35	Dendreon Corp.	26,56	5,79	4,21	153,7824
36	Devon Energy	236,09	48,23	49,2	11386,621
37	FirstBank Northwest Corp.	2,83	22,15	22,45	62,6845
38	Andrew Corp.	98,22	9,01	7,59	884,9622
39	OSI Pharmaceuticals	38,86	14,18	13,83	551,0348
40	Plains Exploration & Prod.	40,4	9,96	9	402,384
41	MAF Bancorp	23,25	34,83	33,97	809,7975
42	Interchange Financial Srvcs.	9,82	18,24	16,85	179,1168
43	Chittenden Corp.	31,94	26,85	25,35	857,589
44	Laboratory Corp. of America	141,37	46,22	46,01	6534,1214
45	Midwest Banc Holdings Inc.	17,86	18,77	18,38	335,2322
46	OpenTV Corp.	72,17	1,46	1,21	105,3682
47	Iberiabank Corp.	5,71	38,4	37,3	219,264
48	Banknorth Group Inc.	150,58	27,21	26,07	4097,2818
49	First Merchants	17,65	25,78	24,56	455,017
50	Pfizer Inc.	6160	32,2	28,55	198352
51	Univision Comm. Inc.	228,11	37,7	33,65	8599,747
52	SymmetriCom Inc.	22,13	6,1	5,02	134,993
53	Laboratory Corp. of America	70,69	50,26	51,02	3552,8794
54	Anthem Inc.	103,3	70,7	68,2	7303,31
55	Fair, Isaac & Co Inc.	76	42,73	37,16	3247,48
56	Divine Inc.	25,75	12	10,5	309
57	Quest Diagnostics Inc.	97,96	82,79	80,65	8110,1084
58	Avanex Corp.	69,5	4,31	4,02	299,545
59	Cytyc Corp.	113,56	20,73	22,02	2354,0988
60	JAKKS Pacific Inc.	24,47	18,8	18,25	460,036
61	Amgen Inc.	1050	63,3	64,59	66465
62	Medimmun Inc.	214,48	44,1	42,32	9458,568
63	Hewlett-Packard Co.	1940	23,12	18,14	44852,8

Quelle. Eigene Erstellung

Anhang: Daten S&P 500, Wertverhältnisse, relative Übernahmeprämien, marktbereinigte relative Wertänderungen der Akquisitionssubjekte

Nr.	S&P 500 Stand 1 Tag vor	S&P 500 Stand 1 Tag nach	Wertverhältnis Subjekt/Objekt	relative Übernahme-prämie	$BRWÄ_{S,2}$
1	1043,63	1042,44	7,87575758	0,02908811	-0,0401641
2	1050,71	1053,25	1,60087301	0,05034566	-0,04186853
3	1050,71	1053,25	3,07917899	0,05520012	-0,03109933
4	1050,71	1053,25	2,9386571	0,16422631	-0,05755049
5	1046,76	1039,32	8,09739168	0,01139968	0,0190379
6	1039,32	1046,03	1,99645882	0,00483949	0,14964142
7	1039,25	1038,73	7,48589886	0,02190786	-0,03675591
8	996,85	995,95	2,17689241	0,01826165	-0,03258677
9	1008,03	1026,27	2,02707754	0,12645746	-0,09091603
10	990,67	1002,33	2,91587035	0,07902411	0,02576452
11	996,79	1008,03	9,33651367	0,01897313	-0,03644398
12	990,51	999,74	1,21789256	0,11026072	-0,14495219
13	980,59	984,03	2,37235006	0,07836765	-0,04313073
14	977,59	990,35	3,20766832	0,0579597	-0,03223409
15	965,46	974,12	1,48501975	0,1275445	-0,13706899
16	978,8	988,11	4,04106272	0,0532326	-0,01266026
17	988,11	981,6	1,51782443	0,0544494	-0,03736771
18	1003,86	994,09	2,66576351	0,05487426	-0,00608678
19	923,42	933,22	5,78939113	0,00433074	-0,02301582
20	998,14	1000,42	1,7673911	0,11441849	-0,08465727
21	998,14	1000,42	1,8549883	0,09541362	0,01234529
22	985,7	1007,84	6,24509294	0,035887	0,03100531
23	985,82	974,5	4,30823526	-0,0054803	0,08491456
24	1011,66	994,7	9,36641397	0,00798191	0,02608543
25	971,56	990,14	2,07686842	-0,00883476	0,29445636
26	963,59	971,56	3,3726625	0,04815523	-0,08895575
27	934,39	920,27	2,36922667	0,05979849	-0,07467686
28	930,08	934,39	1,41710256	0,13874096	-0,00861128
29	919,02	898,81	3,42994829	0,13357607	-0,07693005
30	879,78	871,58	1,43394872	0,19098237	0,058101

31	878,85	878,29	2,42664021	0,12628638	-0,02648145
32	858,48	876,45	3,58253616	0,04024973	-0,03650328
33	874,74	868,52	10,3917428	0,02870025	-0,01929846
34	875,84	864,23	4,32852191	0,05608269	-0,01146851
35	832,58	827,55	1,92228	0,23718641	-0,26684282
36	848,17	838,57	2,09232111	-0,00071798	0,03143045
37	837,1	838,57	0,92047724	0,0258665	0,01178796
38	834,89	845,13	1,81159099	0,07561657	-0,16986775
39	829,69	829,2	10,1854861	0,03636256	-0,02409207
40	855,7	848,2	1,43401283	0,10766298	-0,08762079
41	910,4	891,12	8,18804348	0,01536465	-0,00351385
42	909,83	896,74	2,05173883	0,0278181	-0,06181884
43	923,76	894,74	3,39639208	0,05837396	-0,02445084
44	902,65	876,19	10,8702735	0,01282106	0,0247702
45	885,76	908,35	2,49986726	0,09837538	-0,04628136
46	839,66	827,37	1,10448847	0,34569685	-0,156596
47	845,39	819,29	3,55948052	0,11143425	0,00222749
48	949,36	940,86	5,48939148	0,01091034	-0,03294296
49	934,82	917,8	7,26864217	0,02009922	-0,02911679
50	921,39	900,34	3,33280686	0,08313203	-0,09050812
51	1013,6	1009,56	2,43074903	0,09755408	-0,10344126
52	1086,02	1083,82	1,21069955	0,26633078	-0,17502343
53	1088,85	1054,99	5,15807114	0,04144827	0,0462184
54	1076,32	1076,92	1,83463374	0,10804877	-0,03591813
55	1076,32	1076,92	3,93157385	0,05435636	-0,13091084
56	1126,34	1125,29	3,21205821	0,099429	-0,12406778
57	1146,54	1125,4	6,88698064	0,01070585	-0,00741045
58	1165,55	1151,85	1,01368866	0,01681528	-0,05553128
59	1104,18	1097,98	4,21579298	0,02717011	0,06784368
60	1096,22	1107,5	8,15666667	0,03950415	-0,03954522
61	1123,07	1142,92	3,93284024	0,0311741	0,00270438
62	1139,45	1144,8	5,88255986	0,03714697	-0,04505806
63	1133,58	1106,4	1,77540632	0,08671308	-0,19142079

Quelle: Eigene Erstellung

SPRINGER NATURE

GPSR Compliance

The European Union's (EU) General Product Safety Regulation (GPSR) is a set of rules that requires consumer products to be safe and our obligations to ensure this.

If you have any concerns about our products, you can contact us on ProductSafety@springernature.com

In case Publisher is established outside the EU, the EU authorized representative is:

Springer Nature Customer Service Center GmbH
Europaplatz 3
69115 Heidelberg, Germany

Kolibri 360 GmbH
Ferdinand-Jühlke-Straße 7
99095 Erfurt, Deutschland
produktsicherheit@kolibri360.de